公关与社交礼仪

陆瑜芳　傅传凤　编著

上海高教电子音像出版社

公关与社交礼仪

编　　著　陆瑜芳　傅传凤

责任编辑　刘云波

封面设计　孙雁雯

监　　制　邵　宇

出 版 人　林晓英

出版发行　上海高教电子音像出版社

地　　址　上海市阜新路 25 号

邮　　编　200092

电　　话　(021)65022816

经　　销　各地新华书店

印　　刷　上海市印刷二厂有限公司

开　　本　1/16

印　　张　15

出版时间　2013 年 8 月

标准书号　ISBN 978 - 7 - 900513 - 93 - 9

定　　价　30.00 元

前　言

　　礼仪,是个人文明素养在社会交往中的集中表现。一个讲礼仪的人,总是能在恰当的时间和地点,表现出恰当而得体的言谈举止,给人以优雅的印象。这种得体的礼仪恰恰也是个人融入和胜任社会交往活动的基本要求。

　　不懂礼仪文明的人,不是严格意义上的文明人;没有礼仪文化的社会,也不可能是和谐的社会。中国素以"礼仪之邦"著称于世。孔子云,"不学礼,无以立","恭而无礼则劳,慎而无礼则葸,勇而无礼则乱,直而无礼则绞";荀子说,"人无礼不生,事无礼不成,国无礼不宁"。古代圣人先贤对礼仪非常重视。在现代社会,文明守礼也是树立形象、赢得尊重的重要前提。

　　当今社会的竞争越来越激烈,要求人们的素质也越来越高。不少人因为不懂得待人接物、不懂礼仪而吃了苦头。而在现在的职场之中,即使一个小小的纰漏也会造成工作业绩的决定性差距。因此,进行礼仪教育,有利于提高职业人士的素质,也有利于人们在公关与社交互动中构建和谐的氛围和环境。

　　本书在编写过程中实用性和可操作性二者兼顾,同时注重理论知识的阐述,选取公关与社交活动中经常用到的部分进行讲述,共分十二章。其中,第一章为总论,第二至十二章为具体礼仪规范。在编排结构上注重规范性和实用性:每章之前先由案例导入,引发学生阅读、学习的兴趣及研究探讨的能力;然后列出学习目标,便于教师和学生从总体上了解该章主要内容;正文内容清晰、条理清楚,并针对重点及知识点配有照片或图片,可读性强;每章之后设有思考题和案例分析题,帮助学生回顾、吸收和拓展本章教学内容。

　　本书由上海大学陆瑜芳副教授、上海开放大学傅传凤老师共同拟定大纲并进行编写,分工如下:陆瑜芳主要负责第四、五、七、九、十、十二章,傅传凤主要负责第一、二、三、六、八、十一章。二人共同完成全书的统稿工作。复旦大学陈光磊教授审阅全稿;上海开放大学马晓军副教授为本书拍摄了大量图片。

　　在编写过程中,我们广泛参考了国内外众多专家、学者出版过的著述,并吸收和借鉴了许多,尤其是近年来出版的研究成果,对其作者表示衷心的感谢。

　　本书的顺利出版,得到了上海开放大学教务处、上海高教电子音像出版社的大力支持和帮助；上海开放大学分校教师曹晓莉、严强盛等对部分文字提出了修改意见和建议。对他们的指导和帮助，在此表示诚挚的谢意。

由于礼仪知识内容丰富，涉及面广，加上编者知识、经验的局限以及时间、精力的限制，书中错漏、不当之处在所难免，恳请专家、学者及广大读者批评指正，以使本书内容更加完善。

编者

2013 年 8 月

目　　录

第一章 总 论

导学案例

　　成为内外兼修的君子几乎是每个人的希望,如何才能内外兼修,成为君子? 大教育家孔子曾经这样说过,"质胜文则野,文胜质则史,文质彬彬,然后君子"。这里的"质"指人的内在品格、品质,"文"指人的外在修饰、修养。如果内在的品质胜过了外在的修饰,那么这个人就会显得粗野;如果外在的修饰胜过了内在的品质,这个人就会变得虚浮;只有内外都注重,才能成为彬彬有礼的君子。

启 示

　　几千年前大教育家孔子的谆谆教诲至今仍是至理名言。一个有品位的君子,一定是内外兼修,"文"、"质"合一的。

学习目标

　　1. 理解礼仪、公关与社交礼仪的涵义;
　　2. 理解公关与社交礼仪的基本原则;
　　3. 了解学习公关与社交礼仪的意义。

第一节　公关与社交礼仪的涵义

礼仪是社会文明的标志,人们在社会生活中离不开相互间的交往,在交往中时时处处都要讲究礼仪。礼仪包括礼貌、礼节、仪表、仪式等,涉及面广泛,具有丰富的内涵。公关与社交礼仪是公关与社交活动中所使用的礼仪,是现代礼仪的一种表现形式。

一、礼仪的概念

礼仪是指人们在社会交往中,为了表达相互尊重,在仪容、仪表、仪态和言谈举止、仪式等方面约定俗成、共同认可的具有规范性的行为方式。

"礼仪"包括"礼"和"仪"两部分。"礼"是尊重。古书里说,"有礼者,敬人"(《孟子·离娄》下),"礼者,敬而已矣"(《孝经》)。东汉许慎的《说文解字》对"礼"(繁体字为"禮")的解释是:"禮,履也,所以事神致福也,从示从豊"。即"礼"是用来"事神"、"致福"的行为。"礼"起源于古人的敬神祭祖的活动,人们怀着虔诚的心理,恭敬的态度,奉上最好的供品,祈求神灵保佑、赐福。"仪"是恰到好处地表现尊重的具体形式。《说文解字》对"仪"的解释是:"仪,度也。"可见,"仪"的本意指法度、准则、典范,后来逐渐引申为礼节、仪式。《辞海》对"礼"的第一个注释是,"本谓敬神,引申为敬意的通称";对"仪"的第一个注释是,"礼节、仪式"。可见,"礼"是内在的"尊重","仪"是表现尊重的外在形式,一个是内容,一个是形式,内容和形式就像一张纸的两面是分不开的。

二、公关与社交礼仪的涵义

公关与社交礼仪是人们在公关与社交活动中必须遵守的礼仪规范,是人与人之间、人与组织之间、组织与组织之间用以沟通思想、联络感情、促进了解、达成共识、构造和谐环境,最终塑造个人或组织良好形象的一种行为准则。

学好公关与社交礼仪需要多门学科的涵养,其与公共关系学、伦理学、美学、心理学、传播学、社会学、民俗学、语言学、组织行为学等相关学科有着十分密切的关系。

三、公关与社交礼仪的起源和本质

礼仪是伴随着原始宗教的祭祀活动产生的,是原始宗教祭祀活动的形式。

人类最初的礼仪,主要是对自然物和神秘不可知的自然界的敬畏和祈求。后来逐渐地把这种敬畏扩展到人类自身,进而发展成为人们交往的一种规范。这种行为规范是一种历史积淀,在不同的历史阶段有着不同的形态。

今天的礼仪是建立在民主、平等、互助、协作基础上的现代礼仪。同其他现代礼仪一样,公关与社交礼仪源自传统礼仪。传统礼仪是传统人际交往智慧的产物和实践经验的总结,其中的许多优秀因素,如"礼之用,和为贵"、"礼尚往来"等,都可为现代礼仪吸收和借鉴。

第二节 公关与社交礼仪的原则与意义

一、公关与社交礼仪的基本原则

(一) 尊重原则

在社会交往中,最讲究尊重,尊重为本。尊重原则是礼仪的第一原则和最根本的原则,是其他原则的前提和基础。礼仪本身从内容到形式都是尊重他人的具体体现。尊重包含自尊和尊重他人,以尊重他人为主。

尊重他人指的是对待他人的一种态度,这种态度要求承认和重视每个人的人格、感情、爱好、职业、习惯、社会价值以及其应享有的权利和利益。在社会交往中,人与人之间彼此尊重,才能保持和谐、愉快的关系。任何不尊重他人的言行,都会引来别人的反感,更不会赢得别人对自己的尊重。与人交往,不论对方职务高低、身份如何、相貌怎样、才能大小,只要与之打交道,都应该尊重他人的人格,做到礼遇适当,让人感到他在你心目中是受欢迎和有地位的,从而得到一种心理上的满足,感到与你交往的心情很愉快,这样才可能深入沟通,建立感情,达到目的。

自尊包括对获得信心、能力、成就、独立和自由的愿望。来自他人的尊重包括威望、承认、接受、关心、赏识等。

(二) 平等原则

所谓平等就是指以礼貌待人,礼尚往来,既不盛气凌人,也不卑躬屈膝。平等原则是现代礼仪不同于传统礼仪的根本之点。在社会交往中,礼仪行为总是表现为双方的,你给对方施礼,对方也会相应的还礼于你,礼仪施行必须讲究平等的原则。平等是人与人交往时建立情感的基础,是保持良好人际关系的诀窍。社会交往中的平等表现为不骄狂,不我行我素,不自以为是,不厚此薄彼,也不傲视一切、目中无人，更不能以貌取人，或以职务、地位、权势压人，而是应该时时处处平等待人。人人都渴望平等，任何抬高和贬低自己的语言和行为，都不利于建立和谐的人际关系。

英国著名的戏剧家、诺贝尔文学奖获得者萧伯纳有一次到前苏联访问，在莫斯科街头散步时遇到一个非常可爱的小女孩。萧伯纳和这个小女孩玩了很久，分手时，他对小女孩说："回去告诉你的妈妈，你今天和伟大的萧伯纳一起玩了。"小女孩也学着他的口气说："回去告诉你的妈妈，你今天和苏联女孩安妮娜一起玩了。"萧伯纳很吃惊，他立刻意识到自己的傲慢，并向小女孩道歉。后来，萧伯纳每次回想起这件事，都感慨万千。他说："一个人无论有多么大的成就，对任何人都应该平等相待，应该永远谦虚。"

（三）诚信原则

诚信原则，一是指真诚，二是指守信。

真诚就是要求人们在社会交往中要坦诚、诚恳、诚实，不可狡诈、虚伪。真诚是对人对事的一种实事求是的态度，是待人真心实意的友善表现。真诚首先表现为对人不说谎、不虚伪、不侮辱人；其次表现为对他人的正确认识，相信他人、尊重他人。守信就是要求人们在社会交往中要讲信用，说话算数，言行一致。人无信不立。古人云，"言必信，行必果"，"一言既出，驷马难追"。

礼尚诚贵信，重在情意的真诚和表里如一。缺乏诚信，礼仪就变成了矫揉造作的客套和周旋逢迎的虚情假意。诚信原则要求人们在交往中真心实意，以诚相待。只有诚而有信，才能得到交往对方的理解和信任，获得交往的成功。

孟子小的时候看到邻居杀猪，就问母亲："邻居为什么杀猪？"孟母当时正忙，便随口说："煮肉给你吃！"孟子十分高兴，等着吃肉。为了不失信于儿子，尽管家中十分困难，孟母还是拿钱到邻居家买了一块猪肉，做给儿子吃。

（四）宽容原则

宽即宽待，容即相容。宽容就是要宽以待人，不过分计较对方的得失。宽容是一种美德，意味着要有容人之雅量和多替他人考虑的品德。一个充满宽容精神的社会有助于人们的独立思考和个性的自由张扬，也是社会和谐的重要条件。就个人而言，宽容是获得友谊、争取朋友、扩大交往的基本要求。严于律己，宽以待人，是为人处世的较高境界，也是有较高修养的表现。要善于理解他人，体谅他人，对他人不求全责备。俗话说"金无足赤，人无完人"。现实生活中的人，没有十全十美的。要虚心接受他人对自己的批评意见，即使批评错了，也要认真倾听。俗话说"人非圣贤，孰能无过"。有了过错，要允许他人批评指正，才能得到大家的理解和尊重。有时,批评者的意见是错误的,但只要不是出于恶意,就应以宽容大度的姿态对待。

二、学习公关与社交礼仪的意义

任何一个文明社会,任何一个文明民族,人们总是十分注重文明礼仪。因为礼仪是促进人际交往友好和谐的道德规范之一,是构建社会和睦相处的桥梁。礼仪,标志着一个社会的文明程度,反映着一个民族的精神面貌。正如战国末期的大思想家荀子所说,"人无礼不生,事无礼不成,国无礼不宁。"礼仪不仅关乎个人,还关系到社会和国家。

遵守礼仪不仅可以使人们的社会交往活动变得有序可守、有章可循,同时也能使人们在公关与社交活动中表现得更有教养,更有亲和力,更风度典雅、彬彬有礼。学习公关与社交礼仪可以提高一个人的素养,塑造个人和组织的良好形象,增进人们之间的交往。

(一)提高素养

礼仪是人们的文化素质和文明修养的体现。孔子常言,"不学礼,无以立"。作为现代人,恰到好处地展示自己的素质是非常重要的。教养体现于细节,细节展示素质。在现代职场,一个得体的肢体动作会让你在面试中脱颖而出,亲切而又落落大方的待人接物会让人赢得好感,体面精致的着装会让你在营销中赢得信任;酒会上优雅从容的应对能让关键人物把下次提升的机会留给你;诚信、亲善也许会为你带来巨额订单……这些都是个人的素养问题。得体的礼仪,较高的素养,可以让你在社会交往中如庖丁解牛一样游刃有余。

(二)塑造形象

礼仪是塑造形象的重要手段。在社会交往中,交谈讲究礼仪,可以变得文明;举止讲究礼仪可以变得高雅;穿着讲究礼仪,可以变得大方;行为讲究礼仪,可以变得美好。只要讲究礼仪,事情都会做得恰到好处。总之一个人讲究礼仪,就可以变得充满魅力。

(三)增进交往

个人礼仪是社会交往的"润滑剂"。马克思说,"人是各种社会关系的总和"。作为社会人,我们每天都少不了与他人交往。假如你不能很好与人相处,那么在生活中、事业上就会寸步难行,一事无成。俗话说:"礼多人不怪"。人际交往,贵在有礼。加强个人礼仪修养,处处注重礼仪,可以使你在社会交往中左右逢源,无往不利;使你在尊重他人的同时也赢得他人的尊重,从而使人与人之间的关系更趋融洽,使人们的生存环境更为宽松,使人们的交往气氛更加愉快,从而可以提高人们交往的效益。

思考题:

　　1. 什么是"礼",什么是"仪"? 二者之间有什么联系?

　　2. 公关与社交礼仪的基本原则有哪些?

　　3. 学习公关与社交礼仪有何意义?

案例分析题:

　　为了爱情而放弃王位的英国温莎公爵并非花花公子,他典雅的绅士风度和过人的机智,都曾赢得人们的尊重。一次,英国王室举行盛大宴会,招待一些印度的部族首领,出席作陪的都是上流社会的绅士淑女。宴会结束时,侍者为每一位客人端了一小盆洗手水。然而,初来乍到的印度首领们不谙英国礼仪,看到精致的器皿里盛着清水,便纷纷接过来,一饮而尽。这一举动把在场的英国人惊得目瞪口呆,而温莎公爵也从容地端起洗手水,一饮而尽。在他的启迪下,其他英国人纷纷仿效,一场外交尴尬由于温莎公爵的机智应对而化为乌有。

　　问题:请回答温莎公爵喝洗手水这一行为是否有失礼仪? 并说明理由。

第二章 仪容仪态礼仪

导学案例

1860年10月的一天,忙于美国第16届总统竞选的林肯,收到纽约州一位11岁小姑娘的来信,信中说,"我有4个哥哥,他们中有两人已决定投您的票。如果您能把胡子留起来,我就能让另外两个哥哥也选您。您的脸太瘦了,如果留起胡子就会更好看。所有女人都喜欢胡子,那时她们也会让她们的丈夫投您的票。这样,您一定会当选总统。"

林肯果然听从了小姑娘的建议,在随后两个星期里他没有刮胡子。到11月6日的选举日,他确实被选上了,或许这与他新留的络腮胡有关。在前往宣誓就职的途中,他绕道拜访了那位小姑娘,感激她的建议。在以后的岁月里林肯一直都留着络腮胡。

林肯有无胡须形象对比

一个人的仪容仪表形象,往往会给他人先入为主的印象,而且一旦形成很难改变。是否给人留下好的印象,在很大程度上影响着一个人自身的发展,因此我们一定要注意自己的形象。正因为林肯总是不断地从最细微处改变自己,提升自我,他才能成为一个伟人,成就了一番伟业。个人外在形象包括人的仪容、仪态、服饰等。《礼记·冠义》上说,"礼仪之始,在于正容体,齐颜色,顺辞令",就是说礼从端正容貌和服饰开始。一个有文明修养的人,一定是容貌端正、服饰整洁、体态端庄的人。

 学习目标

1. 了解仪容、仪态的含义;
2. 掌握运用仪容、仪态的礼仪要求;
3. 理解体语、安全空间的含义;
4. 掌握常用手势及个人空间礼貌。

第一节 仪 容 礼 仪

仪容,通常是指人的外观、外貌,其中的重点是指人的容貌。仪容是一个人的精神面貌和内在气质的外在表现。在社会交往中,仪容是引起交往对象关注的首要因素,并将影响到对方对自己的整体评价。

一、仪容礼仪规则

仪容礼仪的规则主要涉及三个方面,即仪容的干净、整洁和修饰避人。

(一) 干净

仪容礼仪首先要做到干净,即身体无异味、面部无异物等。要保证干净,必须做到洗脸、洗头、洗澡、洗手、刷牙等。

1. 面容光洁

脸是一个人的面子,早上起床后我们做的第一件事就是洗脸。在参加正式的交际场合之前要检查一下脸是否干净,在交际过程中应及时用面巾纸等清洁脸上的油脂,做到无汗渍、无灰尘、无泪痕等,及时清理眼角、鼻孔、耳朵、嘴边等部位的细微残留物。

2. 头发洁净

"远看头,近看脚"。在人际交往中,首先映入交往对象眼帘的就是头发。要经常洗头,1～3 天洗一次,做到没有头皮屑、不粘连、无异味,保持头发柔顺、整洁。

3. 身体清爽

为了清除身上的汗味、烟味、酒气等异味,要经常洗澡,最好每天都洗。一方面可以保持干净卫生,另一方面可以使人清爽、精神,给交往对象留下良好的印象。

4. 双手干净

双手常常暴露在服饰之外,被称为人的第二张脸。在社会交往中,需要用手完成的动作很多,如握手、递送名片、打招呼等。手作为仪容的一部分,时刻充当着友谊的使者。因此要注意勤洗手,做到手上无汗渍、无异味、无异物。还要经常修剪指甲,指甲的长度不应超过手指指尖。女性如涂抹指甲油,要注意与着装、环境场合相适应。

5. 牙齿洁白

语言交流是社会交往的主要方式,说话时要注意口气清新,保证口腔卫生。从卫生保健的角度讲,刷牙最好做到"三个三",即每天刷牙三次,每次刷牙用时三分钟,刷全牙齿的三个面。与人会面前不要吃容易产生异味的食物,如葱、蒜、韭菜等,也不要吸烟、喝酒。如口腔有异味,可含茶叶、嚼口香糖等去除异味。但需注意,在他人面前咀嚼口香糖是不礼貌的,特别是与人交谈时,更不应嚼口香糖。

(二) 整洁

在人际交往中,应该保持整洁的仪容,不能邋遢。要保持整洁,需要经常理发和修饰体毛。不管选择何种发型,尽量要定期理发,以保证发型的清爽和有形。有些人腋毛、腿毛、鼻毛、耳毛等体毛过长,在出席正式场合前必须进行修剪和掩饰,避免外露。如女士在穿无袖装时,应先修剪腋毛,以免有损整体形象。

(三) 修饰避人

在正式出席之前整理、修饰自己的仪容,给交往对象留下良好的印象。但不得在公共场合进行补妆、整理衣裤、摆弄头发、清理鼻孔分泌物等，这些活动只能在洗手间等他人看不到的地方进行。

二、女性仪容礼仪

在工作中，对女性的仪容要求比较严格，不仅要遵守仪容礼仪的基本规则，还应掌握仪容修饰的一些知识与技巧等。

（一）头发的保养与修饰

头发位于人体的"制高点"，往往最先吸引他人的注意力，在仪容中占有举足轻重的地位。因此，修饰仪容，头发不可忽视。

1. 清洁头发

要想拥有一头健康、美丽的秀发，首先要做好头发的清洁。大量的科学研究证明，洗发能促进头皮部分的血液循环，令头发更富有光泽和弹性，有利于头发的生长并延长其寿命。干净的头发对塑造发型有非常重要的作用。因此，必须要经常清洗头发。洗发时要注意水质和水温（40℃左右），选用适合自己发质的洗发用品。

2. 保养头发

除了做好清洁外，还要做好头发的保养。经常食用一些有益于增加头发营养的食品，如核桃、芝麻、大枣等干果，胡萝卜、青椒、菠菜、韭菜、油菜等蔬菜，橘子、柿子、甜杏等水果，蛋黄、鱼类、海藻类等食品。还要经常梳理头发和按摩头皮，使头发柔顺而有光泽，促进头皮血液循环，提高头发的生理机能。

3. 选择发型

发型可以快速改变你的形象，如果发型选择不合适，美丽马上会大打折扣。因此要本着扬长避短的原则，选择适合自己的发型。由于发型设计是一个统一的整体，不仅需要与一个人的整体气质相协调，还要根据脸型、体型、年龄、职业等来选择。

（1）要与脸型相协调。根据个人的脸型选择发型，这是发型修饰的关键。例如，圆脸型适合将头顶部分头发梳高，两侧头发适当遮住两颊，避免遮挡额头，使脸部视觉拉长；长脸型适宜选择用"刘海"遮住额头，加大两侧头发的厚度，以使脸部丰满。

（2）要与体型相协调。发型的选择得当与否，会对体型的整体美产生较大的影响。例如，体型高瘦的女性适合选择长发、直发，使头发显得厚重；体型矮小的女性适合选择短发或盘发，给人以秀气之感；体型高大的女性适合选择直发或大波浪卷发,给人以清洁、明快之感;体型矮胖的女性适合选择运动式发型,给人以健康之感。

（3）要与年龄、职业相协调。发型可以反映一个人的文化修养、社会地位、精神状态。通常年长者适宜大花型短发或盘发,以给人精神、温婉可亲的印象;而年轻人适合活泼、简单、富有青春活力的发型。

（二）皮肤的保养与护理

做好皮肤的保养和护理可以延缓面部老化、焕发青春活力,也是化妆的基础。在进行皮肤保养和护理时,要了解自己的肤质、选择合适的护肤品、采用正确的方法。皮肤的日常基础保养和护理包括:洁肤、爽肤、润肤。

1. 洁肤

卸妆后,取洁面用品,用无名指以向上向外打圈的手法揉洗面部及颈部,清除尘垢、过剩油脂及化妆物,去除表面老化细胞,促进新陈代谢,让肌肤清新、爽洁。

2. 爽肤

用化妆棉蘸取爽肤水轻轻擦拭面部及颈部,注意避开眼部。擦爽肤水可起到进一步清洁皮肤、补充水分、帮助收缩毛孔的作用。

3. 润肤

将润肤品抹于脸及颈部,以向上向外打圈的方法轻轻抹匀,为肌肤补充必要的水分与营养,令肌肤柔润而有弹性。

（三）面部的化妆与修饰

大方得体的化妆可以展现女性的美丽,展示职业女性的独特魅力。俗话说:"三分长相,七分打扮"。适当的化妆,在突出女性特有风韵的同时,还可以巧妙地遮掩或矫正自身的缺陷或不足。职业女性经常参加各种场合的沟通与交流,应该养成化淡妆的习惯,这既是对他人的尊重,同时也是对自己的尊重。化妆的基本原则为:扬长避短、协调统一、自然真实。另外,要注意化妆的禁规:不要当众化妆,不要残妆示人,不要非议他人妆容,不要借用他人的化妆品。

根据场合的不同,常见的化妆类型有工作妆、晚宴妆、舞会妆、休闲妆等。工作妆一般为淡妆,妆色健康、明朗、端庄,追求自然清雅的效果,力求做到"妆成有却无"。晚宴妆追求细致明亮的效果,妆容可以浓艳些。舞会妆追求妩媚动人的效果,突出个性,因灯光幽暗,可以浓艳些。休闲妆用色应清新淡雅,整体妆面特征自然简洁,应体现出轻松愉快、健康舒适,另外也可以根据场合在浓度上作相应的调整。

职业女性在化妆时还要考虑年龄的因素。青年女性化妆时应突出自然美，以淡妆为宜，突出青年人的朝气蓬勃、清新自然，主要以淡色为主，涂抹也要轻描淡写，突出自然之美。中年女性化妆时应突出优雅美，主要选择暗色的粉底涂抹在有皱纹的地方，沿着皱纹的纹路淡淡地均匀涂抹，以掩饰皱纹。老年女性化妆时要突出成熟美，由于皱纹较深，主要应选择接近自然肤色的粉底，非油质的、不带闪光的眼影，颜色柔和的唇膏。

三、男性仪容礼仪

对男性的仪容要求比女性要宽松。在实际工作中，对男性的仪容要求是：庄重、文雅、有风度、有朝气。因此，男性应努力做到清爽、整洁、有品位。

（一）头发的保养与修饰

男性也要注意头发的保养和修饰。跟女性一样男性也要经常洗头，并做好保养。男性也要根据脸型、体型、年龄、职业等选择适合的发型，以展现男士的阳刚之美。长度要适宜，通常前不及眉、旁不遮耳、后不触领，不留长发与大鬓角。

（二）面部的清洁与养护

男性也需要保持面部的清洁与养护。除非有宗教信仰或民族习惯，男性不宜蓄须。在出席各种商务场合与平日上班时，都要注意将胡须剃干净，否则会给人懒散的感觉，影响人际交往的效果。要保持鼻、耳的清洁，及时对耳、鼻除垢。

（三）体毛的遮掩与修饰

体毛的外露不仅会影响自身的形象，也是不尊重他人的体现。在正式场合，过于浓密的体毛，不仅不会展现男性的"性感"，反而让他人"退避三舍"，因此要时常检查耳鼻毛是否"探头探脑"，适当加以遮掩及修剪。

第二节　仪 态 礼 仪

仪态是指一个人的姿态，泛指人的身体所呈现出来的样子。仪态往往可以体现一个人的风度与气质，每个人都是以一定的仪态出现在他人面前，一个人的仪态包括他的所有行为举止，这些外显的举止又是一个人内在品质、知识、能力等的真实流露。

一、举止

要塑造良好的形象,必须要注意行为举止,做到彬彬有礼,落落大方。人们常说"站如松、坐如钟、行如风、卧如弓","站有站相,坐有坐相",这是传统礼仪对举止的要求。当今社会,这些要求并没有过时。

(一) 站姿

站姿是人们双腿在直立静止状态下所呈现出的姿态。在各种交际场合,站姿首先会引起别人的注意,优雅挺拔的站姿能显示个人的自信、气质和风度,并给人留下美好的印象。

1. 标准站姿

标准站姿的要点是挺拔、直立。站立时,要抬头、挺胸、立腰、收腹、平视。男性站姿要体现阳刚之气,脚尖可以自然分开,小于 30 度;也可以双脚分开,与肩同宽,单手或双手交叉相叠放于体后。女性站姿要体现阴柔之美,身体侧向 45 度,目视正前方,双脚呈丁字步,即身体侧向左(右)侧时,右(左)脚放于左(右)脚的中后部,重心落于双脚之间。站姿可以随着时间、场合、身份的不同而变化,但一定要自然大方,并且适合自己的特点。

2. 不良站姿

在公共场合,不好的站姿不但会显得拘谨、有失庄重,还会给人缺乏自信和没有经验的感觉。

(1) 手位不当：双手叉在腰间，抱在胸前，或插在裤兜里。

(2) 身体歪斜：倚靠墙壁，头偏，两肩不平，腿曲或驼背等。

(3) 乱动：眼睛不断左右斜视，双臂胡乱摆动，或双腿不停抖动。

（二）坐姿

坐姿是人们在就座以后身体所保持的一种姿态。端庄典雅的坐姿可以展现一个人的气质和良好教养。

1. 标准坐姿

标准坐姿的要领是挺直、沉稳。入座时要轻而缓，落座时要稳而雅，离座时要轻而缓。入座时动作要轻柔，女性如穿裙装，应用手将裙摆向下将平再坐；坐下后，上身保持挺直，头部端正，目光平视前方；离座时要轻轻起身。在正式场合或有地位较高的人在场时，在地位高者未坐定之前，不宜先就座；坐下时不能坐满座位，一般只坐座位的 2/3 左右。男性坐姿要体现阳刚之气，上身挺直，双脚可以自然分开，以肩宽为限，双手呈掌型分别放于双腿之上。女性坐姿要体现端庄之美，上身挺直，双膝并拢，双腿斜向一侧，双手手心向下、交叉相叠放于体侧。

2. 不良坐姿

(1) 手位不当：双手抱在胸前或放于脑后、背中、口袋内。

(2) 身体歪斜：身体前俯、后仰或歪向一侧，上身不直、堆坐椅内。

(3) 下肢动作不当：跷二郎腿，双腿不停抖动，男性双腿敞开过大，双脚搭在椅子、沙发、桌子上,脚尖悬空、向上、摆动。

(三) 走姿

走姿是一个人在行走过程中的姿势。它以人的站姿为基础,始终处于运动之中,体现的是一种动态美。

1. 标准走姿

标准走姿的要领是从容、稳健。步幅、步速要根据出行的目的、环境和身份等因素而定,协调和韵律感是基本的要求。具体要做到:

(1) 头端。双目平视、下颌微收、表情平和。

(2) 躯挺。上身挺直,挺胸、收腹、立腰,重心稍前倾。

(3) 肩稳。双肩微向后展,行走时两肩不要前后晃动,避免一肩高一肩低。

(4) 手臂自然摆动。手臂伸直放松,手指微曲,以身体为轴,前后摆动幅度30～35度。

(5) 步位正。脚尖正对前方,两脚内侧落在一条直线上。

(6) 步幅适当。前脚跟与后脚尖相距一个脚的长度。因性别、身高的不同有一定的差距。通常,男士步幅以一脚半距离为宜,女士步幅以一脚距离为宜。

(7) 步速均匀。正常情况下,步速应自然舒缓,显得成熟、自信。

2. 不良走姿

在日常生活中应避免的走姿是:走路时身体前俯、后仰;两只脚脚尖同时内侧或外侧呈"内八字"或"外八字";双手反背于背后,或放在口袋里;腰部不直立,身体乱晃乱摆;多人同行时,横排并走或勾肩搭背。

(四) 蹲姿

蹲姿是人俯身下蹲时身体所保持的一种姿态。在日常生活中,当人们拿取、捡拾低处物品时,往往要采用蹲姿。

1. 标准蹲姿

女士蹲姿的基本要领是:下蹲时,右(左)脚在前,左(右)脚在后,身体约45度转向,两腿夹紧向下蹲;右(左)脚全脚着地,小腿基本垂直于地面,左(右)脚的脚跟提起,脚前掌撑地;左(右)膝内侧靠于右(左)小腿内侧,形成右(左)膝高而左(右)膝低的姿势;臀部向下,基本上靠右(左)腿支撑身体。如着裙装,下蹲时还应注意用手扶裙,将裙摆拢好。男性下蹲时,两腿之间可有适当的距离。

2. 不良蹲姿

(1) 方位失当:正对或背对客人蹲下,会让对方感到尴尬或不便。

(2) 毫无遮掩:下蹲时露出皮肤和内衣;弯腰翘臀;女性下蹲时两腿分得太开。

(五) 女性上下轿车的姿势

1. 上轿车

女性上车时仪态要优雅,姿势应该为"背入式"。具体要做到:

开门后,将身体放低,背向车厢,半蹲顺势坐下;依靠手臂作支点,双膝腿脚并拢平移到车内。如着裙装,坐下前,先将平裙摆。

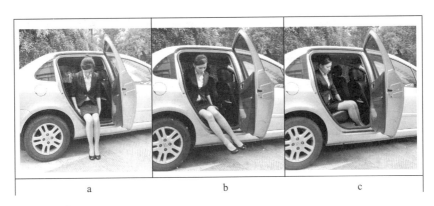

a　　　　　　　b　　　　　　　c

2. 下轿车

女性下车时仪态也要优雅得体。具体要做到：

开门后,将身体移近车门,一手扶住车内把手,保持身体平稳挺拔。伸出一脚,注意身体并拢;可一手撑着座位,将整个身体移离车外,最后踏出一只脚。如着裙装,应将两只脚同时踏出车外,双脚、膝盖并拢着地,再将身体移出。

a　　　　　　　b　　　　　　　c

二、表情

表情是人的面部情态,是人们的心理状态的外在表现。表情是仪态中最丰富、最具表现力的词汇,也是优雅气质的显示器。表情是修养的外露,它往往把一个人的知识、涵养等最直接最充分地表现出来。表情还对人的语言起着澄清、解释、纠正、强调的作用。美国心理学家艾伯特·梅拉比安把人的感情表达效果总结了一个公式:感情的表达＝语言(7％)＋声音(38％)＋表情(55％)。

在公关与社交活动中,表情应自然、亲切、和蔼、友善,优雅的表情可以给人留下深刻的第一印象。构成优雅表情的主要因素是得体的微笑和恰当的眼神。

1947年,蜜月照。

2007年,为纪念钻石婚的照片。

英国女王夫妇六十年不变的表情

(一) 微笑

笑容包括含笑、微笑、轻笑、大笑、狂笑等。其中微笑是最常见、用途最广、最能拉近人们心理距离的笑容。微笑的作用是巨大的,但要笑得恰到好处,也是不容易的。微笑应发自内心、自然大方,亲切友善。

英伦玫瑰戴安娜的迷人微笑

微笑的基本方法是:肌肉放松,嘴角两端略微向上提起,不发声,不露齿或露6到8颗上齿,面含笑意。微笑时,不仅口在笑,眼也要在笑;要笑出神态、神情、神色,做到情绪饱满,神采奕奕;笑出感情,笑得亲切、甜美,反映美好的心灵;笑得有气质,要体现出谦虚、稳重、大方和得体的良好气质。

发自内心的微笑是最美好的,人们的交往应该是从微笑开始的。微笑是对人的尊重、理解和友善。与人交往时面带微笑,可以使人感到亲切、热情和尊重,使自己富有魅力,同时容易得到他人的理解、尊重和友谊。微笑的力量是相当巨大的,有人把微笑比作全世界通用的"货币"。美国著名的"旅馆大王"希尔顿经营旅馆业的座右铭是:"你今天对客人微笑了吗?"

在西班牙内战时,一位国际纵队的普通军官不幸被俘,并被投进了森冷的单人监牢。在即将被处死的前夜,他搜遍全身竟发现半截皱皱巴巴的香烟,很想吸上几口,以缓解临死前的恐惧,可是他发现自己没有火。在他的再三请求之下,铁窗外那个木偶式的士兵总算毫无表情地掏出火柴,划着火。当四目相对时,军官不由得向士兵送上了一丝微笑。令人惊奇的是,那士兵在几秒钟的发愣后,嘴角也不太自然的上翘了,最后竟也露出了微笑。后来两人开始了交谈,谈到了各自的故乡,谈到了各自的妻子和孩子,甚至还相互传看了珍藏的与家人的合影。

当曙色渐明,军官苦泪纵横时,那名士兵竟然动了感情,悄悄地放走了他。微笑,沟通了两颗心灵,挽救了一条生命。

(二) 眼神

常言道"眼睛是心灵的窗户"。心理学家认为,眼睛和眼神最能准确表达人的感情和内心活动。在传递信息的过程中,眼睛和眼神能够传达出最细微、最精妙的差异,表达出最确切的信息,甚至泄露出心底深处的"秘密"。在公关与社交活动中,眼神运用要特别注意三点:一是协调好注视时间;二是掌握好凝视区域;三是控制好注视角度。

1. 注视时间

在人际交往中,与他人交谈时,不可长时间地凝视对方,也不可一直不看对方。注视别人的时间长短不同,表示的态度不同。如果注视对方的时间占全部相处时间的 1/3 左右,表示友好;如果注视对方的时间占全部相处时间的 2/3 左右,表示重视;如果注视对方的时间不到相处时间的 1/3,表示轻视;如果注视对方的时间超过了全部相处时间的 2/3 以上,往往表示敌意。在社交场合,无意与别人的目光相遇后不要马上移开,应自然对视 1—2 秒,然后慢慢离开。与异性目光对视时,不可超过 2 秒,否则将引起对方无端的猜测。必须根据所面对的对象和场合把握好注视的时间。

2. 凝视区域

注视对方时,应自然、稳重、柔和,不能死盯住对方身体某一部位,或不停地上下打量对方。注视对方什么位置,要依据传达什么信息、造成什么气氛而定。根据场合、对象的不同,凝视区间一般分为公务凝视、社交凝视和亲密凝视。

(1)公务凝视。这是在洽谈、磋商、谈判等严肃场合的注视方式。注视的位置在对方双眼或双眼与额头之间的区域。注视这一区域给人一种严肃、认真的感觉。

(2)社交凝视。这是在各种社交场合使用的注视方式。注视的位置在对方嘴唇到双眼之间的区域。注视这一区域容易形成平等感,形成良好的社交氛围。

(3)亲密凝视。这是亲人之间、恋人之间、家庭成员之间使用的注视方式。凝视的位置在对方双眼到胸之间。注视这一区域可以激发感情,表达爱意。

3. 注视角度

注视的角度不同,表示的态度也不同。正视对方即正面相向注视,表示重视对方;平视对方用在身体与被注视者处于相似的高度时,平视被注视者,表示双方地位平等与注视者的不卑不亢;仰视对方用在注视者所处的位置低于被注视者,而需要抬头向上仰望,表示对被注视者的重视和信任;俯视对方指的是注视者所处的位置高于被注视者,往往表示自高自大或对被注视者不屑一顾。

三、体语

体语,又称肢体语言,是运用肢体的某些动作来表达含义。体语使用得当,会给人以更深刻、更鲜明的印象,不仅可以很好地表情达意,而且可以以优雅动人的体态,给人以美好的感觉。由于文化背景不同,同样的体语在不同国家或地区可能有不同的含义。

20世纪50年代,理查德·尼克松在当选为美国总统之前,曾经访问拉美诸国,希望能缓和美国与拉美国家之间的紧张关系。当他走出机舱时,尼克松向当地等候的人群做出一个美国式的"OK"手势以示友好。结果,让他万万没有想到的是,下面的人们对他嘘声一片。尼克松不知道拉美地区与美国的肢体语言在某些地方有着天壤之别。在当地人眼中,"OK"的手势代表的意思是"你就是一堆狗屎"。

(一) 手势

手是人体最灵活的部位,所以手势是体语中最丰富、最具有表现力的传播媒介,做得得体适度,会在交际中起到锦上添花的作用。据语言专家统计,表示手势的动词有近二百个。如招手致意、挥手告别、握手言和、摆手拒绝、拍手称好、拱手致谢、合手祈祷、举手赞同、垂手听令等等。手势的含义非常丰富,表达的感情也十分微妙。如果不掌握正确的手势礼仪,就会给自己带来许多不必要的麻烦。手势礼仪的基本要求如下。

1. 把握使用尺度

使用手势时要把握好尺度,宜少不宜多,宜小不宜大。在交往中,为了增强语言感染力,可考虑使用一定手势,但要注意手势不宜过多,动作不宜过大,避免喧宾夺主,给人"指手画脚"和"手舞足蹈"的感觉。打手势时,还要掌握好力度大小、速度快慢、时间长短,不可过度。如,鼓掌手势可以表示欢迎、祝贺、赞许、致意等,用在观看演出、听报告、开会、重要人物出场等场合。鼓掌的标准动作是用右手掌轻拍左手掌的掌心。鼓掌要自然,不能为使掌声大而使劲鼓掌,应自然终止。鼓掌要热烈,但不要"忘形",变成了"喝倒采"、"鼓倒掌"。

2. 掌握常用手势

(1) 引领动作。在各种交往场合常常使用引领动作,如请客人进门,请客人入座,请客人跟随等都需要运用手和手臂的指引。引领动作主要有以下几种表现形式:

横摆式:用来表示"请"、"请进"。具体做法是:一只手五指伸直并拢,手臂向外侧横向摆动,指尖指向被引导或指示的方向;头部和上身微向伸出手的一侧倾斜;另一只手自然下垂或背在背后,目视宾客,面带微笑。

横摆式

双臂横摆式:用来招呼较多的人,动作较大一些。具体做法是:两手从腹前抬起,手心向上,同时向身体外侧摆动,摆至身体侧前方,上身稍前倾,微笑施礼。

双臂横摆式

　　曲臂式：用来请客人进门。具体做法是：一只手五指伸直并拢，手臂弯曲，由体侧向体前摆动，手臂高度在胸以下。

曲臂式

　　斜下式：用来请客人就座。具体做法是：一只手先从身体的一侧抬起，到高于腰部后，再向下斜摆过去，手指指向座位的方向。

斜下式

（2）递接物品。递物接物时最好用双手，以示对对方的尊重。递出物品时要先调整好物品（带文字的物品要正面朝向对方，带尖、带刃的物品则朝向自己或朝向他处），再主动上前，递给对方。向领导、重要客户递送文件应将文件打开，内容正面朝向对方递过去。

3．注意文化差异

不同国家、不同地区、不同民族，由于文化习俗的不同，同一手势的含义可能会不尽相同。

（1）"OK"手势：将拇指、食指相接成环形，其余三指伸直，掌心向外，指尖向上。这种手势在英语国家表示"好"、"同意"、"了不起"、"顺利"等；在法国和比利时表示"零"、"一无所有"；在日本、韩国、缅甸表示金钱；在巴西表示"引诱女人"、"侮辱男人"；在某些地中海国家是"洞"或"孔"的意思，当地人还通常用它来暗指某个男人是同性恋；在土耳其，代表"肛门"，带有强烈的侮辱性；在阿拉伯国家则被理解为"威胁恐吓"或"猥琐下流"。

（2）"V"字形手势：掌心向外，伸开食指和中指，指尖向上，拇指按住无名指和小指。在英语国家表示"胜利"，它是二战时英国首相丘吉尔首先使用的，现已传遍世界；我国也表示"二"。作这一手势时，如掌心向内，在西欧表示"侮辱"、"下贱"。

（3）伸大拇指：大拇指向上，其余四指合拢，在英语国家多表示"OK"、"好极了"；若用力挺直，则含有骂人之意；若大拇指向下，多表示坏、下等人；若大拇指左伸或右伸，表示搭便车，示意搭车方向。在希腊不要竖大拇指，因为这一动作表示"够了"、"吃饱了撑的"。在我国，翘大拇指一般表示顺利或用来夸奖别人；若大拇指下伸表示蔑视、不好等。

著名主持人白岩松在传递
奥运火炬时高举 OK 手势

丘吉尔"V"字型手势

国际奥委会主席罗格对
08 北京奥运竖起大拇指

2011 年 11 月 28 日 NBA 劳资双方
达成和解,奥巴马总统竖起大拇指,
并说"干得漂亮"

（4）伸食指：伸出食指,其余四指合拢。在我国和世界上多数国家表示数字"一"；在法国、缅甸表示"请求"、"拜托"；在新加坡表示"最重要"；在澳大利亚表示"请再来一杯啤酒"。

4. 避免不雅手势

（1）一般情况下掌心不宜向下。谈到别人时要掌心向上,手指自然并拢,指尖朝向别人,切忌不能用食指指点别人。指到自己时应掌心向内,拍在胸脯上,切忌不能用拇指指向自己,以免有自高自大之嫌。

（2）他人面前切忌做不雅的动作。如：掏耳朵、搔头皮、抠鼻孔、挖眼屎、剔牙齿、摸脚丫、抓痒痒、剪指甲等。

（3）他人面前切忌做不稳重的动作。如：双手乱摸、乱动、乱举、乱放、乱扶，或是咬指尖、抬胳膊、折衣角、拢脑袋、抱大腿等。

（二）头部体语

1．点头和摇头

大多数国家点头表示"是"、"同意"、"满意"等肯定的意思，摇头表示"不是"、"不同意"、"不满意"等否定的意思。但也有一些国家和地区，正好相反，如印度、巴基斯坦、孟加拉、尼泊尔、斯里兰卡、伊朗、保加利亚等国。希腊、土耳其部分地区、南斯拉夫、意大利那不勒斯人、马尔他、塞浦路斯和地中海沿岸的一些阿拉伯国家表示否定的动作是仰头，如表示强调的否定，则用手指敲下巴来配合。

2．挑眉毛

在汤加，表示"可以"、"我同意"；在秘鲁，表示"钱"、"请付钱"；在菲律宾，打招呼时用以相互问候。

3．拉眼皮

在意大利，表示提醒别人警惕或表示自己警惕；在英国，表示干的某件事被人戳穿；在拉美，表示殷勤、客气。

4．敲鼻子

在英国，表示秘密；在意大利，表示友好地提醒别人注意。

5．摸腮

在意大利，用食指按腮并转动表示赞赏；在希腊、西班牙，表示看到漂亮的东西；在南斯拉夫，表示成功。

6．揪耳朵

在印度，表示忏悔或真诚；在巴西，表示喜欢什么东西。

7．弹下巴

在意大利，表示没有意思、走开；在巴西、巴拉圭，表示我不知道。

四、安全空间

从生物学的角度看，每一个生物都有自己的领空，人们把它叫"生物圈"。一旦有异物进入这个范围，就会使其感到不安并处于防备状态。从心理学上讲，每个人的周围都存在着一个虽然看不见但非常敏感的个人空间，一旦被冲破，就会让人感到不自在或不安全，这就是安全空间。

（一）安全空间的类型

人与人之间的空间距离大体可以分为四种类型：私人距离、社交距离、礼仪距离、公共距离。

1. 私人距离

私人距离又称亲密距离，是指小于 0.5 米的距离，这个距离只允许情感上联系高度密切的人进入，适用于家人、恋人、至交之间。

2. 社交距离

社交距离又称常规距离，是指 0.5～1.5 米之间的距离，在这个距离内交往一般彼此有安全感。适用于交际应酬，如交谈、握手、递送名片等。

3. 礼仪距离

礼仪距离又称尊重距离，是指 1.5～3 米之间的距离，在这个距离内交往表示对交往对象的尊重。比较适合晚辈和长辈、下级和上级之间的交往，或用于举行会议、庆典、仪式等。

4. 公共距离

公共距离又称有距离的距离，是指 3 米以上的距离，在这个距离内交往人们会感到非常陌生和安全。适用于公共场合中的陌生人之间、演讲者与听众之间等。

需要注意的是，由于文化背景、性格特点、性别等的不同，人们对个人空间的需求会有所差别。

（二）个人空间礼貌

人际交往中，适度的距离能增进相互的友谊，促进情感交流，不合适的距离却会适得其反，甚至带来尴尬、失意、挫败。讲究个人空间礼貌对赢得公众，广结善缘有重要意义。具体要从以下几方面做起：

1. 保持适当距离

距离产生美感，在与人交谈的时候，要注重远近适当，太远了使人感到傲慢，架子大；太近了，又显得不够重视。在行进中不但要保持距离，而且要适当的变换，比如不要以 2 米左右的距离尾随在陌生人的后面，以免引起误会；骑自行车或开车时，不要离前面的车太近，不要强行超车；公园的长椅上，如果已经有人坐上，就不要再去挤座位等。

2. 改变不当距离

如果距离不合适，还可以通过移动位置、改变高度、借助外物等来改变距离。

（1）移动位置。根据交际的目的和场合，可以改变自己身体所处的位置。

移动位置是我们向对方表示诚意的行为。如有客人来访时,主人前去迎接、陪同、送别等。移位可以表示尊重,也可表示妥协或服从。如当你开车违章被警察拦住时,应马上下车,赶快主动撤到指定地点,然后在警察接近车子之前走近警察。主动迅速地向警察靠近,表示出对他的服从态度,可能会避免相应的处罚,因为警察离他的岗位越远,不信任和敌意就会越强烈。

(2)改变高度。除了移动身体的位置,还可以通过改变高度来改变距离。降低身高,表示对对方的尊重,能获得好感。降低身高要看场合,有的时候降低了,反而不尊敬了。如晚辈在一起聊天,长辈到场,晚辈需站起来,如果仍旧保持低位,或坐、或躺,那么就说明他对来者的蔑视。古代的皇位设于高处,君主坐在那里当然要比站在下面的臣子还要高。现在不设高位了,大家在一张桌子旁议事,地位低者站立的习惯却仍旧保留下来,或用于高位者到场的一种礼节性动作。

(3)借助外物。如果空间不够,可以借助桌子、屏风等外物拉开距离。如在谈判、求职面试、学生论文答辩时,谈判双方、面试官和求职者之间、教师和学生之间,隔一张桌子会增加庄重的气氛。

3. 尊重他人的个人空间

(1)不擅动他人物品。主人不在场时,不要私自动用其领域内的物品。未经许可,一般不要翻动亲友,甚至是子女的抽屉、书包、信件等,因为这种揭人隐私的行为会伤害对方的自尊。

(2)不随意进入他人领域。在进入他人领域之前,一定要征得同意,经过允许,比如到朋友家做客,进门前先按铃或敲门,经主人允许后方可进入。不经主人邀请,或没有获得主人同意,不得要求参观主人卧室。即使是较熟悉的朋友,也不要去触动他的个人物品和室内摆设。在公众场合,要尽量避免侵犯他人的空间。有一些人往往不注重自己的行为,无意中伤害了他人,也损害了自己的形象。比如在公共汽车上,横着站,两手抓两边的把手,使别人无法通过;在剧场里,趴在前面的背椅上,或把腿蹬在前排的座椅上。

(3)不污染他人的空间。主要有空气污染,比如当众抽烟,冲着人打喷嚏,张着嘴出气,在餐桌上端起碗来用嘴吹等;还有噪音污染,比如观看演出时,接听、拨打手机;在楼道里大声喧哗,影响邻居们休息等。

另外,在空间距离的处理上还应注意交往对象的生熟、性别、性格、特点等方面的差异。

思考题：

1. 仪容礼仪的规则有哪些？
2. 化妆时要考虑哪些因素？
3. 选择发型时要考虑哪些因素？
4. 女性坐姿与男性坐姿有何不同？
5. 手势礼仪的基本要求是什么？
6. 在人际沟通中，表情有何作用？
7. 如何恰当地运用眼神？
8. 个人安全空间礼貌应从哪几方面做起？

案例分析题：

一位先生去印度某大学做演讲。到了预订的宾馆后，他对那所大学派来专门接送他的司机说："明天上午八点，请你准时来接我。"司机冲他摇了摇头。

"明天上午八点，请你准时来接我。"这位先生有点迷惑地重复道，他看到司机又冲他摇了摇头。

这位先生很是郁闷："明天上午八点，请你准时来接我。你为什么不？"司机有点害怕，赶紧又冲他摇了摇头。

终于，先生火了，他大声斥责道："为什么你不？你是××大学派给我的司机，为什么不能来接我？"司机显然十分委屈，只听他说道："我一直在摇头说'好的'，为什么你还要骂我？"

原来，在印度，摇头是"是"的意思！

问题：请结合案例分析一下两人产生误会的原因是什么？在人际交往中我们应如何运用好肢体语言？

第三章　服饰礼仪

导学案例

　　20世纪60年代，在美国负责替法院挑选陪审团成员的专家米尔斯·福斯特曾做过一个调查，他发现陪审团成员倾向于相信那些着装得体，看上去有教养、有权威、可以引起人们信任的人。即使是恶魔般的被告人，如果能精心展示给陪审团成员一个可信的形象，他甚至会被认为是轻罪或无罪的。因此律师们不但自己努力利用穿着以赢得法官和陪审团的信任，也劝说被告和证人以可信的形象出庭。在调查中发现，深蓝色西服配以白衬衫，被认为是最可信的搭配。深蓝色西服与白衬衣的结合是"放之四海而皆准"的商业标准制服。

启　　示

　　服饰可以御寒防暑、护体遮羞、张扬个性、显示身份。它不仅具有保护人体的实用功能，还用于表现人的个性和修养，具有审美功能，以及反映人们在社会生活中的角色、地位，具有社会功能。服饰不仅可以反映一个人的外在形象，而且可以体现一个人的内在修养，甚至可以反映整个社会的物质文化生活水平。

　　服饰不是没有生命的遮羞布，它不仅是布料、花色和缝线的组合，更是一种标志，一种信息的发布："我是什么个性的人"，"我是否有较强的能力"，"我是不是重视工作"，"我是否合群"。因此，掌握一些服饰礼仪对我们的工作及人际交往都会起到事半功倍的作用。

学习目标

> 1. 了解服装种类；
> 2. 理解着装原则；
> 3. 掌握男士西装着装礼仪；
> 4. 掌握女士套裙着装礼仪；
> 5. 掌握饰品佩戴礼仪。

第一节　服装的种类与搭配

一、服装的种类

根据社交活动场合的不同,服装主要可分为三类:礼服、职业装、便装。

(一) 礼服

1. 西式礼服

传统西方礼服分为大礼服、小礼服和晨礼服,在穿着时间和活动场合上有着不同的要求。大礼服是晚间最为正式的礼服,用于隆重庄严的场合,如授勋仪式、授奖仪式、递交国书等活动。小礼服是晚间集会常用的礼服,一般适用于晚6时以后举行的较正式的晚宴、音乐会、剧院演出等活动。晨礼服是日间穿着的正式礼服,适合参加各种典礼、星期日教堂礼拜等活动。

男士大礼服也称燕尾服,由黑色或白色衣料做成,前身较短,后身较长且下端张开像燕子的尾巴。男士小礼服又称无尾礼服或便礼服,其上衣与普通西服相同,通常为黑色或深蓝色。男士晨礼服通常为灰色或黑色,剑领,后摆为圆弧形,衣长与膝齐,胸前仅一粒扣。

女士大礼服也称大晚礼服,一般为袒胸露背、单色拖地或不拖地、无袖连衣裙。女士小礼服又称小晚礼服,为长至脚面而不拖地的露背式单色连衣裙,其衣袖有长有短。女士晨礼服,又称常礼服,主要在白天穿着,通常由质料、颜色相同的上衣和裙子搭配而成,也可以是单件连衣裙,一般以长袖居多,避免领口过大或臂膀裸露。

2011 年 5 月 24 日,英国女王与爱丁堡公爵在白金汉宫接见奥巴马夫妇时,米歇尔的白色 Tom Ford 大礼服无疑是最精彩的一笔,主宾双方色彩呼应,既不喧宾夺主,同时展现了美式时尚的摩登与优雅,与礼服搭配的歌剧院长手套绝对是最精彩而周全的选择。

2011 年 5 月 24 日晚,英国女王设国宴款待美国总统奥巴马夫妇。
美国第一夫人米歇尔与英国女王伊丽莎白二世都身穿白色礼服,
奥巴马和菲利普亲王均穿黑色燕尾服。

2. 中式礼服

传统中式礼服男士主要是中山装,女士为旗袍。男士穿着中山装时,应将前门襟、风纪扣、袋盖扣全部扣好;口袋内不要放置杂物。适于出席各种外交、正式社交场合。女士在正式场合穿着旗袍时,开衩不宜太高,以到膝关节上方 1～2 寸为佳。最好配穿高跟鞋或高级面料、制作考究的布鞋或绣花鞋。

毛泽东在 1949 年开国大典上
身着中山装

1949 年新中国领袖的照片第一次出现在世界媒体上,这套服装也随之名闻世界。这种标准服以孙中山先生的名字命名,称为"中山装"。由于孙中山的提倡,也由于它的简便、实用,自 1911 年辛亥革命、1912 年建立民国以来,便和西服一起流行。中华民国政府曾通令将中山装定为礼服,并修改中山装造型,赋予了新的含义。毛泽东主席对"中山装"很欣赏,他一直坚持穿中山装,因而国外朋友又称中山装为"毛式制服"。现在,中国领导人还经常穿中山装。

近些年,大多数国家在礼服方面日趋简化,男士均可以质料上好的深色西装作为礼服,女士的服装已趋向自由化,只需与同行的男士所穿服装协调即可。

(二)职业装

职业装主要是工作场合穿着的服装,像西装、套裙、制服等,它们适合各自职业的性质、工作环境、实用简洁,给人整齐划一、美观大方之感。穿着时要注意与自身条件相协调,并谨慎选择款式和面料,才能给人以端庄、稳重的印象。

(三)便装

便装指的是平常生活中所穿的衣服,如夹克衫、运动服、风衣、大衣等。根据不同的用途和环境,便装又分为很多种。家居服,与家庭环境相衬,在家里休息或者做家务时穿。家居服简便、舒适,如晨衣、睡衣等,不适合会客用。旅游服、运动服适合旅游、运动时穿着,轻巧、实用,便于行动。街市服适用于购物、会友等,常受流行趋势影响,是时装的重要组成部分。

戴安娜套裙装

戴安娜便装

二、着装原则

在公关与社交活动中,得体的穿着是非常重要的。着重应遵循两个原则:TPO原则、适体性原则。

(一) TPO原则

TPO原则是目前国际上通行的着装原则,于1963年由日本男装协会提出,是Time、Place、Object三个英文单词的首字母的缩写。T代表时间,P代表地点,O代表目的、对象。

1. Time

着装要应时。这里的时间泛指一天日间和晚上的变化、一年四季的更替以及时代的差异。在不同的时间里,着装的类别、式样应有所变化。

2. Place

着装要与地点和场合相适应。在办公室和其他工作场合,要穿职业正装,穿着应干练、整洁、文明、大方;在喜庆场合,如参加宴会、联欢会等,服装颜色可相对鲜亮,款式可相对新颖;在庆典、仪式、接见外宾等庄重的场合,穿着应规范得体;在休闲、娱乐场合,可以穿得活泼、轻便、随意。

3. Object

着装要与交往目的、交往对象相符合。如女性穿西装套裙去上班,是为了显示自己的成熟与稳重;穿着旗袍去参加晚宴,是为了展示自己独特的女性风采;穿着运动服去锻炼,是为了轻松、舒适。另外在服饰选择时还要考虑文化背景,与外宾、少数民族交往时,要尊重他们的习俗,切忌穿着伤害对方习俗的服装。

(二) 适体性原则

适体性原则是指着装时要符合个人的自身条件,主要指年龄、形体和身份等。

1. 适合年龄

服装的穿着必须要适合自己的年龄,不同年龄段的人对着装有不同的要求。如年轻人服装的色彩应以明亮轻快为主,中老年人服装的颜色应以素雅庄重为主。年轻人的服装可以考虑新潮、活泼的样式,中老年人的服装应以体现成熟、稳重、理性的经典款式为主。

2. 适合形体

着装时应该以自己的身高、体型和体重为依据,量体裁衣,扬长避短,做到合身、合体。如体型较胖者穿一身凸显身体线条的衣服,会显得更胖;身高较矮的女士穿一件长裙,会显得更为矮小。

3. 适合身份

每个人在公众面前都有较为固定的身份,穿着要与身份相符。科教工作者的服装应庄重、雅致,给人以为人师表的良好印象;商务人士的着装应干练、稳重,给人以为人谨慎、办事可靠的印象。如果一位普通秘书穿得像老板,就可能在陪老板会谈时被初次见面的人误认为是老板,让三方都尴尬;一个大学生穿得奢华怪异,就会让人怀疑其人品和生活习气。

三、服装的搭配与选择

选择服装时要注意整体搭配,颜色、质地、款式、配件要协调得体,才能更好地起到修饰仪表的作用。

(一)服装色彩的搭配

色彩是构成服装美的重要因素之一,只有搭配得当,才会恰到好处,事半功倍。服装色彩的搭配应从服装美学角度出发,力求色彩的和谐。服装色彩的搭配方法基本上有三种:

1. 同色搭配

同色搭配是将色彩相近或相同、明度有层次变化的色彩进行搭配,造成和谐统一的效果,如深红配浅红、墨绿配浅绿。同色搭配时,要注意同色系中深浅程度不同的颜色之间的衔接与过渡,力求自然、平稳,避免生硬和明度差异太大。

2. 近色搭配

近色搭配是将色谱上相邻或相近的颜色进行搭配的方法。如红配橙、黄配绿、绿配蓝等。近色搭配时,必须遵守"三色原则",即一般不超过三种颜色。如在正式场合选择的服饰,包括西装、衬衫、领带、皮带、鞋袜、箱包等的颜色最好不要超过三种。

3. 主色搭配

主色搭配是以一种主色调为基础色,再配以一两种或几种次要色,使整个服饰色彩主次分明、相得益彰。主色搭配时,用色不要太杂,尽量少用、巧用。一般来说,男性服装一般不要超过三种颜色为好。女性服装色彩也不要过于堆砌,以免浮艳、俗气。

(二)服装色彩的选择

服装的色彩不仅影响着服饰的整体效果,给人带来不同的心理感觉,而且影响人的肤色和神采。有的颜色可以使人显得黯然无神,有的颜色却可以使人神采奕奕。服装颜色搭配、选择得当,在直观上可以扬长避短,使矮人显高、胖人显瘦。

1. 根据体型选择

选择服装颜色时要考虑个人的体型。体胖者最好以冷色调收缩色为主,使体型在视觉上显得瘦一些;体瘦者最好以暖色调扩张色为主,使体型在视觉上显得丰腴一些。体型高大者宜选深色、单色、柔和色,上下装形成对比色为好,不宜选择太过鲜艳、亮度太大的颜色;体型矮小者应选浅色为好,上下装颜色一致或相近。

2. 根据肤色选择

选择服装颜色时要考虑个人的肤色。所选服装色彩,不要与肤色同色或近色,要有反差。肤色较白者,浅深皆宜,选择范围较宽;肤色较黑者,一般不适合黑色及素雅的冷色调和深暗色调的服装,如墨绿、绛紫、深棕、深蓝等,最好选用橙色、明黄色、海蓝、翠绿、玫红、米色等;肤色发黄者,不宜选黄色、白色、黑色、墨绿色及深灰色等,宜穿红色、粉色、米色或棕色;肤色发红者,不宜选浅绿色和蓝绿色,宜选稍冷或浅色的服装。

(三) 体型与服装选择

男性标准体型为"T"形,女性标准体型为"X"形。标准体型的人在服装选择方面有较大空间。据调查,绝大多数人的体型或多或少存在一些局限,有着这样或那样的不足。我们可以通过选择不同造型的服装加以修饰或弥补,扬长避短。

1. 身材高大者

较好着装,但要尽量避免选择穿着高腰、无腰、极短小的外套和背心。

2. 身材矮小者

适宜选择高腰、较短的外套和背心,靠近面部的衣服可坠以饰物,以引开别人的视线,忌穿着过于宽松。

3. 身材偏胖者

适宜选择腰身合体、线条简洁的衣服,忌穿紧身衣。

4. 身材偏瘦者

适宜选择衣领处有皱褶,腰袖略显宽松,配有饰边的衣服。

5. 脖颈过长者

适宜选择高领衣服,尽量避免穿着各种领口过低的上衣。

6. 脖颈过短者

适宜选择 V 形领或 U 形领的衣服,忌穿高领上衣。

7. 窄肩溜肩者

不宜穿无袖或连袖的上衣,可通过垫肩等增高或加宽肩部。

第二节　西装穿着礼仪

西装广义指西式服装,是相对于"中式服装"而言的欧系服装。狭义指西式上装或西式套装。本章取狭义理解。西装通常是机关、企事业单位相关从业人员在较为正式的场合,男士着装的一个首选。西装之所以长盛不衰,很重要的原因是它拥有深厚的文化内涵。主流的西装文化常常被打上"有文化、有教养、有绅士风度、有权威感"等标签。西装的主要特点是外观挺括、线条流畅、穿着舒适,若配上领带或领结后,则更显得高雅典朴。

一、西装的种类与选择

(一) 按款式分类

按照款式,西装有单件上装和套装之分。

1. 单件上装

一般非正式场合穿着,如旅游、参观、一般性聚会等,可穿单件上装配以各种西裤,也可视需要和爱好,配以牛仔裤或时装裤,可不系领带。

2. 套装

套装有两件套和三件套之分。两件套指的是同色、同料的西装上衣和裤子;三件套是在两件套的基础上加一件同色、同料的马甲。半正式场合,如一般性会谈、访问、午宴等,可选择较明亮的深色、中性冷色或浅色调的西装,也可选择单色、条纹及暗色格子的套装,最好系领带。在正式场合,如晚宴、招待会、高级会谈、庆典仪式、出访、迎宾等,可选深色、单色套装,必须系领带。

(二) 按上衣纽扣分类

按纽扣排列,西装上衣可分为单排扣和双排扣西装。

1. 单排扣西装

常见的有一粒扣、两粒扣、三粒扣三种。正装一般是两粒扣、三粒扣。单排扣西装较为传统,适合谈判、会议、办公等。

2. 双排扣西装

常见的有两粒扣、四粒扣、六粒扣三种。双排扣西装较为时尚,适合参加宴会、舞会、酒会等。

(三) 按版型分类

所谓版型,指的是西装的外观造型。目前,国际流行的西装有欧版、英版、美版和日版四大版型。

1. 欧版西装

其上装的基本轮廓为倒梯形,肩宽收腰,衣领较宽,垫肩与袖笼较高,腰身中等,后摆多不开衩,多为双排扣。跟欧洲男人比较高大魁梧的身材相吻合,在欧洲大陆比较流行。我们亚洲人一般不够肩宽,不适合穿着。

2. 英版西装

它是欧版的一个变种,上装基本轮廓也为倒梯形,衣领较窄,垫肩较薄,后摆多两侧开叉,多为单排扣。适合瘦高的人士穿着。

3. 美版西装

其上装基本轮廓为 O 型,外观方正,宽松舒适,较欧版西装稍短一些,衣领宽度适中,肩部不加衬垫,腰部宽大,后摆多中间开衩,多为单排扣。美版西装往往以单件居多,一般都是休闲风格,强调舒适、随意。适合日常办公或休闲场合穿着。

4. 日版西装

其上装基本轮廓为 H 型,衣领较短较窄,垫肩不高,不过分收腰,后摆多不开衩,多为单排扣。适合亚洲男人的身材。

二、西装穿着的要求

一套合体的西装与衬衣、领带、鞋袜、配饰等是一个统一的整体。

(一) 上衣

1. 纽扣

在正式场合,要注意西装纽扣的系法。穿单排扣西装,若是两粒扣上衣,则上面一粒要系,下面一粒不要系;若是三粒扣上衣,上面一粒可系可不系,中间一粒必须系,下面一粒不要系。而穿双排扣西装时,无论何种情况下都必须系上所有纽扣。

2. 口袋

上衣外侧胸前口袋只能放装饰性手帕,也可空着;内侧口袋只能用来装钢

美国总统奥巴马身着单排两粒扣深色西装、配白衬衣、红白相间斜条纹领带

笔、钱包或少量名片；外侧下方两只口袋一般不可放任何物品。

（二）衬衫

与西装配套的衬衫须挺括、整洁、无褶皱，尤其是领口。除制服外，正装衬衫一般为长袖。在正式场合，衬衫的色彩首选白色，或者是与西装同色系，最好是无图案，或细小竖条纹。衬衫领口一般比西装领子高出 1 厘米左右，袖口要比西装袖口长出 2 厘米左右。打领带时，衬衫前面和袖口的纽扣都要系上；不打领带时，前面最上方的纽扣可以不系。硬领衬衣一般要扎进西裤内，软领衬衣则可不扎。

（三）领带

"穿西装，打领带"，领带对西装有画龙点睛的作用。要搭配好领带，须注意领带的色彩和质地、款式和图案，还要掌握领带的打法。

1. 色彩和质地

选择领带时，尽量选择跟西装协调的色彩，如跟西装同色系；或者选择容易跟衬衫色彩搭配的色彩；或者跟场合相适应，如喜庆场合佩戴紫红色领带等。选择领带时，还要考虑质地，高档领带一般是真丝或纯毛的。

2. 款式和图案

领带的款式，即其形状外观。一般来说，它有宽窄之分。进行选择时，应注意最好使领带的宽度与自己身体的宽度成正比，而不要反差过大。它还有箭头与平头之别：前者下端为倒三角形，适用于各种场合，比较传统；后者下端平头，比较时髦，多适用于非正式场合。领带图案的选择则要坚持庄重、典雅、保守的基本原则，一般为单色、无图案，或者选择圆点、条纹、格子等图案。

3. 领带的打法

领带打得好不好看，关键在领带结打得如何。打领带结有三点技巧：一是打得端正、挺括，外观上呈倒三角形；二是在收紧领结时有意在其下方压出一个窝或一条沟来，使其看起来美观、自然；三是领带结的具体大小要大体上与所穿的衬衫领子大小成正比。

领带的打法有很多种。下面介绍常用的五种打法：平结、交叉结、双环结、温莎结、双交叉结。

　　（1）平结。平结为最多男士选用的领结打法之一，几乎适用于各种材质的领带。

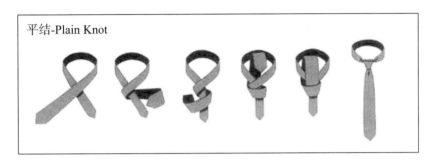

平结-Plain Knot

　　（2）交叉结。对于单色素雅质料且较薄领带适合选用的领结。

交叉结-Cross Knot

　　（3）双环结。该领结完成的特色就是第一圈会稍露出于第二圈之外。

双环结-Double Knot

　　（4）温莎结。适合用于宽领型的衬衫，该领结应多往横向发展。应避免材质过厚的领带，领结也勿打得过大。

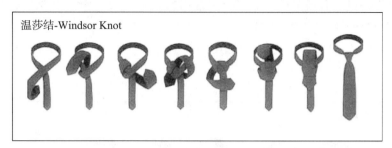

（5）双交叉结。该领结多运用在素色且丝质领带上，若搭配大翻领的衬衫不但适合且有种尊贵感。适合正式活动场合选用。

领带打好之后，外侧应略长于内侧。其标准长度是下端正好触及皮带扣的上端。西装上衣系好衣扣后，领带应处于西装上衣与内穿的衬衫之间；若穿马甲，领带应处于马甲与衬衫之间。

（四）西裤

西裤是西服整体的另一个主体部分，要求与上衣相互协调。西裤的裤缝必须挺直。选择西裤时要考虑大小和长短。检测西裤大小的标准是：将裤子拉链拉好、钮扣系好后，腰间刚好能插进一只并拢五指的手掌。检测长短的标准是：穿好西裤后站立时，裤脚前面接触脚背，后面到达皮鞋后帮的一半。

（五）腰带

穿西装时，衬衣一般扎进西裤内，上衣最下方的钮扣不系，腰带的前面常显露于外，因此腰带的选择也很重要。一般来说，腰带是真皮制成的，颜色以黑色为佳，棕色或暗红色也可，应与鞋、包相配。

（六）鞋袜

穿西装时一定要配穿合适的皮鞋和袜子。皮鞋有正装皮鞋、休闲皮鞋和时装皮鞋之分。一般正装皮鞋多是单色光面、三接头、系带式的。皮鞋的颜色要与西装的颜色相配套，一般深于或近于西装的颜色。穿西装时，袜子的颜色多为深色或黑色,质地多为纯棉或纯毛;长度以坐下后不露出腿部皮肤为好。

(七) 配饰

1. 手表

在重要场合穿西装时,男士要戴正装手表。正装手表一般是机械表,而不是电子表。款式上要比较庄重、传统。表的品牌要尽量与自己的收入、身份地位及社交圈相吻合。

2. 箱包

在正式场合,男士一般应使用真皮公文包,首选提式公文包。社交或休闲场合,可使用手包或夹包。

3. 装饰性袖扣

装饰性袖扣被喻为"男人的珠宝",用在法式衬衫袖口,具有较强的装饰性。一般用贵金属或珠宝制成,如宝石、纯金、白银甚至铂金之类。

4. 领带夹

领带夹是用来固定领带的夹子,主要起固定作用。一般不突出其装饰性,除经常做过大幅度动作,或者作为企业标志时使用外,其他情况最好不用。佩戴领带夹时,位置不能太靠上,以衬衫的第 4 粒钮扣处为宜。

三、西装穿着禁忌

穿西装时还要注意一些禁忌,以免出洋相。

(一) 忌袖口商标不拆除

一般西装上衣左袖上有一个商标。这个商标,就像酒瓶的封口在喝之前应该启封一样,在穿之前,即应拆去。不然就有炫耀之嫌。

(二) 忌口袋乱放物品

除上衣外侧上方口袋可放装饰性手帕外,不论是上衣、马甲还是西裤的口袋,一般不能放置任何东西,以免使西装显得鼓鼓囊囊。

(三) 忌穿高领内衣或羊毛衫

穿西装时,一般将衬衫贴身而穿,其内最好不要穿内衣,其外最好不要穿羊毛衫。如为了御寒,可在衬衫内加一件内衣或在衬衫外加一件羊毛衫,但要注意一定不要穿高领的,应选择"U"型或"V"型领。

(四) 忌不遵守"三色法则"

正式场合穿西装,要遵守"三色法则",即全身颜色不能多于三色。包括上衣、西裤、领带、衬衫、鞋袜、皮带、配饰等。

（五）忌袜子存在问题

穿西装时，不能穿尼龙丝袜，不能穿白袜子。

第三节　女士着装礼仪

很多职业女性的衣柜里堆满了衣服，可是平时总是穿不出自己的味道，遇到正式场合，更是一筹莫展。要想真正穿出美丽，女性需要进行自我修炼，掌握穿衣策略。

一、女士着装的种类与选择

根据出席场合的不同，女士的服装通常可分为职业正装、礼服装和休闲便装。

女士在出席各种正式的公务交往中，一般以穿着套裙为好，在涉外公务活动中，则一定要穿套裙。在出席宴会、舞会、音乐会等正式的社交场合时，可酌情选择与此类场面相协调的礼服或时装。外出观光旅游、逛街购物、健身锻炼时，一般以休闲装、运动装等便装为宜。

二、女士套裙礼仪

在较为正式的职业场合，女性应选择正式的职业套裙，得体的套裙可以让女性在职场中变得更专业，更令人信服。一套正规的西装套裙是由上衣（女士西装）与同色同料的西装裙组合而成。其形式基本上可分为两种：一种是两件套，即上装与一条半截裙构成；另一种是三件套，即两件套的基础上加一件背心。其中，以两件套最为常见。

（一）遵守穿着原则

要想套裙穿出魅力和味道，必须掌握以下原则：

1. 大小合适

一套做工精良的优质面料套裙，穿在一位白领丽人身上，无疑会使之魅力大增。但是，如果真的想让穿在自己身上的套裙美丽而生动，就必须大小相宜。过大或过小、过肥或过瘦的套裙，通常都不会穿出美感。

选购套装时，建议向上抬起双肘，看看腋下部位是否紧绷；向前环抱双肘，看看后背是否活动自如，胸部的凸出与侧腰部位的收腰是否裁剪合体；坐下时腰腹部会不会产生很多褶皱；衬里的用料和裁剪是否与面料同样讲究等等。

2. 颜色、图案得体

套裙颜色的选择以冷色调为主，应当清新、雅气而庄重，以体现着装者的典雅、端庄和稳重。藏青、炭黑、茶褐、紫红等冷色调的套裙都可以，最好不选鲜亮抢眼的颜色。两件套套裙的上衣和裙子可以是一色的，也可以是上浅下深的搭配。

正式场合穿的套裙，可以不带任何图案，要讲究朴素、简洁。以方格为主体图案的套裙，可以使人静中有动，充满活力。一些以圆点、条纹为主题图案的套裙也可以选择，但不能用花卉、宠物、人物等符号作为主体图案。套裙上不要添加过多的点缀，否则会显得杂乱而小气。美国前总统夫人希拉里，曾因套裙颜色图案选择不当，被人诟病。

希拉里的着装一：变身"老夫子"

1993年，美国前总统夫人希拉里出席克林顿的总统就职典礼时，穿了一身桃红格子套裙装，令她变成"老夫子"，她自己也说："我永远不会忘记那一天，还有那套衣服！"

希拉里的着装二：波点裙被嘲"包装纸"

1997年，希拉里与克林顿出席一个公开场合，将图案情意结发挥得淋漓尽致，黑底白波点连外套长裙将她幻化成一张"人肉包装纸"，她硬撑着说："那套衣服不是这么糟，只是较为令人眼花而已。"

着装一

着装二

希拉里的着装三：把地毯披上身

2000年,希拉里参选纽约州参议员,竟以一件大红大绿又大紫的臃肿长褛亮相。她自嘲说:"我是循环再用理念的忠实信徒,连地毯也会翻用。"

希拉里的着装四：终于修成正果

幸好如今年届60的希拉里总算修成正果,近年来她总以一套稳扎稳打的行政人员套装示人,原来时间流逝会令某些女人更美丽。

着装三

着装四

3. 穿着方法合礼

在穿套裙时,必须依照其常规的穿着方法,穿得得体到位。

上衣的领子要完全翻好;衣袋的盖子要拉出来盖住衣袋;不允许将上衣披在身上或者搭在身上;裙子要穿得端端正正,上下对齐之处务必要对齐。

在正式场合穿套裙时,上衣的衣扣必须全部系上,不允许将其部分或全都解开,更不允许当着别人的面随便将上衣脱下来。因此在正式场合露面前,一定要抽出点时间仔细地检查一下所穿的衣裙纽扣是否系好,拉链是否拉好。

(二) 注意搭配

女士在穿套裙时要注意内衣与外衣的搭配,选择外衣时要避免内衣外泄。裙长下摆不要过短,否则当你站在高处或者坐下的时候就可能露出内裤;上衣领口不要太低,否则很可能走光。

1. 衬衣

穿西装套裙时,内里可搭配一件衬衣。衬衣的颜色可以是多种多样的,只要与套装相匹配即可。白色、黄色和米色与大多数套装都能搭配。丝绸是最好的衬衫面料,选择纯棉也可,但要保证浆过并熨烫平整。

2. 丝巾

丝巾能起到提亮套裙的作用。不管什么场合,利用飘逸柔美的丝巾稍作点缀,能让女性的穿着更有品位。挑选丝巾重点是其颜色、图案、质地和垂坠感。丝巾还可以调节脸部气色,如红色系可映衬面颊红润。佩戴丝巾时可突出整体打扮,如衣深巾浅,衣冷巾暖、衣素巾艳。不宜选白色、有鲜艳大红图案的丝巾。

3. 鞋袜

和套裙配套的鞋子应该是皮鞋。黑色皮鞋最好,也可以选择和套裙色彩一致的皮鞋。袜子,可以是尼龙丝袜或羊毛袜,一般有肉色、浅灰、浅棕等几种常规选择,最好选择单色,最好别穿鲜红、明黄、艳绿、浅紫色的袜子。穿套裙的时候,鞋、袜、裙子之间的颜色必须协调,鞋、裙的色彩必须深于或略同于袜子的色彩。鞋袜的图案和装饰不要过多。

和套裙搭配时,鞋袜在款式上也有讲究。鞋子应该是高跟、半高跟的船式皮鞋或盖式皮鞋;不适合搭配系带式皮鞋、丁字式皮鞋、皮靴、露趾凉鞋等。袜子应是高筒袜或连裤袜,中筒袜、低筒袜不要和套裙同时穿。另外,鞋袜应当大小相配套,完好无损。不要同时穿两双袜子,也不可将九分裤,健美裤等当成袜子穿。注意穿袜子不要暴露袜口,尤其穿开衩裙时更要注意。不能当众穿、脱鞋袜。

4. 内衣

确保内衣要合身,既穿得合适,又要注意内衣颜色不要外显。外衣颜色太浅时,一定要注意内衣的颜色不能选深色,通常选白色或肉色。穿戴内衣还应注意不要在公共场合不加掩饰、随意地整理内衣。女性如感到内衣穿着不舒适,应就近寻找卫生间,在卫生间内处理,在公众场合整理内衣会让女士仪态尽失,给人留下轻浮、不稳重的感觉。

5. 配饰

穿着职业套裙时,配饰要以少为宜,合乎身份。在日常工作环境中,可以不佩戴任何首饰。如果要佩戴的话,腕表、一粒式的耳环或耳钉、胸针或项链,这三项就足够了。在穿职业套裙时,还必须兼顾自己职业女性的身份,不要佩戴过度张扬"女人味"的耳环、手镯、脚链等首饰。

(三) 举止优雅

虽说套裙最能够体现女性的柔美曲线,但着装者如举止不雅,不注意个人仪态,则会破坏套裙穿着的美感。

穿上套裙后,站立时要站得又稳又正,不可以双腿分开,东倒西歪,或是倚靠墙壁。就坐以后,要注意姿态,切勿双腿分开过大,或跷二郎腿、抖动腿、脚,更不可以脚尖挑鞋晃动,甚至当众脱下鞋。

一套剪裁合身或稍微紧身的套裙,在行走或取放东西时,有可能对着装者产生一定程度的制约。由于裙摆所限,穿套装走路时不能大步向前,而应该以小碎步前行。行进过程中,步子以轻、稳为佳,不可走得"咚咚"直响。需要去取某物时,如物品相距较远,可请他人相助,千万不要逞强,尤其是不要踮起脚尖,伸直胳膊费力去够,或是弯腰探身去拿,以免发生套裙开裂的尴尬情形。

三、女士礼服礼仪

(一) 旗袍的穿着

张曼玉在电影《花样年华》中的旗袍剧照

在我国,正式社交场合的传统礼服是旗袍。穿旗袍时,鞋子、饰物要配套。宜穿与旗袍颜色相同或相近的高跟或半高跟皮鞋。应戴金、银、珍珠、玛瑙等制成的精致项链、耳坠、胸花等。可配裘皮大衣、毛呢大衣、短小西装、开襟小毛衣和各种方型毛披肩。夏季旗袍可用棉布、丝绸、麻纱等面料,冬季可选用锦丝绒、五彩缎等制作。

(二) 晚礼服的穿着

晚礼服是用于庆典、晚会、宴会等礼仪活动的服饰。晚装服饰的特色、款式较多,需要根据不同的场合和风格而选择。闪亮的服饰是晚礼服永恒的焦点和着装秘诀,但要注意全身除首饰之外的亮点不得超过两处。

晚礼服多以高贵优雅、雍容华贵作为基本着装原则。西式晚礼服多为开放型,强调美艳、性感、光彩夺目;中式传统晚装以中式旗袍为主,注重表现女性端庄、文雅、含蓄、秀美的姿态。

晚装非常讲究面料和品质,好的品质可以烘托和映衬女人的形象和品位。有反射效果的面料会让脸色显得更漂亮,如丝绸、丝绒、皮毛等。

戴安娜王妃身着晚礼服,与好莱坞男影星约翰·特拉沃尔塔
在白宫聚会上翩翩起舞

(三) 日间礼服的穿着

参加白天的社交活动时,通常可以穿着小礼服以及色彩明快的时尚服装,稍加修饰即可。不宜穿太过暴露的服装,因为白天活动通常光线明亮,气氛和谐,如穿着过于暴露,既容易走光,也会给他人造成不适的压力。

1. 小礼服

可以穿妩媚、典雅的小礼服。小礼服色彩明快单纯,比如白色、淡粉色、天蓝色等,黑色也比较常用。一般长度不拖地。

2. 连衣裙

也可穿性感、自如的显身材的连衣裙。佩戴相应的首饰或穿有装饰感的披肩、丝巾等。

戴安娜连衣裙装

四、饰品佩戴礼仪

（一）首饰佩戴规则

饰品在着装中起画龙点睛、协调整体的作用,佩戴时要讲究一定的规则。

1. 数量规则

佩戴首饰时,数量以少为佳。必要时,可以不用佩戴首饰。若有意同时戴多种首饰,其上限一般为三,即不应当在数量上超过三种。除耳环、手镯外,同时佩戴的同类首饰不要超过一件。

2. 色彩规则

佩戴首饰时,色彩上的规则为:力求同色。若同时佩戴两件或两件以上首饰,应使其色彩一致。带镶嵌类首饰时,应使其主色调保持一致。

3. 质地规则

佩戴首饰时,质地上的规则是:争取同质。若同时佩戴两件或两件以上首饰,应使其质地相同。戴镶嵌类首饰时,应使其被镶嵌物质地一致,托架也应力求一致。这样做的好处是,总体上显得协调一致。此外还须注意,高档饰物,尤其是珠宝首饰,多适用于隆重的社交场合,但不适合在工作、休闲时佩戴。

4. 身份规则

佩戴首饰时,身份上的规则是:要令其符合身份。选戴首饰时,不仅要照顾个人爱好,更应当使之符合本人身份。要与自己的性别、年龄、职业、工作环境保持大体上的一致。如气质文静的女士不要带过于夸张和象征意义太浓的首饰,否则会使别人产生错乱感。

5. 体型规则

在选择首饰时,应充分正视自身的形体特点,努力使首饰的佩戴为自己扬长避短。避短是其中的重点,扬长则须适时而定。切忌用首饰突出自己身体中不太漂亮的部位。如脖颈上有赘肉和褶皱的女士,不合适戴个性特强的项链,以免招来别人过多的关注。手指欠修长丰润的,不要戴镶有大宝石或珍珠的戒指。

6. 季节规则

所戴首饰应与季节相吻合。一般而言,季节不同,所戴首饰也应不同。金色、深色首饰适于冷季佩戴,银色、艳色首饰则适合于暖季佩戴。

7. 搭配规则

穿职业装时,最适合佩戴珍珠或做工精良的黄金白金首饰;穿晚装时,可以戴宝石或钻石首饰;穿休闲装时,比较适合戴个性化或民族风格的首饰。

（二）常见饰品佩戴方法

在社交活动中，人们除了要注意服装的选择外，还要根据不同场合的要求佩戴戒指、耳环、项链、胸针、丝巾等饰品。

1. 戒指

一般戒指戴在左手，而且最好戴一枚，至多戴两枚。戴两枚戒指时，可戴在左手两个相连的手指上，也可戴在两手对应的手指上。戒指的佩戴是一种无声的语言，往往暗示佩戴者的婚姻和择偶状况。戒指戴在中指上，表示已有了意中人，正处在恋爱之中；戴在无名指上，表示已订婚或结婚；戴在小手指上，则暗示自己是一位独身主义者；如果把戒指戴在食指上，表示无偶或求婚；大拇指通常不戴戒指。

戴薄纱手套时，戒指应戴在手套里面，只有新娘可以将戒指带在手套外面。戒指的粗细，应该和手指的粗细相协调。从造型上讲，老年人戴的戒指应古朴庄重，年轻人可以佩戴小巧玲珑，比较艺术化的戒指。而从事医疗、餐饮、食品销售等工作的人员不适合佩戴戒指。

2. 耳环

其使用率仅次于戒指，是主要首饰之一。佩戴时应根据脸型特点来选配耳环，不要选择和脸型相似形状的耳环，以免脸型的短处被强调夸大。如圆脸型不宜佩戴圆形耳环，因为耳环的小圆形与脸的大圆形组合在一起，会加强"圆"的信号；方脸型也不宜佩戴圆形或方形耳环，因为圆形和方形并置，在对比之下，方形更方，圆形更圆。

耳环讲究成对使用，也就是说每只耳朵上均佩戴一只。工作场合，不要一只耳朵上戴多只耳环。对于职业女性来说，工作时最好佩戴小巧、含蓄的耳钉，避免佩戴过分夸张的耳饰，让人感觉不稳重。

3. 项链

项链的种类很多，大致可分为金属项链和珠宝项链两大类。选择项链时应和自己的年龄及体型协调。如脖子细长的女士佩戴纺丝链，更显玲珑娇美；马鞭链粗实成熟，适合年龄较大的女士选用。项链的粗细，应该和脖子的粗细成正比，一般短项链适合颈部细长的女士，最好配 V 字领上衣。中长度项链尽量不要挂在领口边上，以免显得土气，适合搭配领口较宽的衣服。长项链适合佩戴在衣服外，并搭配款式较为简单的套裙、长裤、长裙。项链还应和服装相呼应。如身着柔软、飘逸的丝绸衣衫裙时，宜佩戴精致、细巧的项链，显得妩媚动人；穿单色或素色服装时，宜佩戴色泽鲜明的项链，服装色彩可显得丰富、活跃。

选择吊坠时要力求坠子和项链在整体上协调一致。正式场合不要选用形状过分怪异的吊坠,也不要同时使用两个以上的吊坠。

4. 胸针

胸针适合一年四季佩戴。穿西装的时候,胸针应别在左侧领上。穿无领上衣时,应别在左侧胸前。发型偏左时,胸针应当居右。发型偏右时,胸针应当偏左。具体高度应在第一粒、第二粒纽扣之间。在工作中,如果要求佩戴身份牌或本单位证章、徽记上岗的话,不适合同时佩戴胸针。

5. 手镯

戴手镯也颇有讲究,违反了约定俗成的规矩会让人贻笑大方。戴手镯时,对手镯的个数没有严格限制,可以戴一只,也可以戴两只、三只,甚至更多。如果只戴一只,应带在左手而不应是在右手上;如果戴两只,则可以左右手各戴一只,或都戴在左手上;如果戴三只,就应都戴在左手上,不可以一手戴一只,另一手戴两只。如果戴手镯又戴戒指时,即应当考虑两者在式样、质料、颜色等方面的协调与统一。

6. 箱包

职业女性在包的选择上,应从"上"而为。一般来说,公文包不应显得过于男性化。棕色或茶色为女士公文包的基本色。一个公文包内里的设计工艺比其外观要重要得多,最好能将平常用到的所有文件收纳进去。如果是拿在手里的坤包,不要选太大或式样和花纹太复杂的,坤包颜色最好与鞋子颜色相配。在大多数穿职业休闲装的场合不必搭配公文包。正式场合选用的箱包,其质地宜为皮质、混纺麻质、做工精良的织品等。

此外,还有一些特殊的场合,女士应格外在意箱包的使用。例如应聘工作或面试时,不可将包放在考官的桌子上或抱在胸前,最适当的做法是放在自己的右脚旁;对于一般上班族来说,最好不要使用比上级更为名贵的包;参加晚宴等正式场合,应选用比较考究的包,这样既与礼服相配,也是对主人礼貌的表示,而且最好使用闪亮材质的皮包,因为在灯光下它们会比较出彩。

7. 围巾

围巾一般在春冬季节使用的比较多,搭配要和衣服、季节相协调。厚重的衣服可以搭配轻柔的围巾,但轻柔的衣服却绝不能搭配厚重的围巾。围巾适合室外或部分公共场所穿着,到了房间里面要及时摘掉,不然会让人感到压抑。

8. 腰带

女士的腰带种类丰富多样,质地有皮革的、编织物的、其他纺织品的,款式也多种多样。

女士使用腰带时要注意：和服装协调搭配，包括款式和颜色，比如穿西服套裙一般选择皮革或纺织的花样较少的腰带，以便和服装的端庄风格搭配。要和体型搭配，如上身长下身短，可以适当提高腰带的位置，形成比较好的视觉效果，如身体过于矮胖，就要避免使用大的、花样多的腰带扣，也不要用宽腰带。要和场合协调，职业场合不要用装饰太多的腰带，而要显得干净利落一些，而参加晚宴、舞会时，腰带可以花哨些。

思考题：

1. 着装时要遵守哪些原则？
2. 男士穿西装时有哪些要求？
3. 男士穿西装时注意哪些禁忌？
4. 女士套裙有哪些穿着原则？
5. 女士穿着套裙时在举止方面应注意什么？
6. 佩戴首饰时要遵守哪些规则？
7. 女士使用箱包时应注意哪些礼节？

案例分析题：

据报道，在 2012 年 5 月 6 日举行的墨西哥总统选举电视辩论中，一名在镜头中一闪而过的女制片助理因衣着暴露引发争议。墨西哥选举委员会因此发布声明正式道歉，对第一轮总统辩论中因助理衣着问题引起的错误，对公民和总统候选人道歉。参加总统竞选的某位女候选人批评称，"这名助理的穿着极不适合庄重的辩论场合。"

　　这位制片助理当日负责在现场分发卡片以决定候选人发言顺序。上台时，她身穿一袭白色紧身礼服，礼服前胸部为中空设计。她在镜头中不过出现 24 秒，却让整场辩论完全失去焦点。

　　问题：请问女助理的着装有何不妥？结合案例谈一下服饰穿着的原则。

第四章　见面礼仪

导学案例

《说岳全传》上有这么一段：岳飞和牛皋一同赴京赶考武状元，考前头一天，牛皋想先去熟悉一下校场的地形。于是他一个人出门了，但是他不认识路，正巧遇到一位老先生。他在马上大吼道："呔，老头儿！爷问你，小校场往哪去?"老先生抬头一看，见这位武士面目不善，又出言粗俗，就非常不高兴。不但没给他指路，反而生气地骂他是个"冒失鬼"。结果牛皋走了许多冤枉路才找到校场。岳飞在旅店等了好长时间不见牛皋人影，估计他去了校场，于是就去找他。过了一会儿，岳飞也遇到了那位老先生。他先离镫下马，然后上前施礼："请问老丈，方才可曾见一个骑黑马的？ 他往哪条路上去了？"老人听后，耐心地给他指路，不多会岳飞便来到了校场。

启　示

同样向同一个人问路，不同的称呼、不同的话语、不同的举止、不同的见面礼节，得到了不同的回答。一个事倍功半，一个事半功倍。如果是你，是要做"牛皋"呢，还是要做"岳飞"呢?

学习目标

> 1. 掌握国内称呼礼仪；
> 2. 理解涉外称呼礼仪；
> 3. 掌握自我介绍、介绍他人的技巧；
> 4. 掌握握手礼仪、交换名片的礼仪；
> 5. 了解鞠躬等其他见面礼仪。

第一节　称呼礼仪

称呼，是在人与人交往中使用的称谓，用以指代某人或引起某人注意，是表达不同情感的主要手段。得体的称呼，不仅是对对方的尊重，而且反映自身的教养程度，还体现着双方的关系。心理学认为，人内心深处最迫切的渴望是被人肯定和尊敬。因此，每个人都希望得到他人的尊重，得到他人对自己的敬称。

社交场合一般不宜对对方指名道姓，直呼其名，应该根据具体情况称呼，表现为对他人的尊称和自谦。在日常生活中如果双方关系比较亲近，可免姓直呼小名或乳名，这样显得亲切和温馨。此外，还应符合对方角色、切合对方的心理期待，正确把握好生活中的称呼、工作中的称呼和外交中的称呼。

一、国内称呼礼仪

（一）生活中的称呼

在现实生活中，我们对关系普通的交往对象可以称呼"同志"，或称"先生"、"女士"、"小姐"、"太太"，或称"姚老师"、"金经理"等。对我们的亲朋好友、熟人，古今中外却有不同的称谓。

1. 我国古代传统的敬辞和谦词

我国古代对他人及他人亲属、自己及自己亲属，是在称呼前面添加以下所举的适当的词，表示敬称或自谦，有很多称呼一直沿用至今，成为正式场合的称呼或书面用语。

（1）"令"：用在名词或形容词前表示对别人亲属的尊敬，有"美好"的意思。

如令尊、令堂,对别人父母的尊称;令兄、令妹,对别人兄妹的敬称;令郎、令爱,对别人儿女的敬称;令阃,对别人妻子的尊称。

(2)"贤":称呼对方,多用于平辈或晚辈的敬称。如贤弟、贤侄等。

(3)"家":谦词,用于对别人称自己辈分高或年纪大的亲戚。如家父、家尊、家严、家君,称父亲;家母、家慈,称母亲;家兄、家姐,称兄长和姐姐。

(4)"舍":谦词,用于对别人称自己的辈分低或年纪小的亲戚。如舍弟:称弟弟;舍妹:称妹妹;舍侄:称侄子;舍亲:称亲戚。

(5)"小":谦称自己或与自己有关的人或事物。如小弟,男性在朋友或熟人间谦称自己;小儿、小女,谦称自己的儿子女儿;小人,地位低的人自称;小生(多见于早期白话),青年读书人自称;小店,谦称自己的商店。

(6)"老":谦称自己或与自己有关的事物。如老粗,谦称自己没有文化;老朽,老年人谦称自己;老脸,年老人指自己的面子;老身,老年妇女谦称自己。

(7)"愚":自称的谦称。如愚兄,向比自己年轻的人称自己;愚见,称自己的见解。也可单独用"愚"谦称自己。

(8)"鄙":谦称自己或跟自己有关的事物。如鄙人,谦称自己;鄙意,谦称自己的意见;鄙见,谦称自己的见解。

2. 现今对亲属的称呼

(1)父母:父母是亲属中最重要的亲属,也称"双亲"、"二老"、"爹娘"、"爸妈"。

(2)祖父(爷爷)、祖母(奶奶):是对祖父母最常见的称呼。

(3)外祖父、外祖母:对母亲的父母亲的称呼,"外祖父"又可称为"家公"、"老爷","外祖母"又可称为"外婆"、"姥姥"等。

(4)伯父、伯母:是对父亲的哥哥及其妻子的称谓;对他们,自称为"侄子(侄女)"。

(5)叔父、婶母:是对父亲的弟弟及其妻子的称呼;对他们,自称为"侄子(侄女)"。

(6)姑、姑父:对父亲的姊妹可称为"姑",对已婚者一般称为"姑母"、"姑妈";对姑妈的丈夫称"姑父";对他们,自称为"内侄"。

(7)舅舅、舅母:对母亲的兄弟、舅父之妻的称谓,舅母又可称"舅妈",对他们,自称为外甥(外甥女)。

(8)姨母、姨父:对母亲姊妹及其丈夫的称呼,"姨母"又称为"姨娘"、"姨婆"、"姨妈"等;对他们,自称为外甥(外甥女)。

(9)堂兄弟、堂姐妹:对伯父、叔父的儿子、女儿的称谓,自称也如此。

（10）表兄弟、表姐妹：对姨母、姑母、舅舅的儿子、女儿的称谓，自称也如此。

3. 现今对朋友、熟人的称呼

（1）用敬称。对长辈，用"您老"、"您老人家"称呼；对德高望重的老人，在其姓氏后加"老"或"公"，如"张老"、"张公"；对年长者可称其"王先生"、"李先生"；对文艺界和教育界等人士，则可称其"史老师"、"胡老师"。

（2）用类似血缘关系的称呼。这主要是对邻居、年长者或至交等的称呼。如"大爷"、"阿姨"，或加上姓氏，如"张大娘"、"李大姐"等。

（3）用姓名或姓氏称呼。用姓名称呼只能用在长辈对晚辈或平辈之间，晚辈不能直接称呼长辈姓名。为了表示亲切，可在姓氏前加"老"或"小"等，如"老刘"、"大李"、"小高"等。

（二）工作中的称呼

1. 称呼职务

在工作中，最常见的是以交往对象的职务相称，以示身份有别，敬意有加。可以仅称呼职务，如"局长"、"经理"等；也可以在职务前加上姓氏，如"李经理"；还可以在职务前加上姓名，如"李平经理"，用于极其正式的场合。

2. 称呼职称

对于有职称者，尤其是中高级职称者，可以在工作中直接以其职称相称，如"教授"；也可以在职称前加上姓氏，如"袁工程师"。有时可以将称呼简化，如"袁工"，但使用简称时以不发生误会、歧义为前提。

3. 称呼学衔

在工作中以学衔作为称呼，可增加被称呼者的权威性和专业性，还有助于加强现场的学术氛围。可以在学衔前加上姓氏，如"周博士"、"李院士"；也可以在学衔前加上姓名，如"周正博士"等，但对学士、硕士，一般不称呼学衔。

4. 称呼职业

直接以被称呼者的职业作为称呼，如称教练员为"教练"，称医生为"大夫"或"医生"。也可以在其职业前加上姓氏。

（三）称呼中的禁忌

在社会交往中，我们要避免称呼中常见的错误，禁用不恰当的称呼。

1. 避免误读、误会

误读一般表现为读错对方的姓名。如姓氏中的"仇"、"查"分别应读"qiú"和"zhā"。要避免错读就应该事先虚心请教，或查好字典，做好准备。误会是指在没有弄清对方的身份、辈分或婚否情况下随口称呼，出了洋相，如把未婚女性称为"夫人"。因此,在称呼前应打听清楚,或请教对方。

2. 避免不当的称呼

不当的称呼主要指:过时的称呼,如封建色彩很浓的"大人";有鲜明地域性的称呼,如"爱人",会被外国人理解为"第三者";庸俗的称呼,如在正式场合称呼别人为"哥们";称呼绰号,如称一个又高又瘦的人为"长豇豆"等等。诸如此类的称呼不仅会影响正常交往,还会产生情感隔阂,甚至可能导致人际矛盾,是我们应该避免的。

二、涉外称呼礼仪

(一) 外国人名构成

由于中外文化的差别,我国和外国人在姓名构成方面差异很大。在与外国人交往过程中,首先要掌握外国人姓名的构成特点,才能正确地称呼对方。

1. 英美及英语国家人姓名

英美及英语国家人姓名的构成是:"名＋姓",如"Edward Adam Davis",Edward 是教名,Adam 是本人名,Davis 是姓。姓名在缩写时,可将名字缩写成第一个字母,但姓不缩写,如"Edward Adam Davis"可缩写成"E. A. Davis"。

2. 法国人姓名

法国人姓名的构成是:"名＋姓",但往往在名字中有"Le"、"La"等冠词或"De"等介词,即使译成中文也不能省略,要与其姓氏一起翻译,如"La Fantaine"拉·封丹,"De Gaulle"戴·高乐。

3. 西班牙、葡萄牙人姓名

西班牙人姓名常有三四节,前一二节是名,倒数第二节为父姓,最末一节为母姓,简称时,用"第一节本人名＋父姓"。葡萄牙人是倒数第二节为母姓,父姓在最末一节,简称时与西班牙人相同。

4. 俄罗斯人姓名

俄罗斯人姓名一般由三节组成:"本人名＋父名＋姓",如"伊万·伊万诺维奇·伊万诺夫",其中"伊万"为本人名,"伊万诺维奇"为父名,"伊万诺夫"是姓。但在正式文件中,姓氏放在前面,如"伊万诺夫·伊万·伊万诺维奇",名与父名都可缩写。称呼时,一般只称姓或名,尊称则称"本人名＋父名",对特别尊敬者,只称呼其父名。如列宁的全名是"弗拉基米尔·伊里奇·列宁",而人们一般都尊称他为"伊里奇"。

5. 阿拉伯人姓名

阿拉伯人姓名一般由三四节:"本人名＋父名＋祖父名＋姓"。正式场合要用全名,有时可省却祖父名甚至父名,简称只用本人名。现在阿拉伯上层人士在社会活动中都简称其姓,如"阿拉法特"、"纳赛尔"等。但阿拉伯姓名中的"ibn"、"ben"也要翻译出来:"Ahmed·Ben·Bella"简称本贝拉。

6. 日本人、韩国朝鲜人姓名

日本人姓名顺序与我国一样,但字数不一样,不易区分,尤其日本人的姓,有一个字,有两个字,有三个字,所以事先一定要了就清楚。口头称呼时,只唤其姓,正式场合则称其全名。韩国人、朝鲜人的姓名构成也是"姓+名",而且姓只有一个字,比较容易辨别。

(二)一般性称呼

先生、太太、小姐、女士是最常用的普通称呼,适用于各种正式场合,显得很尊重但不特别亲密。称呼先生、太太、小姐时,可以带上对方的姓,也可连名带姓,但不能单带名不带姓,如"Mr. John Smith"或者"Mr. Smith",但不能说"Mr. John"。对女性,如果不了解对方的婚姻状态,可以一律称"小姐",因为小姐的称呼一直可以到上了年纪的老太太,如果不合适,对方会纠正你。

(三)商务和政务活动中的称呼

在商务交往中,一般应以"先生"、"小姐"、"女士"来称呼交往对象,一般不称呼对方的行政职务。要注意的是,在商务活动场合很少使用"夫人"这一称呼,这与国内有很大区别。

在政务交往中,常见的称呼除"先生"、"小姐"、"女士"外,还有两种称呼,一是称其职务;二是对职务或地位较高者称"阁下",这主要是对部长以上的高级官员,如可称"部长阁下"。在称呼其职务或"阁下"时,还可以加上"先生",具体称呼顺序是"职务+先生+阁下"或"职务+先生"等,如"总理先生阁下"、"市长先生"等。但要注意的是,在美国、德国和墨西哥等国没有"阁下"这一称呼习惯。

(四)其他称呼习惯

对于有学衔、军衔、技术职称的人,可称呼教授、将军、博士、工程师等,因其社会地位较高,颇受尊重,故可直接以此作为称呼。对参议员、律师、医生等,也可在其姓氏前冠以职衔,如布朗参议员、克拉克医生等。在国外,有些头衔是终生适用的,即使某人已不在位,但仍可以沿用原有头衔,如大使、将军、部长、议员、法官等。但要注意的是,外国人不用行政职务称呼人,如不称别人为"某某局长"、"某某校长",只在介绍时加以说明。

对宗教界人士,一般可称呼其神职。如称其"主教"或"乔治主教"。

对君主制国家的王公贵族,称呼上应尊重对方习惯。如称国王、王后为陛下,称王子、公主、亲王为殿下。在美国,可称呼有爵位者为勋爵,但也可称其为先生。

对社会主义国家或兄弟党的人士,可称之为"同志"。

第二节　介　绍　礼　仪

社交场合的介绍有这样几种,一是自我介绍,二是为他人做介绍,三是被熟人介绍给对方,还有就是为集体介绍。无论是哪一种情况,都要做到态度亲切自然,语言简洁清楚。要注意的是,在交际场合有第三者在场而不介绍是极不应该的,弄错介绍顺序也是很不礼貌的。

一、为他人做介绍

(一) 介绍他人的时机

社交场合,遇到以下情况时,应该为互不相识的双方做介绍:在家中或办公地点接待彼此不相识的客人或来访者;与家人在路上碰到家人不认识的同事或朋友;陪同亲友去拜访其他亲朋好友;打算推荐某人加入某一交际圈;受到为他人做介绍的邀请等。

(二) 不同场合的介绍人

在不同场合或为了不同的目的做介绍,介绍人的身份应有所不同。接待高级别领导人时,介绍人应该是本单位职位最高者;在一般公务活动中,介绍人应该是公关人员或办公室人员;在社交场合,主人应当做介绍人;除此之外的其他场合,与被介绍人双方都认识的人应该担当介绍人。

(三) 注意介绍顺序

在为他人做介绍时,应遵守"尊者优先了解情况"或"先向尊者介绍"的原则,先了解双方在地位、年龄、性别、主客等方面的尊卑,然后根据不同场合、不同的交往目的进行正确的介绍,先介绍位卑者,后介绍位尊者。

介绍有三要素:姓名、所在单位(部门)、职务或具体工作,将被介绍人的姓名、身份一次性说清楚。介绍顺序是:先把主人介绍给客人;把身份低的、年纪轻的介绍给身份高的、年纪大的;把男士介绍给女士。譬如,需要介绍的是郭董事长和王先生,应该把王先生首先介绍给郭董事长,这是对郭董事长的尊重。介绍人要面对郭董事长,面带微笑,手指四指并齐,手掌微向上伸向被介绍者:"郭董事长,请允许我来介绍一下,这位是王大林先生,他是嘉丰公司的部门经理";然后再朝向王先生说:"王先生,这位是迪生公司的郭茂元董事长"。也就是说,作介绍时首先叫到名字的一方是受尊敬的。

具体操作时可这样:

1. 先介绍自己公司的人,再介绍公司外的人;

2. 先介绍地位低的人,再介绍地位高的人;

3. 介绍地位相同的人时,应按照到职的先后,先介绍新进的职员;若同时到职,就先介绍年纪较轻的人;

4. 若年龄、地位都相同,便从较亲近的人开始介绍;

5. 将一个人介绍给大家时,先介绍这个人;

6. 同时介绍很多人时,可从右至左,按顺序介绍;

7. 先介绍希望被介绍的人,再介绍其他的人;

8. 当男士与女士各方面情形都相近时,要先介绍男士;

9. 若全是女士,先介绍未婚者,再介绍已婚者;

10. 亲疏之间,从亲者先介绍。

(四)介绍时的礼节

做介绍时,要有礼貌地以手示意,并说明被介绍者的姓名、单位、职务及来意;社交场合的介绍,可多提供一些个人资料,譬如是哪里人,毕业于哪个大学,擅长什么等;应注意介绍的场合、时间及是否有相识的愿望,需要介绍才介绍;还要避免对某个人特别是女性的过分赞扬。在人多时可采取自我介绍的方式。

二、被他人介绍

被他人介绍时,要神情专注,一般应起立、微笑,目视对方,点头致意;最好提供适当的话题,以便被介绍人进一步了解;介绍后双方的问候语是:"很高兴见到你,张先生"、"你好,张先生";如果有人把你介绍错了,不要立即打断他,等他介绍完了,再予以更正。

被人介绍时,如果是坐着的,除职位高者、长辈和女士外,应起立。但在会议、宴会进行中不必起立,被介绍人只要微笑点头示意即可。

三、自我介绍

(一)自我介绍的时机

1. 在人际交往中,在欲结识某人却无人引见时,可面对对方自我介绍。

2. 应某人的要求,将自己的某些方面的具体情况作自我介绍。

3. 社交场合与不相识者相处时,可自我介绍。

4. 初次登门拜访,进入陌生单位或陌生的交际圈时,应自我介绍。

5. 求学或应聘求职,演讲、发言或进行自我宣传时,要自我介绍。

6. 交往对象因为健忘而记不清自己,或担心这种情况可能出现时,应自我介绍。

(二)自我介绍的方式

自我介绍的因素有三个:姓名、单位、职位或具体工作。做介绍时这三个因素要一气呵成,不能只说姓氏,不报全名,也不该称自己为小姐、先生,第一次介绍单位时也不宜用简称。

自我介绍时,应主动走到来访者面前,点头致意,问候对方,然后自己报出姓名、单位和职务,或递上名片。可以这样说:"我可以自我介绍一下吗?我叫刘莉,是尚达公司的办公室主任";倘若双方在公共场合见面后无人介绍,你可以主动说:"我是神洲公司的张小明,请问您怎么称呼?"或说:"我能请教一下尊姓大名吗?"等对方也作自我介绍后,便可进行交谈。

(三)自我介绍的技巧

自我介绍要寻找适当的机会。当对方正与人亲切交谈时,不宜走上去做自我介绍。在对方有兴趣、有空闲、情绪好、干扰少、有要求时做自我介绍,效果会比较好。

进行自我介绍时要自然、友善、亲切、随和,要敢于正视对方的眼睛,脸上充满自信和笑容,并表达出渴望结识对方的真情实意。说话语气要自然、清晰,语速不急不慢,显得胸有成竹。对自己的评价和措辞应真实客观,既不过分炫耀自己也不刻意贬低自己,这样,才会给人以真诚坦率、自信诚恳的印象。

四、集体介绍

集体介绍应注意以下细节:

1. 应注意用规范、准确的措辞,不要用简称或易生歧义的简称;更不能开玩笑、捉弄人。

2. 在演讲、报告、比赛、会议、会见时,只需要将主角介绍给大家。

3. 若一方人数较多,可采取笼统介绍的方式。

4. 当被介绍者双方地位、身份大致相似时,应先介绍人数较少的一方。若被介绍者双方地位、身份存在差异,虽人数较少或只一人,也应将其放在尊贵的位置加以介绍。

5. 若被介绍的不止双方,需要对被介绍的各方进行位次排列。应注意越是正式、大型的交际活动,越需注意介绍的顺序。一般的排列方法是:以其负责人身份为准;以其单位规模为准;以抵达时间的先后顺序为准;以座次顺序为准;以距介绍者的远近为准,等等。

第三节　握手礼仪

古代,手中握着武器的猎人在遇到不属于本部落的陌生人时,彼此为了表示没有恶意,不想发生冲突,会放下武器,亮出右手掌心,或让对方抚摸掌心,以示友好。这种仪式流传到今天变为现在的握手礼,现代人用握手表达情感和情意,具有尊重、友好、关心、敬意、和平、祝愿、感谢、慰问、鼓励、保重等意义。

人们常用的见面礼和告别礼,非常能显示一个人是否有修养。具体来说,握手的要求有以下几方面。

一、握手的时机和顺序

(一) 握手的时机

何时握手,要取决于交往双方的关系,现场的气氛,以及当事人的心情等多种因素。比较合适的握手时机是：

1．在各种比较正式的场合见面时和告别时，应握手。

2．被介绍给不相识者时，应握手表示高兴和问候。

3．他人给予自己帮助、支持、鼓励和肯定时，要握手表示感谢。

4．对他人表示恭喜、祝贺、理解、支持和肯定时，应握手表达这些情感。

5．应邀参加各种社交活动，在见面和告辞时，应握手表示谢意。

6．向他人赠送或他人向自己赠送礼物，或颁发奖品时，应握手表达谢意。

7．得悉他人患病、失恋、失业、降职、家人过世或其他挫折表达慰问时应握手。

（二）握手的顺序

在不同场合，为了不同交往目的的握手礼节，特别讲究谁先伸手的顺序。同介绍顺序一样，也必须根据双方在地位、年龄、性别、主客等方面的尊卑来决定。一般而言，尊者应该首先伸手。

1．有身份、年龄差别时，身份高、年长的先伸手，身份低、年轻的应立即回握。

2．男女之间，男方需等女方伸手才可握手，如女方不伸手，没有握手的意愿，男方可点头致意或鞠躬致意。

3．宾主之间，在欢迎仪式上，主人应先向客人伸手，以表示热情、亲切，如接待来宾，不论男女，女主人都要主动伸手，男主人也可先伸手对女宾表示欢迎；客人告辞离开时，应由客人先伸手，主人才能握别。

4．当年龄与性别冲突时，一般仍以女性伸手为主。

二、握手的规矩和方式

（一）握手姿势、时间和力度

行握手礼时，通常距离对方约一步，眼光互相注视对方，双方各自伸出右手，四指并齐，拇指张开与对方相握。握手时，上身要略向前倾，头要微低一些。

握手的力度要适当，过重和过轻都不合适，一般握力在2公斤左右。力度过大会让人觉得鲁莽，过轻则缺乏热情。握手的时间以3秒钟左右为宜，时间过短让人感觉缺乏诚意，过长则使人不舒服，尤其是对初识者和异性，时间更不宜过长。

（二）握手的方式

1．平等式握手

这是最常见的握手方式。施礼双方目光对视，各自伸出右手，肘关节抬至腰部,手掌垂直,四指并拢,虎口张开,上身微微前倾,右手相握后可适当上下抖动以表示热诚。对初次见面或交往不深的人,这种握手方式比较合适。

平等式握手   手扣手握手

2. 手扣手握手

这种握手方式被西方称之为"政治家式的握手"。是某一方主动用右手握住对方的右手,再用左手握住对方右手的手背,主动方试图让接受者感到他的热情和真诚。这种方式比较适合在朋友和同事之间的握手。

3. 双握式握手

主动握手者用右手和对方相握,左手移向对方的右臂。他伸出的右手和左臂传递出真挚、深厚的友好感情,使对方感受更深。这种握手方式比较适合在关系比较密切的人之间进行。

双握式握手

三、握手时的注意事项

(一) 握手时的注意要点

1. 在社交场合,应该站着握手;如果是坐着的,有人走向你和你握手,你应该立即站起来,与之相握。

2. 同性间握手,应虎口相切;异性间握手,如果男性是主动方,一般只能轻握女方的手指部分,而不能采用"三明治式"握手方式。

3. 握手时,应取下墨镜,脱下帽子和手套。但现役军人则不必除帽,而应先行军礼再与人握手。女子的与服装配套的纱、丝质手套也不必除去而可与人握手。

(二) 要避免不礼貌的握手

1. 长久地握着异性的手不放。男士与女士握手时间要短一些,用力更轻一些。

2. 用左手握手。这种握手方式极不礼貌,尤其是不能用左手与阿拉伯、印度等国的人相握(阿拉伯人、印度人认为左手不洁)。

3. 用不干净的手、湿的手同他人握手。如果你正在洗东西或擦油污之物时,有老人、贵宾来到你面前,应该先点头致意,同时亮出双手,简单说明情况并表示歉意,同时赶紧洗好手,用右手与之相握。

4. 争先恐后,交叉握手。不能越过其他人正在相握的手同另外一个人相握,因为交叉形式类似十字架,而十字架在基督教信徒眼中是不吉利的。

5. 握手时左顾右盼。应该微笑着注视对方。

6. 握手时将另外一只手插在袋里。应该把放在口袋中的手拿出来。

7. 握手时与旁人交谈。握住对方的手时,不应长篇大论,更不能与其他人交谈。

第四节 名 片 礼 仪

现代社会社交活动中,名片必不可少,它是一种自我的"介绍信"和社交的"联谊卡"。名片承载着证明身份、广结良缘的重任。名片的使用要做到合乎礼仪规范,在不同场合慎重选用,这样才能充分发挥名片的作用。

一、名片的种类

一个人可以根据不同的需求制作不同种类的名片,并在不同的社交场合中使用。名片的种类主要有以下几种。

(一) 应酬式名片

应酬式名片的内容一般只有个人姓名一项,有时会加上本人的籍贯与字、号等,主要用于社交场合的泛泛之交,或在拜会时或在馈赠时出示,说明身份和兼做礼单。

(二) 社交式名片

社交名片上的内容包括个人姓名、联络方式。联络方式主要标明家庭住址、邮政编码和住宅电话号码。一般不印办公地址和电话。

（三）公务式名片

公务式名片最常见,使用范围很广,涉及政务、商务、学术等领域,用于个人业务交往。名片上应标明:

1. 所属单位。应包括企业或组织标志、所属单位、所在部门三个方面,后两项内容应采用全称。

2. 本人称呼。应包括本人姓名、所任职务和学术头衔三部分,后两项可有可无。

3. 联系方式。应包括单位地址、办公电话、邮政编码三部分,不宜出现家庭住址和家庭电话。根据需要可以酌情印上手机号码、传真号码、电传号码、电子邮箱等内容。如有必要,还可在名片背面印上本单位的经营范围或所在方位图。

（四）单位式名片

单位式名片主要用于单位对外宣传和公共活动,内容应包括单位的全称及其标志、单位的联络方式。联络方式由单位地址、邮政编码、单位总机电话号码、公关部电话号码组成。

二、使用名片礼仪

名片一般在三种情况下使用:一种是用于商业性的横向联系和交际;另一种是社交中的礼节性拜访;还有一种是用于某些表达感情或表示祝贺的场合。双方初次见面的时候一般会交换名片,因此必须随身携带名片。

（一）与他人交换名片的礼仪

1. 来访者、男性、身份低者先向被访者、女性、身份高者递名片,而后者在接到名片后应回赠对方自己的名片。

2. 双手食指和拇指执名片的两角,以文字正向对方,一边自我介绍,一边递过名片。对方递过来的名片,应该用双手接过,以示尊重和礼节。如果差不多同时递过名片,自己的应从对方的稍下方递过去,同时以左手接过对方的名片。

3. 看到名片上的姓名等要素,如有疑问处,要及时问明白,此时人们是很乐意解答与自己有关的疑问的。

4. 对方人数较多时,应从领导开始交换名片。收到名片不要立即放进包里,应放在面前桌上,谈话时经常看看,可加深对对方的记忆。名片放在桌上时,不能随手乱丢或在上面压上杯子、文件夹等物品。

5. 在一大堆陌生人中,如无特别的目的,不要随便散发名片,应有所选择。

商业性社交场合才是"批发式"交换名片的最佳地方,很多人彼此都不认识,却有相互建立业务往来的可能。

6. 参加会议时,应在恰当的时机,与不相识的人交换名片。通常是在会议开始前或在结束时,如果要发言或做介绍,可以顺势依次递出名片给身边的人。

7. 当名片交换完毕,如果对方表示了"请坐",这时可坐下。一般不要比对方先坐下。

（二）接受他人名片的礼仪

1. 他人表示要给自己名片时,应立即停止手边的一切活动,起身站立,面含微笑,目视对方,用双手捧接对方的名片。

2. 接过名片后,要用半分钟左右的时间,从头至尾认真默读或轻声念一遍。若有疑问,譬如有生僻字等可当场请教对方。

（三）索取、婉拒名片的规范

1. 可主动向对方提议交换名片。

2. 应主动递上本人的名片,暗示对方交换名片,这是"将欲取之,必先予之"。

3. 可询问对方:"以后怎样向您请教啊?",这种方法适合于向尊长索取名片。如果对方是平辈或晚辈,可询问对方:"以后怎么与你联系?"

三、名片的其他意义

（一）名片的多种用途

1. 送礼时附上名片,等于亲自前往;

2. 遇对方生日、结婚等喜庆活动,在名片左上角写对方姓名,右下角书"敬贺"，可代替贺卡，显得郑重；

3. 拜访长辈或地位较高人时，请人递上你的名片作通报；

4. 如果调动工作或迁居，寄去名片以示招呼。

（二）名片的国际礼节

在名片左下角用小写字母写上法文的含义，可以表达不同的意义：

1. 敬贺　p. f. (pour felicitation)

2. 谨唁　p. c. (pour condoleance)

3. 谨谢　p. r. (pour remerciement)

4. 介绍　p. p. (pour presentation)

5. 辞行　p. p. c. (pour prendre conge)

6. 恭贺新年　p. f. n. a. (pour feliciter le nouvel an)

7. 谨赠，在姓名上方写上 Avec ses compliments（或用英文 With the compliments of ...）

（三）利用名片记住对方的姓名

接过名片，双手托在胸前仔细看，清楚读出声来。分析、询问对方名字的含义，表达对名字含义的理解。

抓住每个机会使用对方名字及职务。请对方喝茶、询问看法、与对方告别时，清楚准确称呼名字和职务，对方会感到受尊重。名字是一个人最敏感、最爱听的语言。

与对方告别后，整理一下对方留给你的印象，把谈话的时间、主题、主要特征、性格特点、爱好、共同在场的熟人等记在名片背面，还可勾一幅漫画，以便利以后的继续交往。但当着客人的面不能这样做。

要像整理文件一样，按一定的次序把名片归档。把名片放入客户档案里是最常用的一个办法。还可以按照姓名、业务范围、关系的性质（工作关系或私人关系）等办法来整理，或按一定的顺序输入电脑中进行管理。比如，把所有名片按姓的第一个字母归纳整理，建立档案，每认识一位新朋友就请他"归位"，可在短时间内找到某人的资料；按行业建档也是一个好办法。

第五节　其他见面礼仪

常见的见面礼节有点头礼、挥手礼、举手礼、击掌礼、作揖拱手礼、叩头礼、握手礼、鞠躬礼、军刀礼、哈达礼、敬酒礼、注目礼、合掌礼、吻手礼、拥抱礼、脱帽礼、摸头礼等。下面介绍几种常见的见面行礼方式。

一、致意礼仪

见面致意,是指向他人表达问候、尊重、敬意的心意。它通常在迎送、被别人引见、拜访时作为见面的礼节。礼貌的致意,会给人一种友好尊重的感觉,相反,则会被认为是傲慢、无礼、没有教养。

(一) 致意的规范

1. 致意要讲究先后顺序。通常应遵循:年轻者先向年长者致意;下级先向上级致意;学生先向老师致意;男士先向女士致意。

2. 向他人致意时,往往可以两种形式同时使用,如点头与微笑并用,起立与欠身并用。

3. 致意时应大方、文雅,不能在致意的同时向对方高声叫喊,以免妨碍他人。

4. 如遇对方先向自己致意,应以同样的方式回敬,不可视而不见。

(二) 致意的形式

1. 点头微笑致意

点头致意即颔首致意。这种礼节一般用于同级或同辈之间,如果遇到长者、贤者、女士时,应停足面带真诚微笑点头致意。

施礼时,一般应不戴帽子。身体要保持正直,两脚跟相靠,双手下垂置于身体两侧或搭放于体前,目视对方,面带微笑,头向前下微低。注意不宜反复点头,也不必幅度过大。采取点头微笑致意的场合:

(1) 遇到领导、长辈时。在一些公共场合遇到领导、长辈,一般不宜主动握手,而应采用点头微笑致意的方式。这样既不失礼,又可避免尴尬。

(2) 遇到交往不深者。和交往不深的人见面,或者遇到陌生人又不想主动接触,可以通过点头微笑致意的方式,表示友好和礼貌。

(3) 不便握手致意时。一些场合不宜握手、寒暄,就应该采用点头微笑致意的方式。如与落座较远的熟人等。

(4) 比较随便的场合。一些随便的场合,如在会前、会间的休息室;在上下班的班车上;在办公室的走廊上,不必握手和鞠躬,只要轻轻点头微笑致意就可以了。

2. 欠身致意

欠身是一种表示致敬的举止,常常用在别人将你介绍给对方,或是主人向你奉茶等时候。行欠身礼时,应以腰为轴,上体前倾15°即可。行礼时应面带微笑注视对方。如果是坐着,欠身时只需稍微起立,不必站立起来。

3. 起立致意

在比较正式的场合,如果长者、尊者来访,在场者应起立欢迎,待尊长落座后,自己才可坐下;如长者、尊者中途离去时,在场者也应起立表达致意,待尊长离去后才可继续坐下。

4. 注目致意

注目致意主要用于升国旗、剪彩揭幕、庆典等活动时。行注目礼时,不可戴帽、东张西望、嬉皮笑脸、大声喧哗。正确的做法为:身体立正站好,挺胸抬头,双手自然下垂放于身体的两侧,表情庄重严肃,双眼目不转睛的凝视着所升旗帜或者行礼对象,并随之缓缓移动。

5. 举手致意

行举手礼的场合,与行点头礼的场合大致相似,它最适合向距离较远的熟人打招呼。行举手礼的正确做法是,右臂向前方伸直,右手掌心向着对方,轻轻向左右摆动一两下。不要将手上下摆动,也不要在手部摆动时以手背朝向对方。

6. 鼓掌致意

鼓掌致意是在热烈、隆重的气氛中,表示欢迎、赞成、感谢的一种礼节。鼓掌时左手手指并拢,手掌自然伸直,掌心向内或向上,拇指自然松开,右手手指并拢,用右手手指击打左手掌心。但注意不要合十鼓掌;不要五指分开鼓掌。

二、鞠躬礼仪

鞠躬即弯身行礼,主要表达"弯身行礼,以示恭敬"的意思。在我国古已有之,它不仅是传统的礼仪之一,也是日本、韩国、朝鲜等国的常用礼节。这种礼节一般是下级对上级或同级之间、学生向老师、晚辈向长辈、服务人员向宾客表达的由衷敬意。

(一) 常见的鞠躬礼

常见的鞠躬礼有以下三种:

1. 三鞠躬

三鞠躬的基本动作规范如下:

(1) 行礼之前应当先脱帽,摘下围巾,身体肃立,目视受礼者。

(2) 男士的双手自然下垂,贴放于身体两侧裤线处;女士的双手下垂搭放在腹前。

(3) 身体上部向前下弯约90°,然后恢复原样,如此三次。

2. 深鞠躬

其基本动作同于三鞠躬,区别就在于深鞠躬一般只要鞠躬一次即可,但要求弯腰幅度一定要达到 90,以示敬意。

3. 社交、商务鞠躬礼

(1) 行礼时,立正站好,保持身体端正;

(2) 面向受礼者,距离为两三步远;

(3) 以腰部为轴,整个肩部向前倾 15°以上(一般是 60°,具体视行礼者对受礼者的尊敬程度而定),同时问候"您好"、"早上好"、"欢迎光临"等;

(4) 朋友初次见面、同志之间、宾主之间、下级对上级及晚辈对长辈等,都可以鞠躬行礼表达对对方的尊敬。

(二) 鞠躬的场合

鞠躬一般在隆重、庄重的场合使用,表示感谢、道别、致意。采取鞠躬致意的场合有:

1. 讲话前后,演讲人在演讲前和结束讲话后,通常要鞠躬致意,表示对听众的感谢和致意。

2. 领受奖品。得奖人在领受奖品时,要对颁奖人鞠躬致意,感谢鼓励。

3. 道别告别。如出远门与亲人、朋友道别;在遗体告别仪式或追悼会上,与逝者告别,可以行鞠躬礼。

(三) 鞠躬礼的注意要点

鞠躬时应将帽子摘下,戴帽子鞠躬既不礼貌,也容易滑落,使自己处于尴尬境地。鞠躬时目光应向下看,表示一种谦恭的态度,不要一面鞠躬,一面试图翻起眼睛看对方。

行鞠躬礼时,受礼者如是长者、贤者、女士、宾客,还礼可不鞠躬,而用欠身、点头致意,以示还礼,其他人均以鞠躬礼相还。

行鞠躬礼上身鞠躬的角度,一般是角度越大,表示越谦恭,这必须视对受礼者或被问候人的尊敬程度而定。除葬礼时鞠躬要时间停顿的长一些,日常社交鞠躬不要停顿过长时间。

三、拥吻礼仪

在当代许多国家的迎宾场合和社交活动中,宾主往往以握手、拥抱、左右吻面或贴面的连动性礼节,以示敬意。但要注意的是,拥吻礼并非在所有的国家都受欢迎,因此要注意入乡随俗。

（一）拥抱礼

在西方，拥抱是与握手一样重要的见面礼仪。熟人之间、生人之间、男士之间、女士之间、异性之间，都可以热烈地拥抱。不仅是人们日常交际中的重要礼仪，也是各国政府首脑外交场合中见面时的礼节。

1. 拥抱礼的方式

拥抱礼的方式是双方相对，双臂张开，表示要行拥抱礼。接着双方抬起双臂，右臂高，左臂稍低，两人靠近，两人相距约 20 厘米，上体接触后，双方用右臂拥住对方的左肩背部，左手稍微抱持对方的腰部，各自按自己的方位，两人头部及上身都向左拥抱。有时手可以轻轻地拍一拍对方的背部，口称"欢迎"、"你好"等，然后二人交换一下姿势，向对方右侧再行拥抱礼。礼节性的拥抱可到此完毕。如果为了表达更真挚、亲密的感情，在保持原手位不变的情况下，双方还应接着向右拥抱，再次向左拥抱，才算礼毕。

2. 拥抱礼的注意要点

在我国，除了外事活动外，在一般社交场合活动中不拥抱。如果是涉外交往，更应注意所交往者的民族习惯，有些国家和地区见面时没有这种礼俗，比如印度人，见面不拥抱，也不握手，日本、英国、东南亚等国也没有见面拥抱的习惯。

行拥抱礼时要注意场合和时机，见面时拥抱，分手时也可拥抱。如果出席的是商务活动，则不宜和对方拥抱。

由于这种礼节我国不用，所以在接待外宾时，应待外宾主动要行拥抱礼时，才响应对方。

（二）亲吻礼

1. 亲吻礼的涵义

亲吻礼是产生于西方社会交际场合的一种礼节。据说诞生于古罗马。那时，古罗马帝国严禁妇女饮酒，男子打仗归来，常要先检查一下妻子是否饮了酒，便吻她的嘴，这样相沿成习，后来逐渐扩展到社交场合。

亲吻礼作为西方国家一种重要的社交礼节，用来表示亲密、热情和友好。吻的部位不同，表示的含意也完全不同。一般而言：吻手表示敬意；吻颊表示欢喜;吻唇表示恋爱;吻额表示关爱;吻眼表示幻想;吻掌表示热情。

2. 亲吻礼的规范

（1）行亲吻礼应注意身份和亲吻的形式

行亲吻礼时,往往与一定程度的拥抱相结合。不同身份的人,相互亲吻的部位也有所不同。一般而言,夫妻、恋人或情人之间,宜吻唇;长辈与晚辈之间,宜吻脸或额;平辈之间,宜贴面。在公开场合,关系亲密的女子之间可吻脸,男女之间可贴面,晚辈对尊长可吻额,男子对尊贵的女子可吻其手指或手背。非洲某些部族的居民,在亲吻首领、长辈时,只能吻他的衣襟、脚趾或脚下的土地,表示出极其尊敬的态度。

亲吻礼在现代欧美许多国家盛行。双方在行拥抱礼的同时,脸颊一贴,然后换一下方向再贴一贴,这便是最亲热的礼节了。法国人不仅在男女间,而且在男子间也多行此礼。法国男子亲吻时,常常行两次,即左右脸颊各吻一次。

（2）行吻手礼的要点

吻手礼是男士向女士表示崇高敬意的礼节。一般男士身着礼服,来到女士面前垂首致意时,女士若将手臂向上微微抬起,则是准许男士行吻手礼的表示。这时,男士可以用右手轻抬起女士的右手,并俯身弯腰用嘴唇靠近女士的右手,双唇微闭,象征性地轻触女士的手背或手指。

吻手礼仅限于男士对自己特别敬重和爱戴的已婚女士表示敬意。未婚女士不应享受这种礼遇,一般适用于对祖母、母亲、有较高地位的夫人、上司夫人等表示敬意。行吻手礼的最佳地点在室内,而在街道、影剧院等公共场所,男士不能向女士行吻手礼。

英国王储查尔斯王子向法国总统萨科齐夫人行吻手礼

四、合十礼

合十礼,即双手十指相合为礼。双手合十,亦称合掌,并非佛教所独有,世界上的许多种宗教,都将合十作为一种礼节。据记载,当人类还在原始阶段,彼此见面、道别时就以合十为礼。双手合十,可以让对方消除戒备和恐惧,不再疑心你是否将武器藏在身后,所以说合十也有和平的含意。对佛教徒来说,合十则是表现十界如一的最高境界。合十礼是泰国、缅甸、老挝、柬埔寨、尼泊尔等佛教国家的见面拜礼。

行合十礼

(一)合十礼的分类

1. 跪合十礼

行礼时,右腿跪地,双手合掌于两眉中间,头部微俯,以示恭敬虔诚。此礼一般为佛徒拜佛祖或高僧时所行之礼节。

2. 蹲合十礼

行礼时,身体要蹲下,将合十的掌尖举至两眉间,以示尊敬。此礼用于佛教盛行之国家的人拜见父母或师长时用。

3. 站合十礼

行礼时,要站立端正,将合十的掌尖置于胸部或口部,以示敬意。此礼为佛教国家平民之间、平级官员之间相拜,或公务人员拜见长官时用。在我国,一般非佛教徒对僧人施礼,也以行站合十礼为宜。

(二)行合十礼的规范

在泰国,行合十礼时,一般是两掌相合,十指伸直,举至胸前,身子略下躬,头微微下低,口念"萨瓦滴卡"。"萨瓦滴"系梵语,原意为"吉祥如意"。"萨瓦滴"常在见面或告别行合十礼时说,其词意也可随境而异,随情而变。如早晨,可理解为"早安"、"您好";晚上,可理解为"晚安";告别时,可理解为"再见"、"走好"。

遇到不同身份的人,行此礼的姿势也有所不同。在泰国,晚辈遇见长辈行礼时,要双手高举至前额,两掌相合后需举至脸部,两拇指靠近鼻尖。男行礼人的头要微低,女行礼人除了头微低外,还需要右脚向前跨一步,身体略躬。长辈还礼时,只需双手合十放在胸前即可。拜见国王或王室重要成员时,男女还均须跪下。国王等王室重要成员还礼时,只点头即可。无论地位多高的人,遇见僧人时都要向僧人行礼,而僧人则不必还礼。

(三) 行合十礼的注意要点

1. 神态庄严

行合十礼时,应面含微笑,亦可同时口颂祝词或问候对方。最佳的神态是神态庄严凝重、不允许嬉皮笑脸,挤眉弄眼或手舞足蹈。

2. 郑重其事

作为一种宗教礼节,行礼时应郑重其事,身体应当立正不动,但在缓步行进时亦可施行此礼。

3. 敬意有别

在向别人行合十礼时,合十的双手举得越高则越能体现出对对方的尊重。然而在正式场合行礼时,手不应高过自己的额头,唯有礼佛之时,才将合十的双手举得较高。

五、拱手礼

拱手礼也叫作揖礼,是最具中国特色的见面问候礼仪,已有两三千年的历史了。拱手礼始于上古,有模仿带手枷奴隶的含义,意为愿作对方奴仆。后来拱手逐渐成了相见的礼节。尤其是近现代,已成为本地区人民群众主要的交往礼节之一。

李连杰在某次电视活动中行拱手礼

林语堂曾推崇中国的拱手礼,认为拱手礼优于握手礼的地方有二:一是从医学卫生的角度讲,拱手礼不致发生接触传染,有益于人体健康;二是从心理感受的角度,拱手的力度、时间的久暂,完全取决于自己,不会感受对方的压力。

(一) 拱手礼的涵义

可表示问好。在见到好友时,拱手寒暄:"你好,你好",表示问候。

可表示致歉。说错话或做错了事,拱手道:"对不起,对不起",以示歉意。

可表示感谢。当别人帮了你的忙,拱手行礼:"谢谢,谢谢",以示感谢。

可表示祝贺。逢年过节,大家相见,行拱手礼:"新年好,恭喜发财"、"同喜,同喜"。

可表示招呼。两人初次见面,拱手道:"久仰,久仰",以示谦虚。

可表示道别。分别时,行拱手礼:"再会,再会"、"后会有期,后会有期",以表达留恋之情。

(二) 拱手礼的规范

行拱手礼时,双腿站直,上身直立或微俯,双手互握合于胸前,在双目注视对方的同时,拱手齐眉,弯腰自上而下,双手向前朝对方方向有节奏地晃动两三下,并微笑着说出问候。

古人认为杀人时拿刀都是用右手,右手在前杀气太重。所以右手握拳,用代表友好的左手在外,把右手包住。而对于女子来说,应该是右手在前、左手握拳在后。所以,男子应右手握拳在内,左手在外,女子则正好相反;若为丧事行拱手礼,则男子为左手握拳在内,右手在外,女子则正好相反。

(三) 拱手礼的注意要点

拜年时最好避免在着装和行礼上的中西结合的方式。如穿西服拜年时最好行鞠躬礼,而不行抱拳拱手礼或作揖,否则反差过大让人觉得别扭。

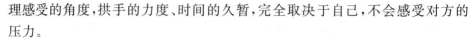
思考题:

1. 国内称呼有哪些礼仪?

2. 涉外称呼要注意哪些方面?

3. 自我介绍的礼仪有哪些?

4. 介绍他人时的礼仪有哪些?

5. 使用名片的礼仪有哪些?

6. 拥抱礼、吻手礼的要求是什么?

7. 合十礼、拱手礼的行礼要求分别是什么?

案例分析题:

在一次广州商品交易会上,各方厂家云集,企业家们济济一堂。A公司的徐总经理在交易会上听说B集团的王董事长也来了,想利用这个机会认识这位素未谋面又久仰大名的商界名人。午餐会上他们终于见面了,徐总彬彬有礼地走上前去,"王董事长,您好,我是A公司的总经理,我叫徐明,这是我的名片。"说着,便从随身带的公文包里拿出名片,双手递给了对方。王董事长显然还沉浸在之前的谈话中,他顺手接过徐总的名片,随口说了句"你好,"便将名片放在一边的桌子上。徐总在一旁等了会儿,未见这位王董有交换名片的意思,便失望地走开了。

问题: 请指出王董的失礼之处,并说明正确的做法。

第五章　语言沟通礼仪

导学案例

> 　　美国知名主持人林克莱特在一次节目中访问一名小朋友,问他说:"你长大后想要当什么呀?"小朋友天真地回答:"嗯……我要当飞行员!"林克莱特接着问:"如果有一天,你的飞机飞到太平洋上空所有引擎都熄火了,你会怎么办?"小朋友想了想:"我会先告诉坐在飞机上的人绑好安全带,然后我挂上降落伞跳出去。"当在现场的观众笑得东倒西歪时,林克莱特继续着注视着孩子,想看他是不是自作聪明。没想到,孩子的两行热泪夺眶而出。于是林克莱特继续问:"你为什么要这么做?"孩子说:"我要去拿燃料!","然后呢?","然后我还要回来!"现场突然静了下来,观众们有点尴尬。

启　　示

> 　　我们常常在沟通中自以为是,漫不经心,结果造成沟通低效,甚至失败。小朋友的本意是先安顿好大家,然后去取燃料来拯救大家,可是我们自以为聪明,连听小朋友说完的耐心都没有就开始打断小朋友、嘲笑小朋友,结果误会了他。

学习目标

> 1. 了解交谈的礼仪规范；
>
> 2. 掌握交谈沟通的艺术；
>
> 3. 掌握与上级沟通的方法和艺术；
>
> 4. 理解与同事沟通的方法和艺术。

第一节　日常生活谈话礼仪

一、交谈的礼仪规范

交谈是一门艺术，既要注意谈话时的态度、措辞，顾及周围的环境、场合，更要讲究所谈的内容。如果能掌握好交谈的气氛，不但有利于结识新朋友，还能通过思想的交流，增进彼此间的了解，逐步建立持久、深入的友谊。

（一）注重谈话气氛

开始交谈时，要善于创造一个融洽的谈话气氛。要达到这种效果，必须注意以下几点。

1. 谈话开始应进行适当的寒暄

如是熟人、老友，可先谈谈别后的情况；如是初次见面，则不妨各自作一番简单介绍，等气氛融洽后，再"言归正传"。如是一见面就谈正题，往往让人感到突然，势必影响交谈结果。

2. 交谈中态度要诚恳，开诚布公

坦率谈话的态度，能使人感到亲切自然，意见也易被对方接受，如果虚情假意，言不由衷，夸夸其谈，盛气凌人，就会出现"话不投机半句多"的尴尬局面，使对方产生反感。

3. 交谈时神态要专注

谈话双方都应正视对方，以示尊重。切忌东张西望，似听非听，或翻阅书报，甚至自顾自处理一些与交谈无关的事情；也不要在交谈中随意打哈欠，伸懒腰，显出一副疲惫不堪的样子，或者不时看钟表，显得心不在焉。这些都是极不礼貌和轻慢对方的表现。

4. 要有平等的谈话态度

即使自己对某一问题有精辟的见解,也不能以居高临下、不容置疑的口吻说话,那样只会给人留下自以为是、高人一等的印象。相反,以平等态度说出自己的见解,并有意识地请对方谈谈有什么想法,这样,既便于深入讨论问题,又是对对方的尊重。

(二) 避开谈话忌讳

要使交谈收到良好的效果,除应讲究谈话的气氛外,还需注意选择合适的话题,避开交谈中的忌讳。

1. 选择合适的话题

(1) 谈话双方都感兴趣的、有共同利益的话题。譬如双方共同的专业和业务,合作的意向,科学技术的成果和新发展,积极的、美好的社会新闻等。

(2) 一般人喜闻乐见的话题。为了搞活气氛,可以谈谈天气情况、时事新闻、体育报道、娱乐电影、旅游度假、烹饪小吃等。

(3) 显示地方或民族色彩的话题。譬如本地的经济建设、风景名胜、历史名人、风土人情、人文景观、地方风味等。

(4) 比较高雅的话题。譬如古典音乐、书法、绘画、中外名著、展览会、新闻人物、卓有成就的科学家、作家、电影演员等。

(5) 积极、健康的生活体验的话题。

(6) 风趣、幽默的小故事,无伤大雅的笑话,有时也能活跃气氛。

2. 避免不合适的话题

(1) 应当忌讳的话题。如个人私生活,包括女性的年龄、婚姻恋爱、收入、财产、住址、履历等。自己的和他人的涉及以上内容的话题都应避免,也不应随便议论长者和名人的私生活。

(2) 令人不快的话题。如疾病、残疾、死亡、凶杀、丑闻、惨案等。尤其应避免提及对方的生理缺陷,那样会使其产生沮丧、痛苦和自卑等消极情绪。如果因疏忽而提到以上内容,应该马上道歉。

(3) 过于敏感的话题。譬如个人的特殊的生活习惯、宗教信仰和政治观点的分歧等。

(4) 自己不甚熟悉的话题。比如对于专业问题略知皮毛,就不应该随意发挥,夸夸其谈。

(5) 夸耀自己的话题。专门谈论自己,以为别人会感兴趣,实际这是一种以个人为中心的自我表现意识,大多数人是不会欣赏的。

(6)庸俗的、色情的话题。即所谓的荤段子。在正常的社交场合,这些话题只能暴露自己的低俗,引起别人的厌恶。

(7)不宜谈论的保密的话题。比如公司的生产流程、工艺技术、组织人事、资金运作、客户资料、流通渠道等机密性的内容不可随便提及。上司正在考虑、讨论而未作定论,未公开宣布的内容也不可泄露。上司的隐私、疾病和公司内发生的事故、人事争端、内部失窃、经济纠纷等更不能泄露。

(三)说话者的表现

1. 语言要文明礼貌

在社交活动中,我们谈话时应使用文明优雅的语言,不能使用粗话、脏话、荤话、怪话和气话,这些话题内容不仅无助于沟通交流,而且会显得缺乏风度修养,还可能伤害或得罪人。在公关与社交场合,我们应该经常运用以下礼貌用语:您好、请、谢谢、对不起、再见。

2. 语言要准确简明

交谈中语言的准确包括发音准确,正式场合要用标准的普通话发音。

交谈的内容应根据谈话目的和对方的文化程度而定,或朴实或深刻,但都应该言简意赅,不应啰哩啰唆、废话连篇。

在公关与社交场合交谈时,不宜或慎用方言、土语和外语,而应该用标准的普通话,以尊重对方,或避免卖弄之嫌。

3. 语速、语调要平和亲切

在公关与社交场合的说话速度应适中,应考虑听者的年龄和心理特点。比如一般谈话应缓急有度,给人以品味和思考的余地;和老年人交谈时,语速稍慢,音量稍大,表现出对对方的尊重。

4. 谈话态度要平等

讲话人应尊重对方,平等待人,亲切谦和,既不拿腔拿调、装模作样,更不随便教训和指责别人;不强迫对方接受自己的观点,也不因自己的职务、年龄和资历作为轻视对方的理由;谈话时还要注意察言观色,根据听者的反应调整谈话方式或内容。如果在场有不止一位听众,不能只与个别人交谈而置多数人于不顾,应调动大多数人的谈话积极性。

(四)倾听者的反应

1. 全神贯注、认真聆听

听者在交谈中处于相对被动的地位,全神贯注,认真聆听是其首要任务。不应

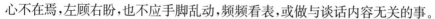

心不在焉,左顾右盼,也不应手脚乱动,频频看表,或做与谈话内容无关的事。

2. 适时做出积极的反应

聆听时要适时做出积极的反应,以表明你聆听的诚意。如点头、微笑或简单重复对方的要点等。同时恰如其分的赞美也必不可少,它能使交谈气氛变得更加轻松、友好。

3. 不轻易打断对方的讲话

轻易打断对方的讲话或随意插话,是听者的忌讳。如果确有必要需打断对方的谈话,也应先说一句:"对不起,请允许我打断一下",或先通过眼光暗示对方,再说:"对这个问题,我想谈几句"。

4. 不轻易做出评价

谈话中还没听明白对方的意思,不宜轻易下结论。如果对方让你对某事或某人发表意见,不要随意做出负面评价,更不能对不在场的人做出不利的主观评价,因为可能你看到、听到的只是局部的东西。

二、语言沟通的艺术

口头语言沟通是社交活动中的重要内容,更是一门艺术。掌握好这门艺术,不仅有利于思想感情的交流,增进彼此的了解和友谊,更有利于人际关系的和谐,增加公关社交成功的机率。

(一)寒暄与赞美

1. 寒暄的艺术

寒暄或叫闲聊,是偶尔见面或朋友相聚时东拉西扯的侃谈,或是商务谈判进入正题前调节气氛的轻松客套话。寒暄可能发生在等车或晚宴开始之前,也可能发生在机场候车室或会议、演奏会开始前,更可能发生在其他社交场合。

虽然寒暄看似微不足道,无足轻重,但有时显得非常重要。工作以外的寒暄,不仅有助于企业内部的协调情感和增加信任,而且能够顺利建立商务或公务洽谈中融洽的人际关系。有研究表明,一个人的事业成功,80%不是因为他的技术能力或专业知识,而是由于他的交际能力和技巧。如何寒暄是人际交往的重要内容之一。

(1) 参与寒暄的技巧。美国的礼仪专家总结了参与寒暄的技巧有如下几点:

1) 微笑是交谈时友好和接受的标志。不能只注意不停地说话,而应该保持友好的微笑。

2）做好准备聆听的姿态，表示你准备接受谈话的内容。如站立时两脚平行放置，重心在两脚之间，双臂和双脚不要交叉。

3）身体要倾向讲话者而不是后仰，但不要离得太近，避免侵犯他人的空间。身体在交谈时时不时前倾，表示你在专心听讲又很轻松愉快。

4）说话的音调不能太低，也不要大声喊叫。聆听时目光要看着对方，不能东张西望，环顾四周。

（2）准备寒暄的话题

懂得寒暄艺术的人知道见什么人说什么话，成功的寒暄不仅要选对话题，而且还得选对场合和聊天对象。

事先做好寒暄的准备可以使谈话双方无拘无束，避免沉默，尤其是在第一次见面时或不太熟的人之间的谈话。准备谈资的方法很多，可以每天多读多看一些报纸杂志上的新闻，多关心周围发生的事，以及天气情况和文化动态等。应尽量不涉及可能伤害别人或不感兴趣的话题。

2. 学会赞美别人

人际关系专家卡耐基曾经说过，与人相处的诀窍是给予真诚的赞赏。成功人士总是不吝啬对别人真诚的赞美，认为赞美别人是一种有效的感情投资，而且投入少，回报大。

生活中我们赞美别人，真诚的赞美是你送给别人的玫瑰花。赞美源于人性，源于人的欲望和需求，人人都需要赞美。赞美可以打破谈话的僵局，可以消除紧张心理，可以给你带来远见卓识，让你拥有宽广的胸怀，让你获得真挚的友谊和良好的人际关系。

（1）赞美的礼节

1）出自真诚，源于真心

人们感叹赞美别人难，是因为关注自己太多，即使赞美，也不是出自真心。古语说："精诚所至，金石为开"。只有真诚的赞美，才能使人感到你是在发现他的优点，而不是以一种功利性手段去分享他的利益，从而达到赞美的最高目的。真诚也把赞美和阿谀奉承区分开来。赞美具有诚意，阿谀没有诚意；赞美是从心底发出的，阿谀只是口头说说而已。

2）知己知彼，投其所好

赞美别人前应该对对方的基本情况有所了解，比如优缺点，还要熟悉对方的爱好、兴趣、人品等，才能知己知彼，有话可说。

要赞美他引以为荣的事，这样可以使你更好地与人相处，可以使他人容易接受你的建议,可以使他人感到幸福。人都有优点和缺点,了解一个人的弱点,用其弱点的反向去赞美他,可实现他心理上的满足。如某部门经理性格善良,但有时优柔寡断,被人利用,可以说:"经理,你待人宽容大度,菩萨心肠,所以有人用卑鄙的手段连累你,实在对不起天地良心。"

3)关注细微,不吝表达

常言道,勿以善小而不为,勿以恶小而为之。赞美别人时,要"勿以善小而不赞"。因为平常人往往不可能有很多大事值得赞美,我们不能吝啬,要从小事上赞美别人。

善于从小事上赞美别人,不仅可以给人惊喜,而且可以树立明察秋毫、体贴入微的形象。对方也会从这样无"微"不至的赞美中获得快乐、自尊和价值感。一位学习成绩不太好的小学生在郊游中主动捡拾午餐后遗留在草地上的纸屑,老师注意到了这个细节,并在班会上大大表扬了这个学生,让这个学生感到自豪,觉得自己非常有价值。

4)抓住时机,及时赞美

时机往往是事物的连接点或转化的关节点。赞美也如此,只有时机选择恰当才能获得理想的效果。譬如某人很想做社区中的志愿者,这是一件利国利民利己的好事,你知道了他的想法及时去鼓励和赞美他,就可能促使他把理想化为行动。孩子有了点滴进步,及时赞美他,就会强化其行为,推动他形成良好的行为习惯。

(2)赞美的忌讳

赞美别人要注意几个要点:

1)忌太夸张。赞美需要修饰,但过分的、太夸张的赞美会变成阿谀奉承,让人感觉不到真诚,只留下虚伪和矫揉造作。

2)忌陈词滥调。一些人在社交场合赞美别人时,只会鹦鹉学舌,说一些别人说过的话甚至是庸俗的话,让人生厌。

3)忌冲撞别人的禁忌。几乎每个人、每个民族都有自己的禁忌,禁忌仿佛是永不结疤的伤痕,绝对不能侵犯。赞美别人时如果触及对方的忌讳,极易造成交际的失败。如果要夸奖一位秃顶的领导,千万不能说:"您真是聪明绝顶",可能在他听来就像是讽刺。

(二)提问与回答

1. 提问的方法

公关活动和商务谈判中经常需要向他人提出问题,有效的提问不仅能够得到圆满的答案,还能激发他人的思考,促进问题的解决。

1)根据不同对象提问。人的个性不一,谈话风格也不同。面对开朗外向、侃侃而谈的人,提问时应开门见山,可单独提出一个问题,也可抛出"一连串"的问题;对于不善言辞、寡言内向的人,则要由浅入深,循循善诱,耐心引导其回答问题。同时,必须考虑谈话对象的学识水平、人生阅历、生活背景、民族文化、传统风俗方面的情况,准备合适的问题进行提问。

2)选择好提问的问题。一般来说,提的问题要经过精心筛选,避免随意性。问题选择得当,能激发对方的思维共鸣,激发他人思考或兴趣。公关和商务问题要紧扣需解决问题的重点和难点进行,漫无边际提问,问题再精彩也达不到预期目的;社交场合的提问则要疑而不难,难而不刁,问题应控制在对方经一定思考后能回答出的程度,并不能感觉被冒犯;此外,提问在形式上应有一定的趣味性和吸引力。

3)把握好提问的时机。交谈是一个流动的动态过程,提问者要准确掌握交谈进程。时机得当不仅能够最大限度集中他人注意力,调动其兴趣,而且还能触发其多角度思维,或深入反省或查漏补缺,起到事半功倍的效果。此外,还要注意,如果对方谈锋正健、滔滔不绝时,应尽量让对方把话说完;若遇到出现冷场的情况下,则可通过提问来活跃气氛,改变局面;而谈话进入僵局或没有新内容可谈时,应尽快通过提问转移话题,改变谈话内容。

4)掌握好提问的方法。一般场合提问,可以点名提问,也可以不点名提问。点名提问有针对性;不点名提问能活跃整体气氛,引导和调动所有人积极性。我们可借鉴商务推销的提问方式做参考,如单刀直入法、连续肯定法、诱发好奇心法等。

2. 回答的艺术

无论何种场合,有问就有答,公关人员应遵循回答问题的礼仪要求。

1)坦诚地回答。这里所说的坦诚回答问题,并不是每个问题都毫无保留地回答,而是坦然诚恳地回答问题,有问必答。不能对他人提出的问题装聋作哑,听而不闻或随便应付,更不应冲动或发脾气,不尊重提问者,而应尽可能给他人一个满意的答复。

2)巧妙地回答。针对提出的某些尖锐敏感问题,或不能正面回答或不宜公开的问题,应讲究回答的技巧。回答的巧妙之处在于以幽默的方式避其锋芒,也可以用精彩的言辞灵活地回答。

20世纪50年代,有一次周总理接待一位美国记者采访。这位记者看到总理桌子上有一支美国产的派克钢笔,便带有几分讥讽问道:"请问总理阁下,你们堂堂的中国人,为什么还要用我们美国产的钢笔呢?"周总理听后风趣地说:"谈起这支钢笔,说来话长,这是一位朝鲜朋友的抗美战利品,作为礼物赠送给我的。我无功受禄,就拒收。朝鲜朋友说,留下做个纪念吧。我觉得有意义,就留下了这支贵国的钢笔。"美国记者一听,顿时哑口无言。周恩来的巧妙回答让人折服。

3) 谨慎地回答。有时回答有些涉及组织形象问题时应谨慎。所回答的问题只要能够清楚地表达出自己的意愿即可,不必添枝加叶,更不可任意发挥。

2011年7月24日晚,"7.23"甬温线动车追尾事故发生26个小时后,在铁道部召开的新闻发布会上,铁道部新闻发言人王勇平通报了事故情况,在回答"为什么要掩埋车头"时,王勇平解释是参与救援的人告诉他的,为填平泥潭,方便救援,并称"他们是这么说的,至于你信不信,我反正信了"。在回答记者"为何在宣布没有生命体征、停止救援后,又发现小女孩项炜伊时",王勇平回答:"这只能说是生命的奇迹。"这些回答引发人们对铁道部强烈的质疑。显然,王勇平的回答不仅没有消除人们的疑问,反而引起了更坏的后果。

(三) 说服和拒绝

1. 说服的技巧

在各种公务和商务活动中,经常会使用说服这种语言技巧。说服就是让对方接受自己的看法而没有勉强的感觉。也就是说,改变对方的看法、态度、观念、行动,而与自己的想法一致。一般而言,人在面临被说服的时候,会害怕是否会因此失去自己的利益,而产生不安的感觉,以致提高警觉,但一旦觉得对自己有利,就会主动接受说服。因此,进行说服时,最好要符合对方的利益观点,向对方示意,争取主动与你合作。

其实,最理想的方法是经由态度和行动去感动或影响别人,但因这种做法要花费许多时间,很不容易。因而,通常运用语言和态度产生合理说服力去打动对方。说服的要领如下:

(1) 应清楚地知道在所说服的事项中,最想说什么。

1) 首先用逻辑思维分析自己的意向,并联系目的、效果、重要性、关联性等,抓住重点。

2) 说服时要尽量具体客观,使对方产生了解的动机。

3) 偶尔也需要引用某些权威人士、专家的意见,或者用图表、资料、经验谈等。

（2）要具体了解对方的立场和意向。

1）先认真聆听对方所说的话，不能凭自己的主观想象谈话；应掌握对方不清楚的地方，努力加以说服。

2）主动发问，明确了解对方的想法和具体情况，如掌握了哪些信息，信息的种类、数量以及背景如何等。

（3）以诚恳的态度，换位思考为对方着想。

1）不要使用令对方反感的言词，不可伤害对方的自尊心。

2）让对方打开心扉，使对方对自己的看法产生兴趣，即让对方认同自己。

2．拒绝的艺术

拒绝是和说服完全相反的行为。由公关人员去说服他人的情形不少；反之，我们受别人委托或被说服的例子也相当多。作为职业人士，应该清楚地认识到，有些事情是非拒绝不可的，譬如：超越自己权限、能力的事情；虽然有能力办到，但在时间、地点上无法配合的事情；在道义上不能答应的事情。如果我们预计无法满足对方的要求，而又作了肯定的承诺，那会产生极坏的后果：要么勉强应付，要么言而无信，使组织形象和个人信誉受到严重损害。

无论何时何地，切勿在尚未听清对方要求时就忙着拒绝，应该依照礼仪的要求，分别使用不同的方法来拒绝，以避免因为拒绝而发生不必要的困扰。拒绝的要领如下：

（1）耐心倾听，诚恳表达遗憾的心情。

1）即使已经决定"拒绝"，也要很有耐心地倾听，让对方把话说完。

2）以诚恳的态度，先给予对方好感来缓和对方情绪，在言词态度方面都要表现出很遗憾的心情。譬如可以由衷地说："是这样啊！"，然后再告诉对方："虽然你特地来，可是这件事我实在无能为力……"、"因为这件事已经超出了我的权限范围，按照我们企业规定我不能……所以很抱歉无法帮忙……"

（2）清楚而客气地拒绝。不要说出可能让对方误解为对他有利的模棱两可的话，而应该明明白白地说明拒绝的理由："对不起，我之所以不能帮忙是因为……"

（3）告知补救方法。如果觉得断然拒绝对方要求太不合情理，那么不妨双方各让一步，变更所提出的条件，而找出折中的方法。譬如说："您的要求实在太高了，能否请再考虑考虑。""这件事，您可以找（另一家或另一个人）帮忙解决"。有些补救方法的提出，需要公关人员熟悉和精通业务，或对这项工作事先已经有过协调，才能为之。

（四）道歉与幽默

1. 道歉的方法

在人际交往中，如果言行有失礼之处，或是妨碍、打扰、麻烦了别人，最聪明、得体的做法，就是及时向对方道歉。有效的道歉可以冰释前嫌，消除他人对自己的恶感，也可以防患于未然，为自己赢得朋友和伙伴。

一个企业如果遇到突发事件，处理危机的最佳利器也是道歉，通过媒体第一时间向社会公众真诚地道歉。勇于面对，真诚道歉，才能博取同情，赢取信誉。首先要有敢于承认错误的态度，接着要有勇于担当的具体行动，以负责任的态度来维护公众利益。道歉的基本要求是：态度真诚，发自内心，不可敷衍了事，但也不要奴颜婢膝，低三下四。

（1）勇于承担责任。如确实是自己或组织错了，对所做之事就要勇于承认，不找借口，也不采用大事化小，小事化了的态度。

（2）道歉要抓住时机。事情发生了，最好不要拖延时间，要马上道歉，越早越好。如果错过时机再道歉，不仅难以启齿，而且会让听者和公众认为没有诚意，失去应有的效果。

（3）道歉要有诚意。表示歉意时要有诚意，要充分显示出内心的歉疚，如果漫不经心或没有诚意只是赌气说一声："对不起，还要怎样？"不但于事无补，还会使事情恶化。

（4）选择最好的道歉方式。道歉方式一般有五种：

1）直接式：开诚布公地向对方道歉。这种方式易取得谅解。

2）书信式：说不出口，写信表歉意。这种方式可避免尴尬局面。

3）转达式：请双方都熟悉的第三者转告歉意。

4）替代式：适当送上小礼物，表示歉意取得和解。

5）改正式：改正过失，以实际行动表示歉意。

（5）给对方时间接受歉意。道歉之后，对方的怒气或怨气或还没有完全消除，这时要耐心倾听对方诉说，让其重复发泄内心的不满。从不满到谅解需要一个过程，切不可操之过急。如果耐不住性子说一句："我都道歉了，还没完没了，那就是活该！"这样不仅会前功尽弃，还会重新激化矛盾。

2. 幽默的艺术

幽默是一种巧妙的语言方法，它的巧妙之处在于用曲折、含蓄的方式表达感情和想法。幽默的语言，就是不按常理出牌，摆脱正常思维，既出人意料，又合情合理，这样的表达往往会收到事半功倍的效果。

（1）幽默的力量。

1）幽默在人际交往中的作用不可低估。美国一位心理学家说过："幽默是一种最有趣、最有感染力、最具有普遍意义的传递艺术。"幽默的语言，能使社交气氛轻松、融洽，利于交流；还可以寓教育、批评于幽默之中，具有易为人所接受的感化作用。

2）幽默体现着说话者的自信、能力、气质和心境。恩格斯说："幽默是具有智慧、教养和道德上优越感的表现"。一个不学无术的人是不会有幽默感的，只会说一些浅薄、低级的笑话，博取人们同情的笑声。真正的幽默，必定是以健康高雅的基调、轻松愉快的形式和情绪去揭示深刻、严肃、抽象的道理，使情趣与哲理达到和谐统一。

吉姆是英国一家大型公司的经理，公司要在圣诞节举办一场盛大的庆祝活动，邀请所有重要客户参加。一切都进行得很顺利，离宴会正式开始还有半个多小时了，他再次检查了准备工作。忽然他的助手简妮慌慌张张跑过来，焦急地说："我们为宴会特别准备的苹果不知怎么少了一袋，怎么找也找不到了。"吉姆一听，便知道事态的严重。圣诞节晚会，苹果是最重要的点缀，任何东西都可以找到替代品，唯独苹果不能缺少。而这次为庆祝会准备的苹果，是几天前在当地一家最有名的果园采摘的，大小、色泽都经过专门挑选，而且都特别加上了本次庆祝会的印记。如果现在再去购买肯定来不及了。但如果在宴会过程中出现苹果短缺的情形，问题可就大了。吉姆想了想，问身边的助理，我们食物中有没有准备得特别充足的。助理说："我们准备了足够多的小点心，供应两场宴会都没有问题。"吉姆对助理笑笑说："这就好，我有办法。"

宴会开始了，宾客来到苹果区，看到果盘前放了一个精致的小牌子，上面写道："请别拿多了，上帝正看着你呢，圣诞节快乐。"大家不禁莞尔一笑，很自觉地每人取了一个。接着，大家来到放点心的区域，看到也有一个小牌子，上面写着："不要客气，要多少拿多少，上帝正忙着看着前面的苹果呢，圣诞快乐。"走到这里，所有的宾客都忍不住呵呵地笑弯了腰。结果，这场晚会宾主都无比尽兴。

3）幽默可以缓解沟通中的紧张气氛，避免许多不必要的冲突，甚至可以化解冲突。

诗人歌德有一次在公园散步，在一条小道上不巧碰见曾经攻击过他的政客。对方满怀敌意地说："对于一个傻子，我是从来不让路的。"歌德立即回答："而我则相反。"说完便马上让到路边去了。

这件事虽然反映了政客的傲慢无礼和歌德的豁达大度，但更重要的是歌德幽默的回答。虽然只有五个字,却反映出了歌德反应的机敏和回敬的巧妙;还给狭路相逢的一对冤家免去了一场僵持不下的冲突,充分显示了歌德的宽宏大量和优雅风度。

4)善用幽默可以帮助我们摆脱沟通中的窘境。幽默还有自我解嘲的功用,用几句幽默的语言来自我解嘲,就能在轻松愉快的笑声中缓解紧张尴尬的气氛,从而使自己走出困境。

有一次,钢琴家波奇在美国密歇根州的福林特城演奏,发现全场座位坐不到五成,他自然很失望,但他走向舞台前,对听众说:"福林特这个城市一定很富有。我看到你们每个人都买了两三个座位的票"这时半满的屋子中,充满了笑声,人们也更喜欢他了,因为他展示了他特有的气质。

(2)幽默的技巧。

产生幽默的条件至少应包括以下几个方面:广博的知识和深刻的社会经验;敏锐的洞察力和想象力;高尚优雅的风度和镇定自信、乐观轻松的情绪;具备良好的文化素养和语言表达能力。

1)心中充满快乐和趣味。幽默的人一定是热爱生活,有智慧、有能力、有修养,充满自信。要使自己变得幽默,应该保持快乐。快乐不仅可以给自己幽默,还可以让别人幽默起来。保持快乐的秘方之一是自娱自乐,即使心情忧郁,也应找点自己愿意做的事,给情绪增添一些欢快的色彩。

2)用心收集幽默的资源。幽默是可以学习的。为了开发自己的幽默资源,应该多读些民间笑话、讽刺小说,多看些喜剧,多听几段相声,随时收集幽默笑话。幽默来源于两个世界,一个是我们真诚的内心世界,一个是生活中的客观世界。当我们睁大眼睛,竖起耳朵,去倾听,去环视,能够把这两个世界统一起来,并有足够的技巧和创造性的新意去表现,我们就能够发挥幽默的各种力量。

第二节　商务沟通谈话礼仪

用语言进行人际沟通是一种情感表达过程。它是在一段时间之内,有目的地表达情感或满足需要而进行的一系列的沟通行为。如与亲朋好友闲聊、与网友对话等。

商务场合中的人际语言沟通则主要是人们为了满足工作需要,以及在单位生存所必需的情感需要而采取的一系列的沟通行为,其中大部分行为是通过策划完成的。

良好的商务沟通不仅能够使我们建立良好的人际关系,更能够使我们在自己的专业发展中得到更多的社会支持,出色地完成自己所承担的工作任务。反之则会因为策划不当或沟通不到位而导致人际关系失衡,从而引发焦虑、孤独、无助、自我怀疑等情绪感受,进一步影响心理健康。

一、与上级沟通的方法和艺术

(一)下属应尊重、了解和理解上司

1. 下属与上司唇齿相依

在商务环境中,下属与上司是唇齿相依的关系。如果你的上司工作出色,深受公司决策者重视,那么下属的成就感也比其他员工要高,待遇也会相应提高;如果你的工作业绩超群,经常被树为公司"标兵",那么你的上司也会因"领导有方"而获高层的赞赏。所以,下属要与上司同心同德,要争取机会多与上司沟通交流,了解上司对自己工作有什么要求,对自己将来的工作有什么样的计划和安排。这样,你不仅能够尽职尽责地完成上司交给的任务,而且能够在工作中做到积极主动。当上司出现工作失误,下属应承担应担的责任。如有可能还应安抚劝慰上司,帮助上司总结经验教训,或表达你对他的理解和支持。

2. 了解上司的工作职责

上司的基本工作包括两个方面:一是领导本部门员工完成工作任务;二是培养新人。培养新人就自然要指导和监督下属的工作。他们对下属进行监管并不是个人的意思,而是一种组织行为。但上司的性格脾气、工作习惯、管理方式各有不同,有时难免方式简单、语言过火,作为下属应明白他们的本意是恨铁不成钢,多给予忍耐和理解。所以,下属应客观地看待自己的上司,要将他的个人品质和工作职责区别对待。

3. 理解上司肩负的压力

上司的级别越高,责任和风险就越大,肩负的压力也越大。他们不仅对自己的职位担心,与尚未成家的年轻员工相比,还要担负家庭责任和社会责任。上司一方面要指导部下,另一方面业绩的压力越来越大,而这种压力有时找不到出口,只能藏在心里。上司希望得到部下的帮助,分担他们的压力。如果上司心态好,对部下就会热情指导,否则,会对部下的工作鸡蛋里挑骨头,借题发挥,以泄心中的怒火。所以,帮助上司就是帮助自己。

4. 把上司当做职场引路人

上司最讨厌的是自己的部下自行其是,不给自己一点面子。如果你越级报

告,在高层那里抢了头功,他肯定不高兴。如果你尊重他,事情进展向他汇报,就能得到他更多的指导和支持。所以,要充分了解上司的真实心理,利用上司的优势资源,共同努力向上。

虚心接受上司工作上的指导,对你的工作能力、共同能力也是一种提高。所以,员工要学习上司,珍惜提高领导能力的机会。

(二)与上司和谐相处的方法

1. 不要给上司贴标签

一方面,能巧妙利用上司资源的人,一般都能得到上司的信赖。另一方面,得到上司信赖的部下也应该信赖上司。由于看问题的角度不同,上司与你的想法不一致是很正常的。如果给上司贴上标签"上司是笨蛋"则是一种误区。如果下属从专业角度来与上司作比较,那么上司的知识可能不如自己丰富,就像你与他比较管理经验一样,你也没有他丰富。站在上司的角度,用人的标准是多元的,有时需要能力强的人,有时需要处理人际关系好的人。最基本一点是:上司都希望提拔能理解自己的意图、贯彻自己的策略的人。作为下属,相信你的上司,把他作为你最重要的客户。他是付钱给你购买你服务的唯一的人。

给上司贴上"上司不是人"的标签则是另一种误区。以往的教育使我们习惯与上司保持距离,总是期望上司具有公正而准确的判断力与需求。我们把接近讨好上司的行为叫"拍马屁"。正确的做法是,上司也是人,他需要应有的尊重,适当与上司保持距离是为了让他扮演上司这个角色,但他也需要朋友,需要与正常人一样交往,他正确的判断与决策,需要下属及时的反馈。

2. 认真地聆听,发自内心地赞赏,对上司保持敬意

在上司说话时,你不能只带着耳朵听,应不时用目光和身体语言呼应,或点头表示赞同,或微笑表示理解。认真聆听上司的指示和命令,不随意打断上司的话或插话,听完再发表意见。如果你真心实意地想向上司学习,就应该看到上司的优点,配合上司工作。对上司保持敬意,对上司的职场历练保持敬意。可以在适当的场合表示你对上司的赞赏和表扬,并在称赞之后加上感谢的意思,这就容易引起上司的共鸣。如:"多亏了经理您及时提醒,让我少走了很多弯路,真是太感谢了"。这些赞赏和表扬并非"拍马屁"和"阿谀奉承",那些拍马屁的人的本意是想利用上司,甚至操控上司。

3. 充分利用上司所拥有的资源,齐心协力

上司的优点如能力、天资和经验等,是部下可充分利用的资源。有的上司经验老到,解决问题能力强;有的人脉资源丰富,能一呼百应;有的善于营造气氛,对部下感染力强……部下配合上司的指导,就是充分利用上司的这些优势,下属加以学习,运用到自己的工作中,可提高自己的工作效率和质量。"利用上司"时一定要注意与上司沟通的方法,让上司明确知道你有求于他:"老板,这件事您不帮我,我很难做好。您得给我指条路。"

4. 不责备上司

上司也是平常人,也会犯错误,也会有无能的时候。如果你真心诚意请示上司,上司拒绝说,"这事我也没想好,现在帮不了你"等,这时你要这样想:上司一般拒绝是对事不对人,也许他真的没方法,或他情绪不佳。部下要有一定的胸怀,允许他说不。如果是上司的秘书或助理,对领导工作中的一般失误,应因人、因时、因地、因事处理;当领导问题严重,群众反应强烈时,只要其未离职,仍应尊重、服从他,并关注领导情绪,给予生活上的关心;如果与领导的关系较好,可通过私下交谈或在内部会议上共同协商主、客观原因,找出解决办法;当领导个人品质有缺陷时,不宜向其指出,如果事涉重大原则,则需配合有关部门查证、处理。

(三) 与上级有效沟通并化解冲突的方法和艺术

1. 了解领导内心,给予适度恭维

下属只有了解上级领导的心理,才能方便与他沟通。领导者首先是一个人,作为一个人,他有他的性格、爱好,也有他的作风和习惯。对领导有清楚的了解,不要认为这是为了庸俗地"迎合"领导,而是为了运用心理学规律与领导进行沟通。以便更好地处理上下级关系,做好工作。

人性中最基本的秉性,是被人恭维的渴望。在与领导者交往中,要永远记住,领导者都希望下属恭维他、赞扬他。你要找出领导的优点和长处,在适当的时候给领导诚实而真挚的恭维。恭维领导要掌握适度的原则,在确切了解对方内心世界的基础上再进行恭维。有时候,即使是自己不喜欢的领导,你也要给予适度的恭维,但同时要避免过分拘谨、谦恭,"抬轿子"、"吹喇叭"等,不仅有损自己人格,还可能引起上级的反感和轻视。

与领导有效沟通中应保持对自己的尊重、慎重和自信,表现为不必害怕表示自己的不同观点,只要从工作出发,摆事实,讲道理,就能够获得领导的尊重和肯定。

2. 理解领导、上司的讲话方式

高层领导和基层领导与员工的沟通方式有些区别。基层领导会直接指出员工的缺点,有时还会带有情绪性地发泄,说一些诸如此类的话,"你们这是怎么搞的?"、"有你们这样做工作的吗?"而高层领导在面对员工或基层下属时鼓励为多,在具体问题上一般不作否定的表态,善于掌握分寸,说话留有余地,如"这种试验很好,可以多请一些人发表意见。"、"你们将来有了结果,希望及时告诉我们。"在指出下属错误时比较谨慎,用劝告或建议性措词:"这个问题能不能有别的看法,例如……""不过,这是我个人的意见,你们可以参考。","建议你们看看最近到的一份材料,看看有什么启发?"下属和员工要善于读懂领导、上司话语中真正的涵义,把工作做好。即使是受到上司不公正的批评,也要学会换位思考,领导所做的每一件事,都一定有他的理由。对你看不惯的方面,你不要过多地批评、指责和抱怨,更不要当面顶撞或争论,而要给予充分的理解,本着"对事不对人"的处理原则,与上司搞好关系。

3. 与领导坦诚相待,学会主动沟通

下属在工作中要赢得领导的肯定和支持,很重要的一点是要让领导感受到你的坦诚。工作中的事情不要对领导保密或隐瞒,要以开放而坦率的态度与领导交往,这样领导才觉得你可以信赖,他才能以一种真心交流的态度与你相处。以理服人并不是说服领导的最高原则,如果没有让领导感受到你的坦诚,即使你把一项事情的道理讲得头头是道,实际上也达不到你要的效果。某企业刘经理因一个项目的不同解决方案与员工小江争执起来,并在部门会上严厉批评了小江。小江是个要面子的人,当时觉得难以接受,认为刘经理也有很多问题,所以当众和刘经理顶撞起来,并提出了辞职。冷静下来后想想自己也有错,但碍于面子不知如何是好。这个案例中的小江最好的做法是直接去找刘经理道歉,承认自己的疏忽,提出自己的解决方法,认真听取上司的建议并达成共识。与上司的沟通效果也要尽快让同事知道,避免让同事对自己产生负面评价。

4. 注意沟通场合,选择沟通时机和方式方法

与领导沟通或提议一件事情,注意场合、选择时机是很重要的。领导的心情如何,在很大程度上影响了你沟通的成败。当领导的工作比较顺利、心情比较轻松时,沟通效果就好。

与上级领导沟通,并不一定全在办公室里进行,因为领导一天到晚要考虑的事情很多,有时候,在休闲中也可以解决大问题,但要注意场合,选择适当的时机。如果领导心情不好,或者处于苦恼之中,他可能因为工作头绪繁多而忙得焦头烂额,心情特别差,你的意见他很难听进去,不便于沟通,所以尽量避免在这些时候向领导请示汇报。

与领导面对面沟通,一定要注意选择合适的方式方法。某公司部门经理自己算错了数据,但误以为是秘书弄错了,狠狠批评了秘书。下个月经理又算错账

了,面对第二次的错误。秘书是这样做的:她走到经理面前,轻轻地说:"经理,我恐怕又打错单据,请你与我核对一下数字"。这样,经理在核对数字过程中会发现自己的失误,从而对上次的错误也会有所察觉,会对秘书抱有歉意,这样的沟通效果就比较好。

5. 对领导心怀仰慕,交往把握尺度

领导者的权威不容挑战。有些领导的能力虽然平平,但不要因此认为这样的领导就是不中用的,他一定有某种优点,所以才能获得提拔。不论领导是否值得你敬佩,下属都必须尊重他。只有对领导怀有仰慕的心态,才能实现有效沟通。

与领导交谈时,要有一个积极乐观的心态,向领导叙述重要事宜,或回答领导提问时,如果做到目不斜视地盯着对方的眼睛,不但会增加语言的说服力,还会给领导留下精力充沛、光明磊落的印象。

二、与同事沟通的方法和艺术

(一) 与同事相处和沟通的方法

1. 同事也是一种宝贵的资源

公司中的同事性格、能力、素质各异,各有优势和不足。他们身上可能有让你讨厌的缺点和毛病,但他们同样在做着自己的本职工作。用一种平和的心态去观察你周围的同事,你就会发现他们也有自己鲜明的个性。关系其实也是生产力,只有真诚而又礼貌地对待公司里的每一个人,才会有良好的人际关系,才会有人愿意与你分享自己的经验和社会关系。职场奋斗就像一场开卷考试,你要找的资料总是有的,关键是你能否找得到。

事实上,公司里的每个同事都是你的人际资产,如果你不能让这笔资产成为正数,至少也不能让它成为"负资产"。无论对公司的最高上司,还是与送文件、做清洁的人打交道,都要注意自己的一言一行,和善对待每一个人。公司的每个人都可能对你的工作和前途产生影响。更重要的是,如果你真心对每个人好,会大大调和你的工作氛围。

2. 严于律己,宽以待人

与同事相处久了就会发现每个人身上都有些缺点,但一般而言,同事身上的缺点和毛病多属习惯或教养方面的问题,很少是品质上的问题。如小王开玩笑无分寸,小张做事马虎拖拉等等。尽管这些缺点让人讨厌,但毕竟没有直接损害公司的利益,更不会对你发展构成威胁,因此,学会包容和理解是最好的方法。

新员工有时会对老员工抱有很高的期望,但一旦发现他们身上有缺点和毛病就难以接受,由此产生矛盾,新员工应该学会接受这种期待与现实之间的落差,做到严于律己,宽以待人。

3. 珍惜职场友情

同事之间需要友谊,它不仅可以温暖孤独的心灵,还像你背后的一双眼睛,帮你看到自己身上看不到的缺点。而同事之间缺乏友谊,是因为大多数人没有用真心来追求这份感情。如果彼此之间真诚相待,互相了解,就不容易发生误会,即使有了误会也容易消除。同事在这种逐步相互了解的过程中,开始理解和接受对方思考问题的方式和价值观,这样,不仅能大大减少猜疑和误解,而且容易在工作中形成默契,产生友谊。

新员工与同事交往时,要注意公事是公事,私交是私交,公私分明。作为同事谈工作时公事公办,而作为朋友谈交情时,互谅互让,互帮互助。新员工应明白在工作中再好的朋友也是同事。

4. 用尊敬交换尊敬

办公室的同事相处一段时间后,总会因为这样或那样的原因出现一些摩擦,这些摩擦很多并不是根本性的利害冲突,无非是一些鸡毛蒜皮的小事引起的。这时,新员工应迈出一步,主动与对方和解。一般老员工自尊心比较强,如果新员工主动求和,那新老员工的关系有可能和好如初,对方该帮你的时候还会帮你。用尊敬交换尊敬,这是维持良好人际关系的一条不二法则。

5. 学会谦让

谦让是每个公司员工最需要的美德。现代企业的竞争是团队的竞争,顾全大局,认识轻重是现代员工必备的素质。为了取得最大效益,在一些特殊情况下企业领导往往需要综合平衡,或采取"丢车保帅"的策略,在取舍两难的时候,领导往往会让新员工做出一些牺牲。在这种情况下,新员工需要有谦逊的美德,这样才能融入集体,并在其中找到自己的角色和职责。想要被自己所在的团队所接纳,就得接受和认同他们的价值观念。

由于你的谦让让团队获得了成功,上司心里肯定有数,同事对你也更加钦佩。因此,你的个人形象得到了提升,意味着将来可能比别人有更多的机会。所以,你的谦逊只是一种隐性投资。

(二)与同事沟通应注意的问题

同事之间,既有共同的目标,又有各自的分工;既需要相互支持、帮助,又隐含着彼此的竞争。因此,在处理同事关系时,要注意以下几点:

1．以诚相待，与人为善

这是处理同事关系的首要原则。真心实意对待别人，友好善意地与人相处，这是人与人交往的基本规范和总体要求。

有人说经常听见小张和小王在办公室工作时"拌嘴"。在评价工作表现时，小张对别人抱怨道："小王这人没法儿和他相处，什么事都很'较真儿'，再宽厚的人也受不了他。"在有人问小王他与小张的关系时，小王笑着说："是吗？我觉得我们关系还行。长期在一块儿，哪儿能少了看法不一致的时候呀，小张比我脾气好。"

同级之间无论在什么地方、什么情况下，都是为着同一个目标，即把工作做好，所以要真诚地互相支持、互相关心。

2．积极配合、互相补台

既要有合作精神，又要有补台意识。在实际工作中，同事之间应当积极主动地配合，齐心协力地工作，以求得最佳的整体效应。在积极配合的同时，应强化补台意识，采取行之有效的补台措施。当同事有困难时，应当热情提供帮助；当同事有问题、困难时，应当尽力挽救和弥补，而不应视而不见，更不能抱着看"笑话"的态度来"欣赏"同事的困难和问题。

某企业总经理召来公关部的小袁和小李，要他俩在两天内分别写出两份内容扎实的材料：一份是介绍公司建厂几十年的发展情况；另一份是详细说明公司在改革开放后积极创新的成果总结。小袁任职已五年，一直留心收集公司的各种资料，接到任务后，翻出所需资料，一晚上就草拟好了稿子。但总经理迟迟不见小李交来材料，派人催问，回答是有些数据还没找到。总经理只好找来小袁，要他再辛苦一下，把小李的那份材料赶出来。小袁却在总经理面前表示："总经理，另起炉灶取代他，好像不妥吧，但我很愿意把写作素材和可靠数据提供给小李，帮助小李完成任务。"又找到小李说："小李，我听说你正在找资料，我这里正好有一些公司近几年的数据，如果你需要，我可以给你。"就这样，两人顺利完成了任务。由此可见，小袁正确判明了领导的意图，同时又顾及到同事间的关系，发挥了他人的积极性。

3．见贤思齐，强者为师

主动向贤者看齐，虚心拜强者为师。处于同一层次的同事之间，由于资历、阅历和受教育程度等方面的不同，无论在能力、水平还是在气质、修养方面，都存在着一定的差异，又同处在同一起跑线上，存在着潜在的"竞争"因素。因此，在处理同事关系时，要积极向贤者学习，这样既能有利于自身的提高，又有利于处理好同事间的关系。切忌以己之长比别人之短,更不能嫉贤妒能,采取不正当的手段"排挤"别人。这种想法,既不利于自己的提高,又有损于同事间的关系,甚至还会成为受人唾骂的小人。

思考题:

1. 交谈的礼仪规范有哪些?

2. 沟通的艺术有哪些?

3. 与上级沟通有哪些方法和艺术?

4. 与同事沟通的方法有哪些?

案例分析题:

清朝张之洞新任湖广总督时,抚军谭继洵在黄鹤楼设宴为张接风,并请了鄂东诸县父母官作陪。席间,大家聊起了长江,没想到谭张二人为了长江到底有多宽的问题争论起来。谭说五里三,张说七里三,两人各执己见,争得面红耳赤,谁也不肯承认对方是对的。这时,坐在末座的江夏知事陈树屏站了起来,于是二人便让陈作答。陈略作思考,朗声答道:"长江的宽度,水涨七里三,水落五里三。二位大人说得都对。"一句话说得谭、张二人均抚掌大笑,赏了陈树屏20锭大银。

问题:面对尴尬的问题,陈树屏是如何巧妙应对的? 请结合案例谈一下,在遇到上司之间出现纷争时作为下属应如何调解?

第六章 应酬交际礼仪

导学案例

张丽在 A 公司市场部工作,她准备去拜访 B 公司的市场部经理李强。张丽提前跟李经理预约了时间。去之前张丽准备好了有关文件、资料、名片等,并对 B 公司及李强进行了了解。拜访当日张丽对自己的仪容、仪表进行了精心、得体的修饰,并提前 5 分钟到达。在交谈过程中,张丽简明扼要地表达了来意,谈话内容始终紧扣主题,给李强先生留下了很好的印象,最终促成了合作。

启　示

两家公司之所以能够合作,跟张丽的这次拜访有很大关系。张丽在拜访前作了了充分的准备,拜访过程中又十分遵守相关礼节,从而给对方留下了好印象。这次拜访成为两家公司合作的良好开端。

学习目标

1. 了解各种应酬交际礼仪的涵义;
2. 理解各种应酬交际礼仪的要求;
3. 掌握运用应酬交际礼仪的技巧。

第一节 拜访与接待礼仪

一、拜访礼仪

拜访是人们日常工作和生活中一种常见的交际形式,它能够有效地沟通感情,增进彼此间的感情与友谊。中国人素以好客而闻名,但实际上并非所有的客人都受欢迎,如贸然登门的不速之客。不论是礼节性的社交拜访,还是请教、讨论等事务性拜访,以及朋友之间的私人拜访,都应在礼节上特别注意。

(一) 事先预约,不做不速之客

拜访他人,一般情况下应当提前预约,以便对方安排。未经对方允许前去拜访,容易干扰对方的计划。事先预约,既反映了个人自身的涵养,也是对主人的尊重。预约的方式有当面提出、电话提出、书信提出等。预约时语言要准确,语气要肯定,措辞要礼貌、婉转,要注意倾听和尊重对方的意见。不可使用强迫性的语言,而应使用征询式的问话方式。如,"我们打算在某时间去家中拜访您,您看方便吗?"

1. 约定时间

在与主人事先约定时间时,通常应该优先听取主人的意见。如果主人让客人定见面时间时,客人应尽量考虑主人的时间,提供几种选择方案征求主人的意见。一般情况下,主人认为不合适的时间、繁忙的工作时间、家人朋友团聚的节假日、凌晨与深夜,以及常规的用餐时间和午休时间,都不宜作为拜访的时间。

2. 约定地点

拜访的地点可以是拜访对象的工作地点,也可以是其私人住所,前提是征询过拜访对象的意见。

3. 约定人数

在约定拜访时,客人应事先向对方告知届时到场的具体人数及其身份。同时,宾主双方都要尽量避免在拜访时安排对方不欢迎的人参与。一般情况下,拜访的人员一经约定,便不宜随意改变,切忌在没有告知主人的情况下随意增加拜访人员,以免给主人造成不必要的干扰,影响拜访的效果。

(二) 衣着整洁,不做邋遢之客

拜访之前,要认真选择个人着装。越是正式的拜访就越要注意这一点。在正常情况下,拜访时的着装应当干净、整洁、端庄、高雅,不宜穿着过分轻佻、随便的服装。还要注意某些重要细节,如,袜子要无洞、无味。不然进门后一旦需要更换拖鞋,就要当众出丑了。公务拜访时,男士应穿西装,女士应着套装,要以端庄得体、干净文雅的外表,给对方留下良好、深刻的印象。

(三)准时赴约,不做失约之客

约定好的拜访时间一定要严格遵守,不可随意失约或更改时间,最好准时到达。有些人认为早到可显现出诚意,体现对主人的尊重,实际并非如此。比预约时间提早到,会给主人措手不及之感。当然,更不可迟到,让主人久等是不礼貌的。但如果因故不得不迟到或取消拜访,一定要设法事前通知对方,并致歉。

(四)谈吐得体,不做粗俗之客

见到主人时,应当主动问好,假如双方初次谋面,还需略作自我介绍。跟主人交谈时,要特别注意语言客气、温和,谈话要诚恳、大方,不可自顾自地滔滔不绝,说个没完,不给周围人留有余地。公务性的拜访,要讲究效率为先,宾主双方都要尽快地直奔主题,谈论实质性的问题,并力争解决问题。首先客人应清楚直接、开门见山表明来意、要谈的工作事项。然后说,让对方发表意见。主人在说话时,要注意仔细倾听,不要忙于辩解或打断对方讲话。有任何不同意见,可在对方说好后再说。交谈过程中要善于察言观色,如果对方流露出不感兴趣的情绪,就要适时更换话题,如果对方显现出不耐烦的样子,就要立即找机会告辞。拜访过程中遇到主人的同事或家人时,应当主动打招呼、问好,而不宜旁若无人、不搭不理。

(五)举止文雅,不做粗鲁之客

做客时,要彬彬有礼,举止稳重大方,不能随随便便,也不必过于拘谨。抵达主人办公室或私人居所门外,首先应采用合乎礼仪的方法向对方通报自己的到来。可请其秘书或家人转告,也可以敲门或按门铃。敲门时,以食指轻叩两三下即可。按门铃时,让铃响两三下即可。若无反应,过会儿再做一次,不可敲个不停,按个不休,或在外面大呼小叫。如有回应,需恭敬地侧身站立于一侧,等门打开时再向前迈半步,与主人打照面。特别要注意的是,去客户公司拜访,进入办公室前无论门是关是开,都要礼节性地敲敲门,以提醒对方注意,经对方允许后方可进入。

进入房间后要将外套、帽子、手套脱下,放在适当的地方或直接交给主人处理。如果是在主人家中做客,还应按主人要求换上拖鞋或鞋套。待主人安排或指定座位后就座,并注意坐姿。主人端上茶水时,应欠身、双手捧接,并表示感谢。要保持主人屋内的清洁,不要擅自吸烟或乱扔果皮,更不能随意乱动主人的私人物品或翻动主人的抽屉或橱柜。被主人邀请进行参观时，应随行于主人身后，不要抢先一步、随意前行。

（六）适时告辞，不做讨厌之客

无论礼节性拜访还是工作性拜访，时间都不宜过长。如果主人与客人双方对会见的时间早已有约在先，则客人务必谨记在心，并认真遵守。假如双方无此约定，通常一般性的拜访应以一小时为限。初次拜会则不宜长于半小时。在拜会中遇他人到访时，应适当缩减停留时间。

当双方已经将核心内容谈完之后，稍微闲聊两句沟通一下情感之后，就应起身告辞。辞行要果断，不要告别了许久也不走。出门以后，即应与主人握手作别，并对其表示感谢。此时要特别注意，身为客人应主动伸手与主人告别。

二、接待礼仪

接待礼仪，又称待客礼、迎送礼仪，指的是在来访人员正式前来拜访之时，主人所给予对方亲切而热情的欢迎和接待过程中所涉及的礼仪规范。"有朋自远方来，不亦乐乎"，我国自古就有广交朋友、热情好客的传统。待客跟做客一样，都十分讲究礼仪。

真正意义的待客之道讲究"主随客便"，作为接待方，要掌握必备的待客之礼，做好迎送，以便塑造良好的个人或组织形象。接待工作依据来访者的身份、来访目的、接待地点以及主客双方关系的不同而有所区别。但各类接待的目的是一致的，即让来客感受到尊重和主人的诚意，为双方进一步合作打下良好的基础。接待工作一般包括准备、迎客、待客、送客四个环节。

（一）准备

为了展现良好的风范以及待客之礼，在迎接来访者前要做好充分的准备工作，其中公务接待一般还会事先制订周详的接待计划以及充分的准备工作。

1. 了解来访者基本情况

尽可能掌握来访者的基本情况，包括客人的单位、姓名、性别、职务、级别、人数等；掌握客人的来访目的和要求；问清客人到达的日期，所乘交通工具的车次、航班及抵达时间。

2. 拟定接待计划或方案

公务接待时，一般会制定详尽的接待计划或方案，可以避免接待中的疏漏，有助于接待工作的顺利进行。一般接待方案中应落实迎送方式、会谈会见方式、日程安排、交通工具、食宿安排、参观游览、礼品准备、经费开支及陪同人员等各项内容。

3. 确定接待规格

公务接待规格的确定一般是"对口平等,平衡惯例"。主要迎送人员的身份和职务应与来访者相差不大,以对口、对等为宜。如果当事人因故不能出面,或不能完全对等,这时要灵活变通,由职位相当的人士或副职出面。

根据来宾身份,公务接待规格一般分为三种:高规格接待、低规格接待、同等级接待。

(1)高规格接待

高规格接待指本单位陪客比来客职位要高的接待。高规格接待通常有这样几种情况:上级领导派一般工作人员向下级领导口授意见;兄弟单位领导派员到本单位商谈重要事宜;下级人员来访,要办重要事宜等。这种情况一般都要求领导出面作陪。

(2)低规格接待

低规格接待即本单位陪客比来客职务要低的接待。低规格接待通常在基层单位中比较多见,一般有这样几种情况:上级领导部门或主管部门领导来本地、本单位视察;老干部故地重游;老干部和上级领导路过本地,短暂休息;外地参观团来本地参观等。这种接待不可兴师动众,领导只需出面看望一下即可。

(3)同等级接待

同等级接待指陪客与客人职务、级别大体一样的接待。一般是来访客人什么级别,本单位也派什么级别的人员陪同,职称或职务相同则更好,或按预约由具体经办部门领导对等接待,较高层次的领导只需在事前看望一下即可。

4. 美化接待地点环境

不管是私人接待还是公务接待,都要注意美化接待地点的环境。接待地点的环境可以反映出一个家庭或单位的品质、内涵与风格。平时注意室内卫生状况,客厅、会客室、接待室、休息室要经常打扫,保持清洁,经常通风,保持空气清新。

客人到达前,一定要准备好各类资料与充足的茶点。各类相关资料要准备齐全,如宣传简介、产品说明等。待客茶点最好选择清爽且容易入口的,水果要挑选新鲜的,洗干净后再摆放。

(二)迎客

提前恭候,热情迎客。公务接待多是事先约好,主方接待人员必须严格守时,至少应提前 15 分钟到达约定地点。考虑客人的身份,必要时还应该提前在大门口恭候对方的到来。对于远道而来的客人,还应派专人前往车站、机场迎接,引导、协助客人安全到达会面地点。必须准确掌握来访客人所乘交通工具和抵达时间,如果情况发生变化,应及时告知有关人员,做到既顺利迎送来客,又不多耽误迎送人员的时间。迎接客人时,应在客人抵达之前到达迎接地点,看到来宾的车辆开来,接待人员要微笑挥手致意。车停稳后,要快步上前,同来宾握手、寒暄,表示欢迎。如果来宾人数较多,主方可以安排几位接待人员在楼下入口处迎候。如果来宾中有级别较高或身份重要的人物,东道主的高级领导应该亲自到门口迎候。

即使在普通的公务拜访中,当客人上门时,主人也应该起身迎接。即使恰巧手头正有工作要忙,也应立即放下手中之事,热情接待。不能有任何招呼不周、怠慢之举,更不能对客人区别对待。

在迎接、陪同客人过程中要注意以下位次礼仪。

1. 行进中的位次

与客人并排行进时,位次排列的要求是职务高者走在中央,其次是内侧,再次是外侧。一般情况下,应该让客人走在中央或是内侧。

与客人单行行进,即前后在一条线上,一般应让客人在前面行进。

2. 走楼梯的次序

因为楼梯比较窄,并排走会影响他人,所以一般上下楼应右侧单行行进,以前方为上。但也有例外,男女同行上下楼梯时,宜女士居后。在客人不认识路的情况下,陪同人员要在前面带路。

3. 乘坐电梯的次序

引领客人出入无人控制的电梯时,若客人不止 1 人,陪同人员应先进后出,并控制好按钮,让电梯门保持较长的开启时间,避免给客人造成不便。若客人为 1 人或出入有人控制的电梯时,陪同人员应后进后出,让客人先进先出。

4. 乘坐轿车的位次

乘坐双排座或三排座轿车时,座次的具体排列因驾驶者的身份不同,而具体分为下述两种情况:

情况一:由轿车的主人亲自驾驶轿车。双排五座轿车上其他的四个座位的座次,由尊而卑依次为:副驾驶座,后排右座,后排左座,后排中座。三排七座轿车上其他的六个座位的座次,由尊而卑依次应为:副驾驶座,后排右座,后排左座,后排中座,中排右座,中排左座。

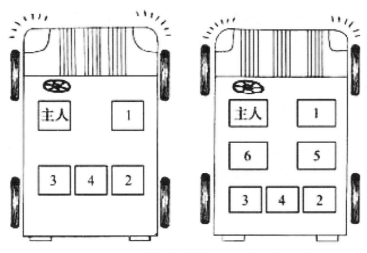

说明：上图数字次序代表轿车座位的由尊至卑的次序

情况二：由专职司机驾驶轿车。双排五座轿车上其他的四个座位的座次，由尊而卑依次为：后排右座，后排左座，后排中座，副驾驶座。三排七座轿车上其他六个座位的座次，由尊而卑依次为：后排右座，后排左座，后排中座，中排右座，中排左座，副驾驶座。

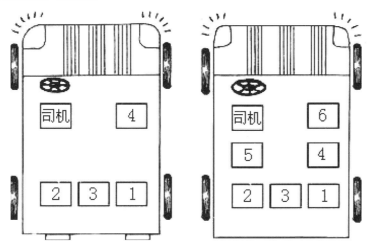

说明：上图数字次序代表轿车座位的由尊至卑的次序

（三）待客

1. 仪容整洁，服饰正规

所有参与接待的个人或工作人员的仪表必须整洁、大方。接待人员的服饰仪容关系到个人的修养,同时更关系到企业、公司的整体形象。整个接待过程中都要随时保持头发整洁、清爽,手部干净。可穿着公司统一的接待制服,或者男性着深色西装,女性着深色套裙。女性接待人员还应化妆,以示对客人的尊重及对接待活动的重视。

2. 举止得体,言谈谦和

接待人员要特别注意自己的言行举止。行动要文雅,举止要大方,走路时步态要均匀一致,步幅要适中;就座时要轻,不声也不响;站立时要身姿挺拔,潇洒稳重。接待时要面带微笑,对前来的客人点头致敬。主人与客人见面时,应主动伸手与其握手,并以言语表示对对方的欢迎,随即请客人就座。在接待来访客人时,还要特别注意语言谦和,应多使用礼貌用语。

3. 热情款待,照顾周到

在接待客人时,无论对方是何种身份,都应一视同仁,热情款待。比如,让座给客人;在客人需要时帮助其存取衣帽;为客人递上资料。要尽量满足客人的需求,使其有"宾至如归"之感。

(四) 送客

1. 热情挽留

当客人要离开时,应稍做挽留。通常情况下,来访客人不会停留过久。但是,无论客人停留多长时间,离去的时间和要求应由他本人把握并提出。主人或其他接待人员绝不能抢先提出请客人早些离去的要求。即使流露出渴望客人离去的意愿也是很不礼貌的。当客人提出告辞时,主人通常应对他稍加挽留。

2. 礼貌送别

如果对方执意要离去,应礼貌送别。一般客人拜访常带有礼物,主人应致谢,并回赠必要的礼品。送别时,主人应待客人先起身后再起身微笑相送,至少应将对方送至大门外,并且与之握手话别。握手时要注意应由客人先行伸手,否则会有急切地赶走对方之嫌。必要时,主人还应送客人上车,并目送其离去,或者安排专人将客人送至车站、机场等。

3. 提供方便

要事先询问客人意见,了解有无需要代劳之事,及时代为预定、预购返程票,并尽早通知客人,使其做好返程准备。可以为长途旅行的客人准备一些途中吃的食品。

送客的时间一定要严格掌握。送客的人到达的时间要恰当,要给客人留出收拾东西、打点行装的时间。来得过早，不但会影响客人收拾行李，而且也有催他们走的嫌疑；来得太晚，可能会错过飞机或火车的开行时间，让客人着急。

第二节　探病与馈赠礼仪

一、探病礼仪

亲戚朋友生病了，去探望一下，会给病人枯燥沮丧的日子带去一缕温暖，给病人增添战胜疾病的信心和勇气。但探望时不讲究礼数，则会给自己惹麻烦，让病人不愉快，甚至加重病人的病情。

（一）医院探病礼仪

1. 选择探望时间

探望前，最好能了解一下患者的心理状态，近期是否愿意被人探望。如果征得同意，应先咨询医院规定的可以探病的时间和病人希望的时间。否则，会影响医院的正常工作秩序，妨碍病人的治疗和休息。

2. 注意防病

探望前应当对病人的病情有所了解。如探望患传染病的病人，像传染性肝炎、痢疾或流行性脑膜炎、肺结核等患者时，要尽量避免接触其用过的物品。

3. 言谈举止得当

病人在患病期间，心理状态比较特殊和敏感。因此，在探望时，如果言谈举止不慎，可能会增加病人的思想负担，强化他们的猜疑心理，给他们增添不必要的精神压力。因此要注意自己的言谈举止。

进入病房前，先轻轻敲门，得到允许后，才可以进入。有些病人可能在擦拭身体或是在床上方便，贸然进入，会让病人尴尬。除不宜握手的病人外，见到病人要像以前一样握手，以消除病人的戒备心理。同时尽快找把椅子挨着床边坐下，这样做会让病人感觉亲切。

见到各种治疗仪器和药品，不要大惊小怪，以免增加病人的压力。最好用非常平常的、温和的、自然的口气交谈，不要用惊讶的语气询问。说话前一定要同病人家属、医生的口径一致，以免引起病人的怀疑；不可当着病人的面泄露"天机"，以免影响治疗效果；也不可当着病人的面与其家属窃窃私语，以免引起病人猜疑。要用乐观的、有分寸的话语鼓励病人，不要提及病人不愉快或有损病人自尊的事情。

不要在病房逗留过久，一般 15 分钟比较好，时间太长，会影响病人静养。简短和病人交流几句，鼓励病人继续接受治疗，祝其早日康复，然后礼貌告辞。

（二）在家探病礼仪

1. 选择探病时间

最好在下午前往探访，大部分病人都需要静养，一般起床较晚或休息较早，过早去探病，对方可能来不及梳洗，这会让病人不自在。

2. 礼貌问候家人

探望时除了慰问病人之外，还应与在场的家人亲友打招呼，并致以真诚的关心，但不要过分询问病情，引发家人的担忧。

3. 言谈举止得当

探病时，可介绍一些相同病症的乐观例子，以安抚病人；神态不要故作哀伤沉重，以免使病人不安，也不要惺惺作态装作快乐喜悦的样子，让病人觉得你不关心他，甚至幸灾乐祸。

要及时告辞，不要停留太久，否则家属要留你吃饭，增添他们的负担；告辞时，记得要向家人打声招呼，并表明愿意分忧的心情，让他们感受友谊的温暖。

（三）选择合适的礼物

探望病人一般要携带礼物，挑选礼物时要先了解病人的病症。肠胃病人不适合送固体食物；过敏性病人，不宜送有花粉的鲜花等。选择探望病人的礼物，应更多地注意精神效应，如一本有趣的画册、一份清淡可口的食品、一篮新鲜美味的水果，都会使病人感到生活的乐趣，增强战胜疾病的信心。

二、馈赠礼仪

礼尚往来是人之常情。现代生活中，交际活动日益频繁，无论是个人生活还是商务活动中，馈赠都是一件非常重要的事情。"送礼得当"，可以联络感情、加深友谊、促进交往。馈赠是一门艺术，在恰当的时间，送出合适的礼物，会向别人传达你的心意和礼貌。

（一）礼品选择

选择什么样的礼品很有讲究，要既能表达送礼人的心意，又能体现礼物的实际效用。如何选择礼品，选择何种礼品要考虑以下几点：

1. 了解受赠人的特点

每个人都有自己的兴趣爱好，每个民族、每个国家都有各自的风俗习惯，选择礼品时一定要有的放矢，投其所好，不要盲目。送礼者可以通过仔细观察或打听了解受赠人的兴趣爱好,然后有针对性地精心选择合适的礼品,尽量让受赠者感觉到馈赠者在礼品选择上是花了一番心思的,是真诚的。一般来说,对家贫者,以实惠为佳;对富裕者,以精巧为佳;对恋人、情人,以纪念性为佳;对朋友,以趣味性为佳;对老人,以实用为佳;对孩子,以启智、新颖为佳;对外宾,以民族特色为佳。

2005年4月29日,连战访问北京大学,获得一份特殊的礼物:母亲赵兰坤女士在76年前毕业于燕京大学的学籍档案和相片,其中包括在宗教系就读的档案、高中推荐信、入学登记表、成绩单等,大多是她亲笔写的字。在这份特殊的礼物面前,一贯严谨的连战先生也难掩内心的激动。他高举起母亲年轻时候的照片,然后放在面前细细端详,眼里泛着晶莹的泪光。这一刻,他满脸都是幸福的微笑。

2. 考虑送礼的目的

选择礼品时要考虑送礼的目的。如选择的礼品是慰问探望还是祝贺致谢,是节假良辰还是婚丧寿庆,等等。目的不同,用途不同,礼品的意义也不同。礼物是感情的载体,任何礼物都是送礼人的一片特有心意,或是酬谢,或是求人,或是联络感情,等等。因此,送礼时要使礼品与你的心意相吻合。

3. 根据双方的关系

选择礼品时,还应考虑双方的关系。对待公务往来的对象与私人交往的对象、对待个人与集体、对待新朋与老友、对待亲友与外人、对待同性与异性,在选择礼品时应该区别对待。如代表企业、公司为客商选择礼品时,主要侧重于礼品的精神价值和纪念意义。

4. 礼品轻重得当

一般来说,礼物太轻,很容易让人误解为瞧不起他,尤其是对关系不太密切的人,更是如此,而且如果礼物太轻而想求别人办的事难度较大,成功的可能几乎是零。但是,礼物太贵重,又会有行贿、受贿之嫌,特别是对上级、同事更应注意。因此,礼物的轻重选择以对方能愉快接受为尺度,力争做到少花钱、多办事,多花钱、办好事。

5. 注意礼品禁忌

一般来说,在国内、国际正式社交活动因公赠礼时,忌送以下物品:一是现金、信用卡、有价证券;二是过于昂贵的奢侈品;三是烟、酒等不利健康的物品;四是易使异性产生误解的物品;五是触犯受赠者禁忌的物品。

要注意不同国家和地区的送礼禁忌,如给年长者送钟,有"终"谐音,乌龟虽

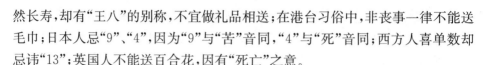

然长寿,却有"王八"的别称,不宜做礼品相送;在港台习俗中,非丧事一律不能送毛巾;日本人忌"9"、"4",因为"9"与"苦"音同,"4"与"死"音同;西方人喜单数却忌讳"13";英国人不能送百合花,因有"死亡"之意。

(二)馈赠礼节

选择一件满意、合适的礼品,只是赠礼的开始环节,如何把礼品合乎礼仪的赠送给受赠者,则是整个赠礼行为获得成功必不可少的重要环节。

1. 精心包装

正式场合送出礼物时,事先要精心包装。礼品的包装如同礼品的外衣,如不加任何包装就赠送他人,是十分不礼貌的。尤其是向国际人士赠送礼品时,更要特别注意。在我国,不少单位和个人都只重礼品的价格和品质,并不很在意包装,这是不符合礼仪规范的。精美的包装也是礼品的重要构成部分,可以最直接反映出送礼单位及个人的品位与诚意。

包装要讲究材料、包封、图像及捆扎、包裹的具体方式。如在信奉基督教的国家中,不要把丝带结成十字交叉状。

2. 选好时机

一般来说,结婚、生子、生日、节日等都是送礼的最好时机。下面几种情形被认为是送礼的好时机。

(1)应当道喜之时。如交往对象结婚、生育的时候。

(2)应当道贺之时。如交往对象晋级、乔迁、出国、事业取得成功或是过生日的时候。

(3)应当道谢之时。如受到他人关心、照顾、帮助之后,可在适当时机,以礼相赠,表示谢意。

(4)应当慰问、鼓励之时。交往对象遇到困难、挫折、身处逆境时,可以赠送适当礼品表示慰问或鼓励。

(5)应当纪念之时。久别重逢、参观访问、临行话别之际,可以赠送礼品,作为纪念。

(6)我国传统节日,如春节、中秋节等,可向交往对象赠送礼品。

3. 间隔适宜

送礼的间隔时间很有讲究,过于频繁或间隔过长都不合适。送礼过频会使人感到你的功利性太强。另外,礼尚往来这是中国人的传统,你送礼过频,别人还得还礼,这会增加受礼人的负担。间隔适宜,送礼的既不显得突兀虚套,受礼的收着也心安理得,两全其美。

4. 赠送得当

赠送礼品时最好选择当面进行。当面赠送时,需要注意自己的言谈举止。行为上应做到神态自若,举止大方、得体。赠送时要面带微笑,目视对方,双手递出。不要用一只手递交礼品,特别是面对有些宗教国家的人士时不可用左手。不在临别告辞时送礼,或者一声不响地把礼物放在门口或房间角落后一走了之。

无法当面赠送时,可以通过邮寄或托人送出礼品。此时,通常要随礼品附上一份礼笺,写明赠送礼品的缘由,并署名。

三、受赠礼仪

接受赠送时,受赠者不可对礼品漠然置之,应当郑重其事。无论是代表个人还是企业、公司,在接受他人的馈赠时,都应该认真对待,做到礼貌得体。

(一) 受礼要有礼节

在接受他人诚心诚意赠送的合法礼品时,应该是大大方方、热情友好地接受。对于某些非法礼品,要及时拒绝。

当赠送者递交礼品时,受赠者应立即停止手中的事情,起立站直用双手接过礼品。之后应立即向对方致谢。在接受礼品时还要注意态度大方、恭敬有礼,不可盯着礼品不放,不可过早伸手接礼品或推辞再三后再接下。

西方人在收到礼物时一般会习惯性地当面打开欣赏一番,并致谢意。因此,在涉外交往中接受礼品时,在条件允许的情况下,最好当着对方的面拆开包装认真欣赏一番,同时加以赞许致谢,以示对赠送者的尊敬以及对所赠礼品的看重与喜爱。

在国内,一般没有打开礼品的习惯,但也要同样给予重视以表达真挚的感谢。不可将礼物到处乱放,应放到显眼的位置,以示重视。

(二) 拒礼要有分寸

接受他人赠送的礼品,一定要把握好分寸和原则。有些违法和违反企业、公司规定的礼品应坚决拒收。不过拒收礼品时也要讲究礼仪,把握好分寸。

拒收他人赠送的礼品,最好选择当面谢绝,不要收下后再找机会退回。此外,拒收礼品时一方面要感谢对方的好意,另一方面还要客气、诚恳地讲明拒绝的缘由。要依礼而行,婉言谢绝,不要让对方产生误会或难堪。

如果因一些特殊原因无法当场退还时,也可暂时先收下再找机会退还。退还礼品一定要及时,最好在 24 小时之内将礼品退还本人。另外,退还时要保证礼品的完整,不可拆封后再退还或者试用后再退还。

（三）受礼后要还礼

中国礼节中最讲究"礼尚往来"、"来而不往非礼也"。尽管他人赠送礼品的初衷并不是希望得到回报，但从礼节角度讲，收到礼品后及时回礼，也是对对方的一种重视与尊重，更是对双方友谊或相互往来的一种认可和珍视。

回赠礼品时要认真考虑还礼的时间。比如，对方今天送礼品给你或你公司，第二天马上就去回礼，是不太合适的。还礼时间过早会给对方以"等价交换"的感觉，会让对方感到你认为对方不值得交往，不愿意长久合作。但如果还礼时间拖得太久，又显得遥遥无期，不懂礼貌。还礼时可适当选择在对方有喜庆活动，如对方公司开业，或者选在节假日及拜访时还礼。

选择回赠的礼品也很有讲究。通常选择与对方所赠礼品价格大致相同的物品，如对方送图书，可回赠一些价格相近的唱片等。不能回赠相同的礼物，特别是不能选择相同品牌、相同品质、相同包装，同一类型的商品，这样会让对方误会你把礼品原样还回。

第三节　舞会剧场礼仪

一、舞会礼仪

舞会是一种娱乐性的社交活动，是人们认识新知、娱乐身心的重要场合，是高雅文明的交际场合。参加舞会时须了解并遵守舞会的相关礼仪规范。

（一）良好的形象

参加舞会之前，必须进行必要的、合乎惯例的个人形象修饰。

1. 仪容

在仪容方面，应做到干净整洁，适度修饰。参加舞会前应先沐浴，并梳理适合参加舞会的发型。男士务必要剃须，女士在穿短袖或无袖时须剃去腋毛。参加舞会前，应根据个人情况进行适度的化妆。对于男士而言，主要应该注意美发、护肤和祛味。而女士则主要注重美容和美发。因舞会大多数是在晚上进行，与日常的生活妆和职业妆相比，舞会妆要浓亮一些。

2. 服装

在正常情况下，舞会的着装必须干净整齐、美观大方。有条件的话，可以穿格调高雅的礼服、时装、民族服装。若举办者对着装有规定的话，则必须认真遵循。

参加正式舞会,男士一般穿西装,如果穿传统的白色领结和大燕尾服,那就再好不过了。当然,黑领结和小燕尾服一样也能够被各种舞会接受。女士最好穿露肩露背的晚礼服。舞会上女士穿裤子通常是不允许的,除非这种裤子设计得非常精致,看起来与正式的舞会女裙一样得体。初次参加社交活动的女士多穿白色衣裙。穿无袖或无肩带的女裙时,可以带长手套,但是,跳舞时应脱掉手套。

在舞会上,通常不允许带帽子、墨镜,或者穿拖鞋、凉鞋、旅游鞋。

3. 举止

进入舞厅时应彬彬有礼,熟人旧友要握手致意或点头问好,陌生人也应以礼相待。话音宜低,步态宜轻。不可有吸烟、乱扔果皮、高声谈笑、大声喧哗等粗野行为。

(二) 邀舞礼节

交谊舞的特点是男女共舞,舞会上怎样邀请舞伴,这是应该注意的问题。

邀舞者在邀请舞伴时一定要注意表情谦恭自然,态度诚恳热情,既不要紧张,也不要做作,更不能粗俗无礼,如口叼香烟请人跳舞。通常情况下是由男士主动去邀请女士共舞。邀请时,应姿态端正、彬彬有礼地走到女士面前,微笑点头,同时伸出右手、掌心向上、手指向舞池,并说:"我可以请您跳舞吗?"如果被邀女士的丈夫或父母在场,要向他们致意问候,得到同意后,方可邀请女士跳舞。舞曲结束时,将女士送回座位旁。不应舍近求远,应先与自己带的舞伴及近座的女士跳过之后,再去邀请其他坐席上的女士跳舞。男士自带女伴同去跳舞的话,只有在她接受别的男士的邀舞之后,才可以去邀请别的女士跳舞。

如果是女士邀请男伴,男伴一般不得拒绝。舞曲结束时,男伴应主动将女伴送回其原来的座位,待其落座后,方可致谢离去。

在正常情况下,两位女士可以同舞,但两个男士却不可以同舞。在欧美,两位女士同舞是宣告她们在现场没有男伴;而两个男士同舞,则意味着他们不愿意向在场的女伴邀舞,这是对女性的不尊重,也是非常不礼貌的行为。所以,只有在两位女士已经在舞池内旋转起舞时,两位男性才采取同舞的方式,追随到她们身边,然后共同向她们邀舞,继而分别组合成两对舞伴。

(三) 拒舞礼节

1. 委婉谢绝

一般情况下,女士不应拒绝男士的邀请。如果万不得已决定谢绝,必须态度和蔼,表情亲切,说出合适的理由,如说累了,或不会跳。当女士拒绝某男士的邀请后,如果该男士再次前来邀请,并且没有不礼貌的举止或表情,女士不应再次拒绝。

2. 礼貌推脱

如果你已经约好同别人跳舞,又有人来邀请,可坦率告之已经接受他人的邀请,同时致歉。如果两位男士同时邀请某位女士跳舞,最礼貌的做法是同时委婉礼貌地拒绝两位,或先同其中一位跳,再同另外一位跳。

3. 把握时机

女士一旦拒绝某位男士的邀请,这曲舞就不要再接受其他男士的邀请,以免造成对前者自尊心的伤害。如果想要跳舞,也要等这曲结束时再入场,不然会使人以为你有意冷落前一位男士。

4. 心胸开阔

现在许多人跳舞都自带舞伴,一曲开始时,无论是男性还是女性,在别人前来邀请自己所带舞伴时,都应礼貌促成舞伴接受对方的邀请,不要借故推脱。

(四)伴舞礼仪

在私人舞会上,每位男士都应当同举办舞会的女主人以及她餐桌上座位两侧的女士跳舞。当然,他必须同他带来的女士跳第一支和最后一支舞曲。

跳舞中,男女双方都应面带微笑,神态要轻盈自若,给人以欢乐感;表情应谦和悦目,给人以优美感;动作要协调舒缓,给人以和谐感。男士不要强拉硬拽,女士不可挂在或扑在对方身上。如果双方比较熟悉,可以小声交谈,但不要影响他人。对不熟悉的舞伴,最好不要问东问西,闲聊不止。

(五)正式舞会的入舞程序

按照国际惯例,第一支舞曲由主人夫妇、主宾夫妇共舞;第二支舞曲由男主人邀请主宾夫人,男主宾邀请女主人共舞。

舞会过程中,男主人应陪伴无舞伴的女宾跳舞或为她们介绍舞伴,并要照顾其他客人。男主宾应轮流邀请其他女宾,而其他男宾则应争取邀请女主人共舞,其次是女贵宾,再次是主人家庭的女亲属。

二、剧场礼仪

剧场礼仪指到剧场观看演出、听音乐会等文艺活动时应遵守的礼仪。要想有一个安静、文明、高雅的欣赏环境,必须要遵守剧场的相关礼仪规范。

(一)票务

因公关活动观看演出时,要把入场券认真保存好。邀请他人与自己一同观看演出,至少提前一周通知对方,以便对方早做安排。在一般情况下,请人观看演出时,入场券可由本人保管,不必一一发给被邀请者。

（二）着装

观看不同的演出,对着装有不同的要求。如果观看曲艺、杂技、电影,只要遵守观看演出的着装基本要求就可以了。观看戏剧、舞剧、音乐会或综合性文艺晚会则对衣着要求较高。尤其是陪同公关对象或应邀观看这类演出,一定要着正装。

如果前往场面隆重的剧院,或参加重要的演出,或观赏高雅的演出,不仅要穿正装,还应当穿具有礼服性质的正装。即女士应穿旗袍、连衣裙或晚礼服,尽量不要穿长裤。男士穿深色中山服或西服套装,配深色袜子与黑色皮鞋,如果打领带,则宜选黑色,并配白衬衫。

（三）入场

要提前到场,以便从容地会合友人,检票入场、寄存衣帽物品,稍事休息,稳定情绪。入场前要关掉手机,这是对演员及听众的尊重。手机铃声对于携带者而言可能是音乐,而对于其他人来说却可能是不悦耳的噪音。如果陪同他人一同观看演出,座位有好有差,应把好一些的座位让给他人;得到他人的谦让,要及时表示感谢;调换座位一定要在开演之前进行,就座时宜轻、宜稳。演出一旦正式开始,观众不宜再陆续进场,如果迟到要在外面静候,等到中场休息、节目间歇或一曲终了时再进入。

在音乐会入场时,有修养的男士一般会很体贴地照顾女士,如请女士先进门、帮助女士脱下衣帽、请女士走在前面、携女士入座等。女士千万不要拒绝男士的殷勤,因为这是礼节,只是别忘了向男士表示谢意就好。

（四）观看

观看演出过程中,还要注意一些细节。

1. 不可拍照

在观看演出的时候,拍照是一件非常忌讳的事情。一方面,闪光灯有可能会影响演员的表演,特别是舞蹈演出;另一方面,拍照有时会涉及知识产权问题,国外演出团体对此非常重视。

在国家大剧院演出时,有国外演出团体因为看到前排有观众拍照而提出罢演,后来院长出来做工作,解释实际情况,演出才继续进行。最初剧院阻止观众拍照的方式是服务员过去提示,碰上坐在中间的观众,就得通过其他的观众转告。后来改成服务员举个"请勿拍照"的牌子亮一下,来提醒观众。

2. 不可随意叫好与鼓掌

由于东西方文化传统和审美习惯的不同,观剧礼仪也有所不同。如观看京剧时,看到演员表现突出的时候,观众会马上叫好鼓掌;但是欣赏交响乐作品或组曲时,一般曲终再鼓掌,不能在乐章中间鼓掌,因为对于篇幅较长的作品而言,一个段落的结束,只表明情绪或速度的变换,而不是作品结束。

一般按照国际惯例,观看戏剧时每一幕完结时鼓掌;观看芭蕾舞则可以在演出中间,一段独舞或双人舞表演之后鼓掌;听音乐会则只能在一曲终了之后才能鼓掌,不可在中间稍有停顿时鼓掌。只有在演出结束时,掌声才可以经久不息。在演出全部结束后,应当起立鼓掌,待全体艺术家谢幕退场后再离开座位,按顺序退场。为了对精彩的演出表示赞赏和感谢,可在谢幕时给演员送花。艺术家有可能会因观众掌声热烈而返场并加演曲目,但是期待艺术家返场只能用持续、热烈的掌声表达,千万不能大喊"再来一个",强行要求返场。

3. 不可交谈议论

观看演出时,不宜与同伴交谈或对艺术家发表议论,尤其不宜交谈与演出无关的内容。如果有话要谈,可以在演出开始前、中场休息时或在演出结束后进行。也不要一时高兴跟着哼唱或手舞足蹈,这是非常失礼的行为。

4. 不可饮水进食

随身携带的食品、饮料、塑料袋等不可以带入剧场,需要寄存,待演出结束后取回。严禁在演出厅内饮水和进食。因为吃东西发出的响声,哪怕是很细微的声音,都会影响到其他观众。

5. 不可阻挡他人视线

在观看演出过程中,不要阻挡他人视线。无论两人关系多么亲密,也不要把头靠在一起;再冷也不能戴着帽子观看;不要把头发盘得过高;也不可东张西望。

思考题:

1. 拜访的礼仪主要有哪些?

2. 接待的礼仪主要有哪些?

3. 去医院探望病人时要注意哪些礼仪?

4. 馈赠时该如何挑选礼物?

5. 参加舞会时应遵守哪些礼节?

6. 去剧场观看演出时应注意哪些礼节?

案例分析题：

　　北方人王芳跳槽到上海一家公司工作。在一次体检中，她的上司张经理查出患有癌症住进医院。一天下班后，王芳挑选了一盒进口苹果去探望张经理。推开病房门，王芳看见张经理站在窗前看书，她便一脸惊讶地说："张经理，您得了这么重的病，怎么不躺着好好休息？"张经理一脸疑惑："是吗？我到底得了什么病啊？"这时，王芳才意识到说漏了嘴。她只好支支吾吾地说："其实也没什么大病，你很快就会痊愈出院的……"一会张经理妻子走进来，一看王芳拿的是苹果，脸色马上变得非常不自然，让王芳早点回去。

　　王芳走后，本来情绪好好的张经理像变了个人一样，整天躺在床上，两眼盯着天花板看。

　　问题：王芳在探望病人时有何失礼之处？探望病人时该如何做比较好？

第七章 餐饮礼仪

　　万通地产董事长冯仑和他长江商学院 CEO 班的同学去香港参加著名商人李嘉诚先生的宴请。冯仑在其《野蛮生长》中记录了当时的情景和感受：

　　一个月前我去香港,和李嘉诚吃了一次饭,感触非常大。李先生 76 岁,是华人世界的财富状元,也是大陆商人的偶像。大家可以想象,这样的人会怎么样? 一般伟大的人物都会等大家到来坐好,然后才会缓缓过来,讲几句话,如果要吃饭,他一定坐在主桌,有个名签,我们企业界 20 多人中相对伟大的人会坐在他边上,其余人坐在其他桌,饭还没有吃完,李大爷就应该走了。 如果他是这样,我们也不会怪他,因为他是伟大的人。

　　但是我非常感动的是,我们进到电梯口,开电梯门的时候,李先生在门口等我们,然后给我们发名片,这已经出乎我们意料——就是李先生的身家和地位已经不用名片了! 但是他像做小买卖一样给我们发名片。发名片后我们一个人抽了一个签,这个签就是一个号,就是我们照相站的位置,是随便抽的。 我当时想为什么照相还要抽签,后来才知道,这是用心良苦,为了大家都舒服,否则怎么站呢?

　　抽号照相后又抽个号,说是吃饭的位置,又为大家舒服。最后让李先生说几句,他说也没有什么讲的,主要和大家见面,后来大家鼓掌让他讲,他就说我把生活当中的一些体会与大家分享吧。然后看着几个老外,用英语讲了几句,又用粤语讲了几句,把全场的人都照顾到了。他讲的是"建立自我,追求无我",就是让自己强大起来要建立自我,追求无我,把自己融入到生活和社会当中,不要给大家压力,让大家感觉不到你的存在,来接纳你、喜欢你、欢迎你。之后我们就吃饭。我抽到的正好是挨着他隔一个人的位子,我以为可以就近聊天,但吃了一会儿,李先生起来了,说抱歉我要到那个桌子坐一会儿。后来,我发现他们安排李先生在每一个桌子坐 15 分钟,总共 4 桌,每桌都只坐 15 分钟,正好一小时。临走的时候他说一定要与大家告别握手,每个人都要握到,包括边上的服务人员,然后又送大家到电梯口,直到电梯关上才走。这就是他的追求无我,显然,在这个过程中他都做到了。

启　　示

细节往往决定胜败,问题的关键不是细节的行为本身,而是它所反映出来的背后世界。李嘉诚先生的几个细节:在电梯口等候大家并发名片,抽号码照相、决定桌次,分别用普通话、粤语、英语讲话,轮流在每张桌子上坐 15 分钟。每个人都渴望被关注,都希望被平等地对待,李先生对此把握得极有分寸,让在场的每个人都感到舒服。

 学习目标

1. 掌握宴请的准备工作;

2. 理解宴请中的礼节;

3. 掌握中、西餐进餐礼仪;

4. 理解烟酒、饮茶、咖啡礼仪;

5. 了解自助餐、酒会礼仪。

我们在社交活动中必须掌握餐饮的基本特点和礼仪要求。不论是作为主人还是作为客人,掌握了餐饮过程中的各种规则和要求,才能应付自如,优雅得体。一般而言,中式宴请比较重视菜肴的质和量,主客方的身份地位;西式宴请则更强调进餐时的气氛、环境、衣着以及人际交往等,更注重精神享受。

第一节　宴请主办方的礼仪

在公关社交活动中,迎来送往,拜贺致意,都离不开各种宴请。作为宴请主办方,要在策划、规格、准备、礼仪、安全等方面考虑周全,以便给整个宴请活动营造一种祥和、欢快、轻松的气氛,既给人以美的享受,又达到宴请的目的。

一、宴请的准备

为使宴请达到预期的效果,必须认真做好相关的准备工作,尤其是涉及团体的公务活动,甚至和企业利益密切相关的,更应如此。

(一)确定宴请的规格种类

1. 宴请的类型

国际上通用的宴请形式主要有以下几种,每种形式都有特定的规格和要求。

(1)宴会。是指盛情邀请贵宾餐饮的聚会,按其隆重程度、出席规格,可分为国宴、正式宴会和便宴。按举行时间,又有早宴、午宴和晚宴之分,一般说来,晚宴较之早宴和午宴更为正式、隆重。宴会对着装、时间的要求比较高,往往同时邀请配偶。

1)国宴。这是国家元首或政府首脑为国家的庆典,或为外国元首、政府首脑来访而举行的正式宴会,因而规格最高。国宴需要根据礼宾次序安排座次,宴会厅内挂国旗。宾主入席后,乐队奏国歌,主人和主宾先后发表讲话或致祝酒辞。乐队要在席间奏乐。

2)正式宴会。正式宴会除了不挂国旗,不奏国歌以及出席人员级别不同外,其余的安排大体与国宴相同,也需要排席位,有时也安排席间奏乐。许多国家对正式宴会十分讲究,所以往往在请柬上注明服饰要求。

3)便宴。便宴即非正式宴会,常见的有午宴和晚宴,有时也举行早宴。便宴简便、灵活,可以不排席位,不作正式讲话,菜肴可丰可俭。便宴气氛轻松、亲切,便于交往和交谈。

4)家宴。这是生活中很常见的宴请类型,即在家中设宴招待客人,以示亲切友好,西方人也是如此。家宴往往由家中烹饪技术擅长者下厨,家人共同招待。

(2)招待会。是指各种不配备正餐的宴请类型,一般备有食品和酒水,通常不排固定的席位,可以自由活动。招待会对着装无特别要求,有些在时间上也比较随意。常见的有冷餐会和酒会。

1）冷餐会。这种宴请形式的特点是不排席位，菜肴以冷食为主，故称冷餐会，但也可辅之以热菜，连同餐具陈设在菜桌上，供客人自取。客人可自由走动，也可以多次取食。酒水可由服务员端送，也可陈放在桌上。地点可选择在室内，也可在院内和花园里。我国举行的大型冷餐招待会，往往用大圆桌，设座椅，主宾席排座位，其余各席不固定，食品与饮料事先摆放在桌上，招待会开始后，自行进餐，所以又称自助餐。

2）酒会。又称鸡尾酒会。这种招待会形式较为活泼，便于广泛接触交谈。招待品以酒水为主，略备小吃、菜点。不设座椅，仅设置小桌或茶几，便于出席者走动，举行时间在中午、下午和晚上均可。

（3）茶会。顾名思义就是请客人品茶，所以对茶叶、茶具的选用要十分考究。茶具一般用陶瓷器皿，不用玻璃杯，更不能用热水瓶代替茶壶。国外一般用红茶，略备点心和地方风味小吃。也有不用茶而用咖啡的，但仍以茶会命名，其内容安排与茶会基本相同。茶会是一种简便的招待形式，一般在下午四时左右举行，也有的在上午十时左右举行。地点通常设在客厅，厅内摆茶几、座椅，不排席位。但若是为贵宾举行的茶会，在入座时，主人要有意识地和主宾坐在一起，其他出席者可相对随意。

（4）工作餐。这是国际交往中常用的非正式宴请形式，主宾双方利用共同的进餐时间边吃边谈。工作餐按用餐时间可分为工作早餐、工作午餐和工作晚餐。这种宴请形式既简便，又符合卫生标准，特别是在日程活动紧张时，它的作用尤为明显。

这类活动一般只请与工作有关的人员，不请宴请对象的配偶。双方工作餐通常使用长桌，其座位与会谈桌座位安排相仿，以方便主宾双方在进餐过程中交谈。费用可以是邀请方支付，也可执行 AA 制，即主宾双方各付各的。

（二）确定宴请的目的和名义

企事业单位等应该首先明确宴请的目的，根据目的，选择相应的宴请形式。宴请时的名义可以是个人，也可以是集体的。大型活动一般以集体名义邀请；日常交往小型宴请，则可根据具体情况以个人名义或夫妇名义发出邀请。

（三）确定宴请对象、规格和范围

宴请对象、规格和范围的依据主要是宴请的性质、目的、主宾的身份、国际惯例及经费等。最好是主方单独宴请特定的一方，使对方感到受重视、受尊重。公关宴请如果请对方参加，应权衡己方与对方之间、对方相互之间的关系状况。因此在确定人选时，应列出名单，根据名单，对出席者的资料进行认真分析，作为最后确定人选的依据。邀请范围的确定应考虑政治因素、文化因素、民族习惯和国际惯例等，需要花功夫认真对待，如果漏列，则会产生严重的后果。

应向各部门经办人收集客人的名单，再请上司核定。正式的客人因各种原因无法出席，应有候补的人选。候补宾客名单也要经上司批准。在宴请前两三天，将完整的名单交给上司过目。

（四）确定宴请的时间、地点

宴请的时间应对主、客双方都合适，不要选择对方的重大节日、有重要活动或有禁忌的日子和时间。一般按照民俗惯例、主随客便的原则。

宴请的地点可分为两种情况：如果是政府部门正式的、很隆重的活动，一般安排在政府、议会大厦或宾馆内举行；其他单位宴请可按活动性质、规模大小、形式等实际可能而定。一般应考虑环境优雅、卫生良好、设施完备、交通方便的地方。

（五）发出邀请

宴会邀请一般都发请柬，内容包括聚会的名义、形式、时间、地点、主办单位或主办人姓名，以及着装要求、要求回函及其他说明等。请柬的信封上要工整地写上被邀者的姓名、职务及敬称。国际上习惯对夫妇两人发一张请柬。请柬通常提前一至二周发出，便于被邀请者早作准备。已经口头约定的通常还要补发请柬。

宴请时发出的请柬通常在左下角标明："需回函"，并印有回函的姓名和电话号码，或者印好回函卡并搭配信封，与请柬一起装入信封邮寄。西方宴会有时在请柬上说明："本请柬仅供阁下本人使用"、"提供接送服务"（喝醉酒的客人由在场的工作人员开车送回）、"打黑领带"（要求客人穿晚礼服）等等。

（六）制定菜单

宴请的菜谱可根据宴请规格，在规定的预算标准内安排。选菜不应以主人的喜好为标准，主要考虑主宾的口味喜好与禁忌。菜的荤素、营养、时令与传统菜，以及菜点与酒品饮料的搭配应力求适当、合理。地方上宜以地方有特色的食品招待，用本地名酒。有四类菜肴应优先考虑：有中餐特色的菜肴、有本地特色的菜肴、本餐馆的看家菜、主人的拿手菜。此外，安排菜单应照顾这些禁忌：宗教禁忌、地方禁忌、职业禁忌、个人禁忌。

菜单经主管或领导审查后即可印制。菜单一般一桌备二至三份,至少一份。

(七) 安排席位

较为正式的宴会,就需要安排好桌次和席次,这使邀请活动井然有序,也是对来宾的重视和尊敬。总的原则,既要按礼宾次序原则作安排,又要有灵活性,使席位安排有利于增进友谊和席间的交谈方便。正式宴会在请柬上应注明席次号。

国际规则,桌次高低以离主桌位置远近而定,右高左低。桌数较多时,要摆放桌次牌。

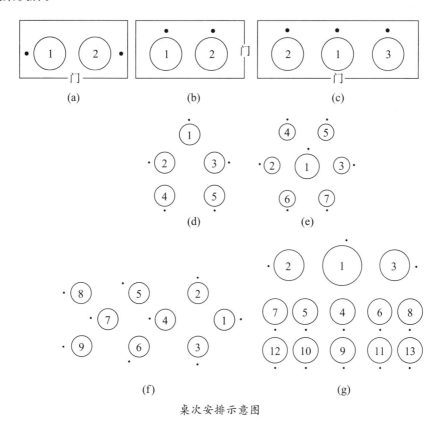

桌次安排示意图

同一桌上,席位高低以离主人的座位远近而定。外国习惯,男女掺插安排,以女主人为准,主宾在女主人右上方,主宾夫人在男主人右上方。我国习惯按个人本身的职务排列,以便于谈话,如夫人出席,通常把女方排在一起,即主宾坐男主人右上方,其夫人坐女主人右上方。

排列便宴的席位时,可按照以下原则安排:右高左低、中座为尊、面门为上、观景为佳、临墙为好。

例1：长桌，邀请夫妇出席的宴会，主人坐两头。

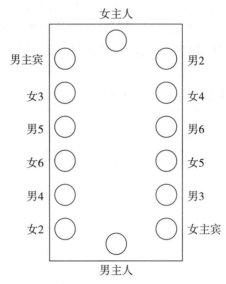

长形桌席次安排示意图

例2：圆桌，主宾带夫人，有译员，我国多采取此种排法。

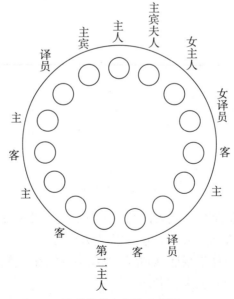

圆形桌席次安排示意图

例3：椭圆桌，邀请夫妇出席的宴会，主人在中间。

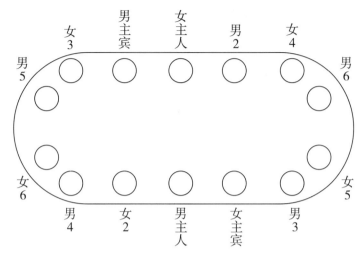

椭圆形桌席次安排示意图

（八）布置现场

宴会厅和休息厅的布置，取决于活动的性质和形式。政府部门正式活动场所的布置，应该严肃、庄重、大方，不宜用霓虹灯作装饰。可以用少量的鲜花（以短茎为佳）、盆景、插花作点缀。如果配有乐队演奏席间乐，乐队不要离得太近，乐声宜轻。最好能安排几曲主宾家乡乐曲或他（她）喜欢的曲子。

一般来说，宴会可用圆桌，也可用长桌或方桌，一桌以上的宴会，桌子之间的距离要适当，各个座位之间也要距离相等。冷餐会的菜台用长方桌；酒会一般摆设小圆桌或茶几。宴会休息厅通常放小茶几或小圆桌。

（九）餐具的摆放

根据宴请的人数和酒、菜的数量应准备足够的餐具。餐桌上的一切用品都应清洁卫生，桌布、餐巾都应浆洗洁白熨平。玻璃杯、酒杯、筷子、刀叉、碗碟等在宴会之前应洗净擦亮。

1. 中餐具的摆放

中餐用筷子、盘、碗、匙、小碟等。小杯放在菜盘上方。右上方放酒杯，酒杯数与所上酒的品种相同。餐巾叠成花插小水杯中，或平放于菜盘上。我国宴请外国宾客，除筷子外，还摆上刀叉。酱油、醋、辣油等佐料，通常一桌数份。公筷、公勺应备有筷、勺座，其中一套放于主人面前。餐桌上应备有烟灰缸、牙签。

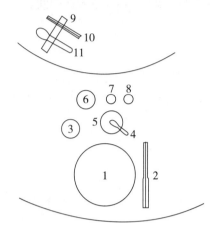

说明：1. 垫盘（搁碟）　2. 筷子　3. 餐巾（啤酒）杯　4. 汤匙　5. 菜碟
6. 白葡萄酒杯　7. 红葡萄酒杯　8. 白酒杯　9. 搁架　10. 公筷　11. 公勺

中餐具摆放示意图

2. 西餐具的摆放

西餐具有刀、叉、匙、盘、杯等。刀分食用刀、鱼刀、肉刀、奶油刀、水果刀，叉分食用叉、鱼叉、龙虾叉，匙有汤匙、茶匙等，杯有茶杯、咖啡杯、水杯、酒杯等。宴会上有几道酒，就配有几种酒杯。公用刀叉尺寸一般大于食用刀叉。西餐具的摆法是：正面放食盘（汤盘），左手放叉右手放刀，汤盘上放着酒杯，餐巾插在水杯内或摆在食盘上，面包奶油盘在左上方。

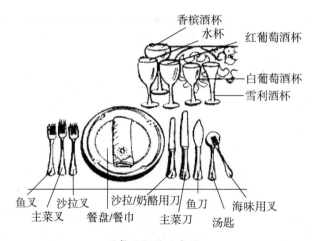

西餐具摆放示意图一

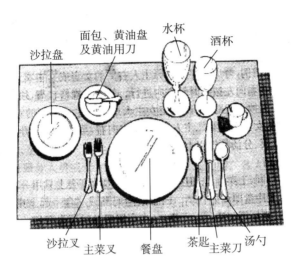

西餐具摆放示意图二

二、宴请中的礼节

国际惯例的宴请有以下程序：迎接、小憩、开宴、致辞、宴会、宴毕、休息、告辞。公关人员经常要协助上司举办各类宴会。正式宴请应该完全符合社交礼仪规则。准备宴会需要精心、细心和耐心，对参加宴会的每一位客人都应彬彬有礼，温和体贴，不让任何人受到冷落。应准备一份备忘录，自始至终留意细节问题，并列出需要解决落实的事项。

（一）迎接宾客

在宾客到达时，主人应热情迎接，主动招呼问好，服务员帮助来宾脱、挂外套、帽子。

（二）引宾入席

主宾及客人抵达后，主人要按照先女宾后男宾，先主宾后一般来宾的顺序，逐一介绍，互相认识了解，以增进宴会的友好气氛。

主方招待人员引宾客进入休息厅或直接进入宴会厅。休息厅内应有身份相应的人员陪同、照料客人，服务人员及时递送饮料。主人陪同主宾进入宴会厅主桌，接待人员随即引导其他宾客相继入厅就座，宴会即可开始。如果酒店没有休息厅，按预先安排好的座位，引导客人入座。客人落座后，主人要按时开席。

（三）致辞和祝酒

正式宴会一般都有致辞，但安排的时间各国不尽一致，有的一入席双方即致辞。我国一般习惯于正式宴会在热菜之后甜食之前由主人致辞,接着由客人致答词。致辞时,服务人员要停止一切活动,参加宴会的人员都应暂停饮食,专心聆听,以示尊重。冷餐会和酒会讲话时间则更显灵活,致辞完毕则祝酒。因此,服务人员在致辞行将结束时应迅速把酒斟足,供主人和主宾等祝酒用。

主人一般依次向所有客人祝酒,或按桌敬酒,不能顾此失彼。按中餐习惯,每一道菜上桌,主人应举筷请各位客人品尝,也可用公筷公勺为主宾布菜。宴会中,主客双方应交谈彼此感兴趣的话题,增进友谊,话题避免涉及个人隐私及对方避讳的事情。宴会中不宜涉及具体或敏感问题,以免陷入僵局,不欢而散。

(四)侍应顺序

按照国际惯例,侍应顺序应从男主人右侧的女宾或男主宾开始,接着是男主人,由此自右向左按顺时针方向进行。如宴会规格较高,须由两人担任侍应,其中一人按上述顺序开始,至女主人或第二主人右侧的宾客为止;另一侍应人员从女主人或第二主人开始,依次向右,至前一侍者开始的邻座为止。上菜、派菜、分汤都按以上顺序进行。

(五)斟酒

与上菜不同,上菜在左,但斟酒在右。大多数宴会上只用一种酒。中式宴会从开始上冷盘即开始饮酒。西餐酒随奶酪或甜食一起上桌,酒瓶放在男主人面前,酒杯可与酒同时上桌,或在布置餐具时预先摆好。男主人会在自己的椅子上,先为右侧客人斟酒,然后自己斟一杯,再把酒瓶按顺时针方向递给左侧客人各自斟酒。

倒酒时,应一手执瓶身,一手扶瓶侧,面带微笑、全神贯注地将酒慢慢倒入对方杯中。斟啤酒,应让泡沫溢至杯口;甜酒宜倒至杯的八成;白酒或烈性酒宜倒至杯的三分之二。别人为你斟酒,你应一手持杯,一手扶住杯底,微笑对人并轻声道谢。

(六)宴会结束的工作

宴会在主人与主宾吃完水果后起立时,即告结束。此时,服务人员应将主宾的座椅向后稍移,以便宾客离席,或留下抽烟、叙谈,或进入休息厅休息,此时可上茶或咖啡。宴请结束,主人同主宾及客人亲切话别,如有礼物互赠时,应认真对待赠礼与回礼。当众赠送的礼物,应统一规格,以免产生误会,主人应亲自送客出门或送上车。

第二节　应邀出席宴会的礼仪

宴请成功与否,除了主人招待周到、热情外,客人的密切配合是其中的重要因素。在接到邀请后,对能否出席应尽早答复对方。接受邀请后不宜随意改动,如果因故不能应邀出席,必须尽早通知对方,并致歉意。参加宴请应遵守相应的礼仪规范。

一、及时给予答复

收到宴会请柬后,应及时答复主人能否出席,以便主人安排席位。如果请柬上注明"R. S. V. P"(法文缩写,敬请赐复)的,无论出席与否都要尽快答复;对注明"REGRETS ONLY"(不能出席时请答复)的,如不能出席时也应该尽早答复;有的是口头已约妥再发书面请柬的,请柬上注明"TO REMIND"(备忘)的,可不用答复。答复的方式是电话和回复便函两种。接受邀请后不可随意改动,如有特殊情况确实不能出席的,应尽早与主办方道歉、解释,或写信表示歉意。

二、选择合适赴宴服饰

女性应穿礼服赴宴,一般为连衣裙,佩戴饰物即可,但应选择轻软而富于光泽的衣料,用黑、红、白等纯色为宜。鞋应选择高跟鞋,皮包与鞋应是同样质感,最好配套。皮包的大小不超过二个手掌宽度,手拿式最优雅。佩带的饰品包括耳环、手镯、项链、戒指、发饰等,也应配套。白天赴宴应选用香味较浓的香水,夜晚则应选用香味优雅的香水。男性应考虑宴会的地点、时间、形式而定,穿无尾的半正式礼服或成套西服。

三、掌握出席时间准时抵达

作为宾客,应准时到达宴请地点,过早或过迟都是不礼貌的,即使早到也只能提前5分钟左右。迟到和提前无故退场等均被视作失礼之举。

如果主人在门口恭候,赴宴者应走过去与主人握手、问好、致意,并随主人或迎宾人员的引导,步入休息厅或宴会厅。如果是单独到达,则应先到衣帽间挂大衣和帽子,然后前往主人的迎宾处,向主人问好。如果是节日活动,应表示祝贺,也可以按照宴请的性质和当地的习惯,赠送花束和花篮。

四、入座的礼节

一般由服务人员或女主人（主人）引导客人入席。各人应按座位的姓名卡入座，不可随意乱坐。见到熟人应落落大方地打招呼，对生人则应礼貌地微笑致意。如果与上司同行，还应为上司作介绍。等主人入座后，才能从椅子的左方入座。坐姿要端正、自然。入座后不要东张西望，应姿态优雅地和邻座的上司或客人轻谈几句，或者神态安详地倾听别人的谈话。

五、交谈和祝酒的礼节

参加任何宴会，无论处于何种地位，都少不了与同桌人交谈，特别是左右邻座。如互相不认识，可先作自我介绍。

祝酒需要了解宴会的性质，为何人何事祝酒，特别要了解对方的祝酒习惯，以便做必要的准备，使祝酒词不失高雅而具有针对性。碰杯时，主人和主宾先碰，如配合上司赴宴，公关人员应在上司之后与对方碰杯，碰杯时应目视对方以示敬意。人多时可同时举杯示意，不一定每杯必碰。宴会上的相互敬酒，可活跃气氛，但要适度。

第三节　中西餐进餐礼仪

一、中餐进餐礼仪

中餐是我国传统饮食文化的重要组成部分。中餐吃法不同于西餐那样一人一份，各吃各的，中式菜讲究"同食共餐"，大家在一个盘里吃菜，主人为客人夹菜、劝酒，席间自然产生和谐融洽的气氛，有利于增进各方的友谊。

（一）用餐前的礼仪

中餐和西餐一样，也有桌次和席次的排列，并分别注明。如果是小型邀请，没有设置席位卡，则应该按照以下规则入席：如果出席者都是平辈，年长者在前，年幼者在后。宾主人数超过两桌时，主人应坐第一桌首席；如果出席者辈分有高低，则按照辈分高低依次入座。

（二）用餐时的礼仪

1. 用餐时要注意吃相的文雅

应先用公筷或汤匙将所需菜肴取到自己的餐盘中，然后用自己的筷子慢慢食用。要小口进食,以食物就口,不可将口就食物。不要大口地往嘴里塞食物,狼吞虎咽极不雅观。食物带汁,不能匆忙送入口,而应该用汤勺接一下,以免汤汁滴在桌布上造成尴尬。咀嚼食物要闭上嘴,喝汤或羹不能发出声音。如果汤或菜太烫,切忌用嘴吹,可待稍凉后吃。不要把盘内的食物翻来翻去,嘴里的鱼刺、骨头等不能直接吐在桌面上,应用筷子或手接住,放在骨盘里。用毕汤匙,应放在自己的碟盘中,不能直接放在桌布上。

口里有食物时或对方在咀嚼食物时,不宜与人讲话或敬酒。离自己较远的调味品或菜肴,不要站起来伸手去取,更不应越过别人的头伸长了手去取,可等中间活动桌面转过来再取,或请邻座帮助传递。自己面前的菜盘里不宜一次盛菜过多。如果侍者分菜,一般是一人一份,不宜再要求添菜。当别人夹给你不喜欢吃的食物时,一般不能拒绝,而应取少量放在自己的盘内,说声:"谢谢,够了"。不想再添酒时只要稍稍做个挡住酒杯的手势表示一下,不可用手蒙住杯口或将酒杯倒扣在桌上。

用餐时狼吞虎咽或发出声音,口内含有食物和人说话是极不雅观的。席间如遇到意外情况,如将汤汁翻溅在邻座身上了,应保持沉着,一边表示道歉,一边帮助擦干。如果别人弄脏了你的衣裙,不应责怪别人,而应说:"没关系",随即去洗手间擦洗一下。

宴会进行中,客人应注意自己的仪态举止。当主人或其他客人讲话、敬酒时,应停止进食,专心恭听。进食时要注意自己的仪态,不要猜拳行令,也要避免或控制出现失态行为,如打喷嚏、打饱嗝、吐痰等。饮酒时,不要逼酒和灌酒。

2. 中餐筷子的使用应符合礼节

(1) 筷子不宜握得太高或太低,上端露出手背三四厘米比较合适,握筷子时各个手指应轻松自然地贴在一起。

(2) 不能用筷子在菜盘里胡乱翻动选菜或在汤中洗刷。

(3) 每次夹菜不要太多。

(4) 不要在夹菜途中滴汤滴水。

(5) 不要用嘴吸吮筷子上的汤汁,更不能吮出声音。

(6) 不能用筷子敲打盆碗。

(7) 不要在说话时用筷子指指点点。

(8) 不要在拿筷子的同时又持匙。

3. 进餐时的举止要得体

进餐速度应和大家保持一致,最好与男女主人同步,不要显得太急或太慢,要从容不迫。

如有食物嵌牙，切忌用手指抠牙，应该用牙签，并用另一手或餐巾、餐巾纸遮掩。尽量避免面对餐桌咳嗽、打喷嚏或打饱嗝，万一来不及失礼了，应马上说"对不起"或"很抱歉"。

如要整理衣服、宽衣解带或吐痰等，应去盥洗室，尤其是女士若要整装打扮，应去衣帽间或洗手间，切勿在餐厅当众打扮。

不要在酒宴上评论或附和别人对某人的议论，也不可评论菜肴的优劣，也不宜在酒宴上独坐孤芳自赏，更不可一手持酒瓶、一手拿酒杯与人逞强好胜对酒，与上司在一起时更应避免。

宴会进行中，由于不慎，发生异常情况，例如用力过猛，使刀叉撞击盘子，发出声响，或餐具摔落地上，或打翻酒水等等，应沉着不必着急。餐具碰出声音，可轻轻向邻座（或向主人）说一声"对不起"。餐具掉落可由招待员送一副。酒水打翻溅到邻座身上，应表示歉意，协助擦干；如对方是异性，只要把干净餐巾或手帕递上即可，由其自己擦干。

4. 进餐过程中要注意人际交流

赴宴不仅仅是去享受美食，更重要的是参与人际交往。因此，宴会中自始至终应注意与人们的交往。但当主人或主宾致祝酒词时，应暂停交谈，也不要进餐或趁机抽烟，要注意倾听，尽量多了解情况。

（三）宴会结束时的礼仪

宴会结束告辞时，应有礼貌地向主人道别，可感谢主人的热情款待，也可称赞宴会的成功。餐桌上的东西，除主人特别声明是纪念品外，其他物品都不宜拿走。

出席正式宴会一般不可中途退席，如确实有事需提前退席，应事先向主人说明，到时再告别悄悄离去，不必惊动太多其他客人。通常主宾和女宾先告辞，其他客人再告辞。席间如有别的客人还未离开，也要向他们道别。告别时男士躬身致意，女子点点头即可。

二、西餐进餐礼仪

（一）西餐的"4M 原则"

西餐的"4M 原则"是指：Menu，精美的菜单；Mood，迷人的气氛；Music，动人的音乐；Manners，优雅的礼节。西餐宴会自始至终都要贯穿这四个原则。

（二）吃西餐的礼仪

1. 入席的礼节

赴西式宴会应首先向女主人打招呼，然后再转向男主人。因为西餐上一切以女主人的行动为准。女主人如起立迎宾,或举杯祝酒,大家都应陪同起立,举杯,以示尊敬。女主人的右边是男主宾,男主人的右边则是女主宾。男宾入席如果发现左边有女宾时,应替女宾拉开椅子,待其入座后,自己方可坐下,女宾此时也应表示感谢。

2. 餐巾的用法

入座后,不可玩桌上的酒杯、盘碗、刀叉等餐具。当主人示意用餐时,可将餐巾拉开平铺在自己的双腿上。如在中途需要暂时离开座位,可将餐巾稍微折一下放在椅子上;如用餐完毕,将餐巾放回桌上,不能将餐巾放在椅子上。餐巾可擦拭嘴唇和嘴角,也可擦干手指,但不可用来擦刀叉或碗碟。

3. 刀叉的使用

(1)餐桌上摆放的刀叉有一定顺序,一般以三套刀叉居多,用餐时由外向内依次取用。冷盘用叉,吃鱼用银刀叉,吃肉用钢刀叉,吃生菜用叉,布丁或点心用叉或匙,水果用刀叉。

(2)刀叉的用法分美式和欧式两种。美式用法是切完肉把刀放在盘子上,叉子从左手换到右手,然后用叉子叉起切好的肉。欧式用法则始终为左手拿叉,右手拿刀。可以用刀子往叉子上放食品。

(3)将食指伸直按住叉子的背部;刀子除了与叉子同样拿法外,还可以用拇指与食指紧紧夹住刀柄与刀刃的接合处。以叉子压住食物的左端,固定,顺着叉子的侧边以刀切下约一口大小的食物后,然后用叉子送入口中。注意,将刀子拉回时不可用力,而是在往前压下时用力,这样才能利落地将食物切开。使用刀时,刀刃不可向外。

(4)用餐过程中,如未吃完,请把刀叉放在盘的两侧,摆放方法是叉在左边面朝下,刀在右边与叉呈"八"字形排列;用餐完毕,刀和叉应并排放在盘子的右边或中间,以示意服务员收去。

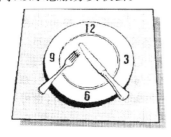
a.用餐过程中刀叉摆放式

b.用餐完毕刀叉摆放式

用餐中餐具摆放示意图

（5）如果是谈话，可以拿着刀叉，无需放下。不用刀时，也可以用右手持叉，但若需要做手势时，就应放下刀叉，千万不可手执刀叉在空中挥舞摇晃，也不要一手拿刀或叉，而另一只手拿餐巾擦嘴，也不可一手拿酒杯，另一只手拿叉取菜。要记住，任何时候，都不可将刀叉的一端放在盘上，另一端放在桌上。

（6）当盘子内的细碎食物聚集时，可利用刀子挡着，再以叉子靠近舀起。

（7）可以利用刀子刮取调味酱，再以汤匙或调味酱用汤匙将食物与调料一起送入口中。

（8）如果是左撇子，在吃的时候可将刀叉互相更换使用。

4. 汤匙的用法

汤匙专门用于喝汤，不宜用来进食，但可以与叉并用，帮助叉盛取食物。喝汤时应用右手持匙，左手扶着盘子，由自己一方向桌中心方慢慢舀去；喝剩少许时，应用左手把汤盘靠近自己一边方向稍稍提起，再用汤匙轻轻地由里向外舀去。喝完以后，汤匙应匙心向上放在盘子里，匙柄位于盘子右边缘外。

5. 就餐的礼节

西餐的菜肴由左边上，饮料由右边上。大型宴会通常由侍者用大托盘托着菜肴至宾客面前，由宾客自己取食。一个人取完后再传给旁边的人。取菜时量不宜过多，如需要可再取。面包等食物放在大盘子里根据需要自取，并可在进餐中任何时候食用。正式西餐的上菜顺序是：头盘——汤——鱼或肉——蔬菜沙拉或奶酪——甜食或水果——咖啡或茶。

（1）头盘。也称为开胃品。有冷头盘或热头盘之分，常见品种有鱼子酱、鹅肝酱、熏鲑鱼、鸡尾杯、奶油鸡酥盒、焗蜗牛等。开胃菜一般都具有特色风味，味道以咸和酸为主，而且数量较少，质量较高。

（2）汤。西餐的汤大致可分为清汤、奶油汤、蔬菜汤和冷汤等4类。品种有牛尾清汤、各式奶油汤、海鲜汤、美式蛤蜊汤、意式蔬菜汤、俄式罗宋汤、法式焗葱头汤。冷汤的品种较少，有德式冷汤、俄式冷汤等。

喝汤不能发出声音，用汤匙应从内向外舀着喝，千万不要端起汤盘直接喝。喝汤时可以吃面包，面包通常与黄油、果酱搭配，吃时将面包掰成几小块，抹上黄油，用手拿着吃。不要拿着整个面包咬着吃，应抹一块，吃一块。吃意大利面时可叉子、调羹并用，用叉子慢慢挑起少量（四五根）面条，将其绕在叉齿上成团状，同时以调羹辅之，即可方便地进食。

（3）副菜。鱼类菜肴一般作为西餐的第三道菜，也称副菜。包括各种淡、海水鱼类、贝类及软体动物类。通常水产类菜肴与蛋类、面包类、酥盒菜肴品均称为副菜。因为鱼类等菜肴的肉质鲜嫩,比较容易消化,所以放在肉类菜肴的前面。吃鱼菜肴讲究使用专用的调味汁,品种有鞑靼汁、荷兰汁、酒店汁、白奶油汁、大主教汁、美国汁和水手鱼汁等。

鱼肉极嫩易碎,因此餐厅常不备餐刀而备专用的汤匙。这种汤匙比一般喝汤用的稍大而且较平,不但可切分菜肴,还能将菜和调味汁一起舀起来吃。若要吃其他混合的青菜类食物,还是使用叉子为好。对于鱼骨头,首先用刀在鱼鳃附近刺一条直线,刀尖不要刺透,刺入一半即可。将鱼的上半身挑开后,从头开始,将刀放在骨下方,往鱼尾方向划开。把骨剔掉并挪到盘子的一角。最后再把鱼尾切掉。

(4)主菜。肉、禽类菜肴是西餐的第四道菜,也称为主菜。肉类原料取自牛、羊、猪、小牛仔等各个部位的肉,最有代表性的是牛肉或牛排。牛排按其部位又可分为沙朗牛排(也称西冷牛排)、菲利牛排、"t"骨型牛排、薄牛排等。配用的调味汁主要有西班牙汁、蘑菇汁、白尼斯汁等。禽类原料取自鸡、鸭、鹅,通常将兔肉和鹿肉等也归入其中,主要的调味汁有黄肉汁、咖喱汁、奶油汁等。

牛排的生熟程度称"几成熟",一般有一成熟(RARE)、三成熟(MEDIUM RARE)、五成熟(MEDIUM)、七成熟(MEDIUM WELL)、全熟(WELL DONE)。无论是牛排、羊排、猪排还是鱼在西餐中一般都是大块的,都要用刀叉将其切成小块,边切边吃,不要一口气都切成小块后再吃,也不要用叉子将整块肉夹至嘴边,边咬边吃。吃鸡或龙虾可以用手,小鸡、鹌鹑、田鸡的腿骨头很小,可用手抓着吃,也可用叉子,但骨头需用手指从口中取出。西餐中的鱼一般都已去了骨刺,吃起来很方便,对少量小刺,应用手捏出放在盘子上,不能直接往盘中吐。

(5)蔬菜类菜肴。蔬菜类菜肴安排在肉类菜肴之后,或与肉类菜肴同时上桌,是一种配菜,称为沙拉。搭配主菜的沙拉称为生蔬菜沙拉,一般用生菜、西红柿、黄瓜、芦笋等制作。还有一类是用鱼、肉、蛋类制作的,一般不加味汁。还有一些蔬菜是熟食的,如花椰菜、煮菠菜、炸土豆条。

对沙拉中大块(片)的蔬菜,可用叉或刀切成小块(片)。对沙拉中的豌豆可以左手持叉,右手持刀,用刀把豌豆推到叉子上。而美国的吃法干脆就用叉子舀着吃。

(6)甜品。甜品是主菜后食用的。包括所有主菜后的食物,如布丁、煎饼、冰淇淋、奶酪、水果等。甜点与水果蛋糕、西饼用小甜食叉子吃,冰淇淋、布丁等用甜点调羹。若是未加工的水果,以刀叉配合使用:梨或苹果不能整个去皮,应用刀先切成四到六块,削皮去核后再吃;香蕉应先剥皮,再切成数段食用。在没

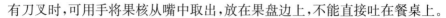
有刀叉时,可用手将果核从嘴中取出,放在果盘边上,不能直接吐在餐桌上。

(7)咖啡、茶。最后一道是饮料,咖啡或茶。饮咖啡一般要加糖和淡奶油。喝咖啡时以右手拿杯把,左手端小碟,也可以只端杯子,将小碟留在台上,喝完一口后把杯子放回碟上。咖啡匙仅用于搅拌,用完即放回碟内,不能用匙舀着喝。饮用中国的绿茶、薄荷茶不加任何东西,如果是印度茶、黑茶或英国红茶则可以加少量的奶和糖。

三、烟酒礼仪

(一)烟的礼仪

在宴会和日常交际应酬中,香烟仍然扮演着重要的角色。宴席上除了准备香烟外,还应该备上雪茄烟和烟灰缸。香烟的品种可有几种,以供不同习惯和爱好的宾客选用。烟盒要打开,或把烟支放在桌上的小碟里。现在提倡公共场所禁烟,因此,也可省去这一项目。需要吸烟的宾客,须征得旁人、特别是主人的同意,最好到专设的休息室或吸烟室去抽。在较隆重的宴会上,中餐要等到送来水果后才可抽烟,西餐要等上咖啡后才能抽烟。抽烟时烟蒂和烟灰一定不能扔在地上或弹在桌布上。

用烟招待客人是中国民俗中最普遍的礼俗。"敬烟"在我国是知礼懂事的行为表现。向向长辈敬烟要双手捧上;对长辈递来的烟要双手接过;在向女客人敬烟之前,要先问对方是否抽烟,这样才不会冒昧;对信奉伊斯兰教、基督教的人则不要敬烟;对不吸烟的客人不能"强行"劝吸;给客人递烟时要双手递上,别人向你"借"火时,最好将烟头朝内、烟嘴朝外地递出,既礼貌又避免烫伤别人。

(二)酒的礼仪

1. 敬酒

敬酒也就是祝酒,是指在正式宴会上,由男主人向来宾提议,提出某个事由而饮酒。在饮酒时,通常要讲一些祝愿、祝福的话或发表祝酒词。敬酒在饮酒过程中可随时进行。如果是致正式祝酒词,应在宾主入座后、用餐前开始。也可以在吃过主菜后、甜品上桌前进行。

在饮酒特别是祝酒、敬酒时进行干杯,需要有人率先提议,可以是主人、主宾,也可以是在场的人。提议干杯时,应起身站立,右手端起酒杯,或者用右手拿起酒杯后,再以左手托扶杯底,面带微笑,目视其他特别是自己的祝酒对象,嘴里同时说着祝福的话。

有人提议干杯后,要手拿酒杯起身站立。即使是滴酒不沾,也要拿起杯子做做样子。将酒杯举到眼睛高度,说完"干杯"后,将酒一饮而尽或喝适量。然后,还要手拿酒杯与提议者对视一下,这个过程就算结束。

在中餐里,干杯前,可以象征性地和对方碰一下酒杯;碰杯的时候,应该让自己的酒杯低于对方的酒杯,表示你对对方的尊敬。用酒杯杯底轻碰桌面,也可以表示和对方碰杯。当你离对方比较远时,完全可以用这种方式代劳。如果主人亲自敬酒干杯,应回敬主人,和他再干一杯。

一般情况下,敬酒应以年龄大小、职位高低、宾主身份为先后顺序,一定要充分考虑好敬酒的顺序,分清主次。即使和不熟悉的人在一起喝酒,也要先打听一下身份或是留意别人对他的称号,避免出现尴尬或伤感情。既使你有求于席上的某位客人,对他自然要倍加恭敬。但如果在场有更高身份或年长的人,也要先给尊长者敬酒,不然会使大家很难为情。

如果因为生活习惯或健康等原因不适合饮酒,也可以委托亲友、部下、晚辈代喝或者以饮料、茶水代替。作为敬酒人,应充分体谅对方,在对方请人代酒或用饮料代替时,不要非让对方喝酒不可,也不应该好奇地"打破砂锅问到底"。

宴会上相互敬酒表示友好,活跃气氛,但切忌喝酒过量。喝酒过量容易失言,甚至失态,因此必须控制在本人酒量的三分之一以内。

2. 西餐中的酒礼仪

西式餐会用酒分餐前酒、进餐酒及餐后酒:

(1)餐前酒或称开胃酒,是在入席前请客人饮的酒,常有鸡尾酒、威士忌、马丁尼及啤酒等。另应备果汁及汽水、可乐等饮料。

(2)进餐酒或称佐餐酒,是上菜时配合菜肴用的酒,常用雪利、白酒、红酒、香槟等以及我国的黄酒、绍兴酒等。宴会中,如用中国酒时,主人最好多备几种酒,请客人自行选用。习惯上客人饮一种后,即不改饮其他种类,混饮两种或两种以上的酒时容易酒醉。若按西洋礼节,则全然不同。

正式宴会,每上一道菜,侍者即奉上一次酒,酒随菜而异。佐餐的葡萄酒,最重要的是要和菜肴相配。大致来分,肉类菜肴选配红葡萄酒;鱼类菜肴选配白葡萄酒。喝汤时可进雪利(约斟三分之一杯即可);吃鱼或海鲜时可进白酒以除腥气,腥味强的用较甜的白酒,斟酒亦以不超过酒杯的三分之二为宜;上肉类等主菜时可进红酒以去油腻,油腻重者即用较酸的红酒,用主菜时间较长,故可随饮随斟;上最后一道菜或甜品时即进香槟。

(3)餐后酒或称助消化酒,常用白兰地、雪利及薄荷酒等。

通常由侍者负责将少量酒倒入酒杯中,让客人鉴别一下品质是否有误。只需把它当成一种形式,喝一小口并回答"Good"。这时,不要动手去拿酒杯,而应把酒杯放在桌上由侍者来倒酒。

正确的握杯姿势是用三根手指轻握杯脚。为避免手的温度使酒温增高,应用大拇指、中指和食指握住杯脚,小指放在杯子的底台固定。

喝酒时绝对不能吸着喝,而是倾斜酒杯,像是将酒放在舌头上似的喝。轻轻摇动酒杯让酒与空气接触以增加酒味的醇香,但不要猛烈摇晃杯子。

此外,一饮而尽、边喝边透过酒杯看人、拿着酒杯边说话边喝酒、吃东西时喝酒、口红印在酒杯沿上等,都是失礼的行为。不要用手指擦杯沿上的口红印,用面巾纸擦较好。

在西餐里,祝酒干杯只用香槟酒,而且不能越过身边的人而和其他人祝酒干杯。

四、饮茶礼仪

饮茶,在我国不仅是一种生活习惯,更是一种源远流长的文化传统。"以茶待客"是最普及、最具平民性的日常生活礼仪。

西方常以茶会作为招待宾客的一种形式,茶会通常在下午 4 时左右开始,设在客厅之内。准备好座椅和茶几就行了,不必安排座次。茶会上除饮茶之外,还可以上一些点心或风味小吃,国内现在有时也以茶会招待外宾。

尽管不少国家有饮茶的习惯,但饮茶的讲究却有不同。日本人崇尚茶道,作为陶冶人的性灵的一种艺术。以茶道招待客人,重在渲染一种气氛。至于茶则每人小小的一碗,或全体参加者轮流饮用一碗,不能喝了一碗又一碗。

(一) 嗅茶、温壶、装茶礼仪

1. 主客坐定以后,主人取出茶叶,主动介绍该茶的品种特点,客人则依次传递嗅赏。

2. 泡茶要用茶壶,茶杯要用有柄的,不要用无柄茶杯,避免手与杯体、杯口接触。茶具一般应选择陶质或瓷质器皿。陶质器皿以江苏宜兴的紫砂茶具为佳。不要用玻璃杯,也不要用热水瓶代替茶壶。如用高杯(盖杯)时,则可以不用茶壶。有破损或裂纹的茶具是不能用来待客的。

3. 先将开水冲入空壶,使壶体温热。然后将水倒入各种茶盘中。

4. 用茶匙向空壶内装入茶叶,通常按照茶叶的品种决定投放量。切忌用手抓茶叶,要用专用的茶叶匙,以免手气或杂味混淆影响茶叶的品质。

5. 不同地区饮茶的习惯也不同。广东、福建、广西、云南一带习惯饮红茶,近几年受港澳台影响,饮乌龙茶的人也多了。江南一带饮绿茶比较普遍。北方人一般习惯饮花茶,少数民族地区,大多习惯饮浓郁的紧压茶。就年龄来讲,一般地说,青年人多喜欢饮淡茶、绿茶,老年多喜欢饮浓茶、红茶。不同情况下应准备不同的茶叶,但都应该有特色。

(二) 请茶、奉茶礼仪

1. 茶杯应放在客人右手的前方。请客人喝茶,要将茶杯放在托盘上端出,并用双手奉上。从客人的右后侧将茶杯递上去。茶杯就位时,杯耳要朝外,茶水斟到杯高的 2/3 为宜,当宾主边谈边饮时,要及时添加热水,体现对宾客的敬重。

2. 俗话说,"浅茶满酒",茶不要太满,以八分满为宜。水温不宜太烫,以免客人不小心被烫伤。

3. 招待众多客人的茶水应事先在客厅之外沏好,然后装入茶盘,送入客厅。为客人上茶时,手指不允许搭在茶杯边上,更不能粗枝大叶地用茶杯撞上客人身体,或是放在易于被碰翻的地方。

4. 上茶时应以右手端茶,从客人的右方奉上,并面带微笑,眼睛注视对方。

5. 有两位以上的访客时,先敬尊长者。用茶盘端出的茶色要均匀,并要左手捧着茶盘底部,右手扶着茶盘的边缘,如有茶点心,应放在客人的右前方,茶杯应摆在点心右边。

6. 若是客人较多,则应按照礼仪顺序,依据先客人,后主人;先主宾,后次宾;先女士,后男士的先后次序上茶。要是来宾较多,而且差别不大,则可以进门为起点,按照顺时针方向依次为之上茶。

7. 以咖啡或红茶待客时,杯耳和茶匙的握柄要朝着客人的右边,此外要替每位客人准备一包砂糖和奶精,将其放在杯子旁或小碟上,方便客人自行取用。

8. 选茶也要因人而异,如北方人喜欢饮香味茶,江浙人喜欢饮清芬的绿茶,闽粤人则喜欢酽郁的乌龙茶、普洱茶等。壶中茶叶可反复浸泡 3 至 4 次,客人杯中茶饮尽,主人可为其续茶,客人散去后,方可收茶。

9. 我国旧时有以再三请茶作为提醒客人应当告辞的做法,因此提醒大家在招待老年人或海外华人时要注意,不要一而再、再而三地劝其饮茶。

10. 喝茶的环境应该静谧、幽雅、洁净、舒适,让人有随遇而安的感觉。

(三) 饮茶礼仪

1. 喝茶时,客人要双手接过,点头致谢。

2. 品茶时,讲究小口品饮,而不能作"牛饮"态,一苦二甘三回味,其妙趣在于意会而不可言传,可适当称赞主人茶好。

3. 遇到漂浮在水面上的茶叶,可用茶杯盖拂去,或轻轻吹开。切不可以手从杯里捞出来扔在地上,也不要吃茶叶。

五、喝咖啡礼仪

喝咖啡最常见的地点主要有:客厅、餐厅、写字间、花园、咖啡厅、咖啡座等。饮用咖啡,除了其饮料自身的功能之外,更重要的是借以促进人与人之间的交际,展现个人的教养与素质。也就是说,在较为正式的场合饮用咖啡时,务必要在个人举止方面依礼而行,其中最主要的是,要在饮用的数量、配料的添加、喝的方法等三个具体方面多加注意。

(一) 饮用的数量

在正式场合喝咖啡,只是一种休闲或交际的陪衬、手段,所以最多不超过三杯。在喝的时候动作不应粗鲁。端起杯子一饮而尽,或是大口吞咽,喝得响声大作,都是失礼的。

(二) 配料的添加

有时需要往咖啡里加一些牛奶、糖块之类的配料。这时,应牢记自主添加,不越俎代庖给别人添加配料;文明添加,加牛奶的时候,动作要稳,不倒得满桌都是。添加方糖时用专用糖夹或糖匙夹取,放入汤匙内,最后放入咖啡杯中,不要直接取用,以免溅出咖啡。

(三) 喝的方法

正式场合,咖啡杯是放在碟子上一起端上桌的。碟子的作用,主要是用来放置咖啡匙,并接收溢出杯子的咖啡。握咖啡杯的方法是伸出右手,用拇指和食指握住杯耳后,再轻缓地端起杯子。不可双手握杯或用手托着杯底,也不可俯身就着杯子喝。洒落在碟子上面的咖啡应用纸巾吸干。在喝一些花式咖啡如泡味咖啡、摩卡咖啡时,应及时用纸巾把唇上沾到的奶油或泡沫擦掉。否则,极为不雅。如果坐在桌子附近喝咖啡,通常只需端杯子,不必端碟子。如果离桌子较远,或站立、走动时喝,应用左手把杯、碟一起端到齐胸高度,再用右手拿着杯子喝。这种方法既好看,又安全。

正式场合,咖啡匙的作用主要是轻轻搅动加入的牛奶、奶油或糖块。如果咖啡太烫,也可以用咖啡匙稍作搅动。要特别注意两条禁忌:

1. 不要用咖啡匙去舀咖啡喝;

2. 不用的时候,平放在咖啡碟里,不要立在咖啡杯里。

喝咖啡时为了不伤肠胃,往往会同时准备一些糕点、果仁、水果之类的小食品。需要用甜点时,首先要放下咖啡杯。在喝咖啡时,手中不要同时拿着甜点品尝。更不能双手左右开弓,一边大吃,一边猛喝。

喝咖啡时,要适时地和交往对象进行交谈。但应细声细语,不可大声喧哗,乱开玩笑,更不要和人动手动脚,追追打打。否则,只能破坏喝咖啡的现场氛围。不能在别人喝咖啡时,突然向对方提出问题而让其仓促说话。自己喝过咖啡要讲话前,最好先用纸巾擦擦嘴,免得让咖啡弄脏嘴角。

六、自助餐(冷餐会)、酒会礼仪

(一) 自助餐礼仪

自助餐礼仪,主要指以就餐者身份参加自助餐时需要遵循的礼仪规范。

1. 排队取菜,循序取菜

在就餐取菜时,必须自觉地维护公共秩序,讲究先来后到,排队选用食物。不能乱挤、乱抢、乱加队,更不允许不排队。取菜前先准备好一只食盘,轮到自己取菜时,应以公用餐具将食物装入自己的食盘内,然后迅速离去,切勿让身后之人久等。

取菜时的标准顺序依次是:冷菜、汤、热菜、点心、甜品和水果。因此在取菜时最好先在全场转上一圈,了解下情况,然后再去取。如果不了解这些,在取菜时自行其是,乱装乱吃一通,会吃得既不畅快又不舒服。

2. 量力而行,每次少取,多次取菜

享用自助餐时,多吃是允许的,而浪费食物则绝对不允许。遇上自己喜欢吃的东西,可以放开肚量吃。但应注意必须量力而行。切勿狂取食物,自己"眼高手低",导致食物的浪费。这称为自助餐就餐时的每次"少取"原则。

遵守"少取"原则的同时,还必须遵守"多次"(也称"多次取菜")原则,即用餐者选取某一种类的菜肴,允许其再三再四地反复去取。每次应当只取一小点,待品尝后觉得适合自己,可以再次去取,直至吃好为止。如果为了省事而一次取用过量,装得太多,则是失礼之举。这二者往往也被合称为"多次少取"的原则。

3. 避免外带,送回餐具

所有的自助餐都有一条不成文的规定,即只许可在用餐现场里自行享用,绝对不许携带食物回家。自助餐强调用餐者自助为主,不但要求取菜时自助,在用餐结束后也应自觉将餐具送至指定处。在庭院、花园里享用自助餐时,尤其应当

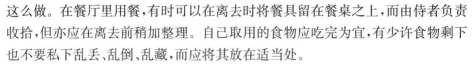

这么做。在餐厅里用餐,有时可以在离去时将餐具留在餐桌之上,而由侍者负责收拾,但亦应在离去前稍加整理。自己取用的食物应吃完为宜,有少许食物剩下也不要私下乱丢、乱倒、乱藏,而应将其放在适当处。

4. 照顾他人,积极交际

除了对我们自己在用餐时严格遵守礼仪规则外,还须对他人和睦相处,多加照顾。可提供一些有关选取菜肴的建议,但不可自作主张为对方直接代取食物,更不允许将自己不喜欢或吃不了的食物"处理"给对方吃。对不相识用餐者,应当以礼相待。在排队、取菜、寻位以及行动期间,主动谦让。

公关人员参加自助餐时,与他人进行适当交际活动是其重要任务。不应只顾自己躲在僻静处埋头大吃,而要主动寻找机会,积极进行交际活动。应找机会与主人攀谈一番,或与老朋友叙一叙,还应当争取多结识几位新朋友。

(二) 酒会礼仪

酒会,是一种经济简便与轻松活泼的招待形式。它起源于欧美,一直被沿用至今,并在人们社交活动方式中占有重要地位,常为社会团体或个人举行纪念和庆祝生日,或联络或增进感情而用。它是便宴的一种,会上不设正餐,只略备酒水、点心、菜肴等,且多以冷味为主。

1. 酒会类型

酒会按举行时间的不同可分为两种类别:正餐之前的酒会,称为鸡尾酒会;正餐之后的酒会,在请帖中则常以聚会或家庭招待会代替。

(1) 鸡尾酒会始于下午6时或6时半,持续约2小时。一般不备正餐,只备有酒水和点心。这类酒会有明确的时间限制,一般应在请帖中写明。

鸡尾酒会上的酒品分为两类,即含酒精的饮料和不含酒精的饮料。鸡尾酒,主要由酒底(以蒸馏酒为主)和辅助材料(鸡蛋、冰块、糖)等两种或两种以上材料调制而成,具有口味独特,色泽鲜明的特点,能够增进食欲,提神解暑。不含酒精的饮料,如番茄汁、果汁、可乐、矿泉水、姜汁、牛奶等,这些饮料可以起替代含酒精饮料和调制酒品的作用。

鸡尾酒会以酒水为主,食品从简,只有一些点心和开胃菜等,这些食品一般制作精美,味道上乘。常见的有蛋糕、三明治和橄榄、洋蓟心、烤制小香肠,穿成串儿后再烤的小红肠、面包以及烤小青蛙腿等。

(2) 餐后酒会。正餐之后的酒会通常在晚上9时左右开始,不严格限定时间,客人可根据自身情况确定告辞时间。这类酒会一般规模较大,播放音乐,并准备场地供来宾跳舞,但这要在请帖中说明。

2. 酒会特点

（1）不必准时。尽管鸡尾酒会和正餐后酒会在请帖上会约定时间，但实际上何时到场可由宾客自己掌握。

（2）不限衣着。参加酒会，不必像正式宴请那样穿着正式，只要做到端庄大方、干净整洁即可。

（3）自选菜肴。酒会就餐采用自选方式，可根据口味偏好去餐台和酒吧选择自己需要的点心、菜肴和酒水。

（4）不排席次。酒会上的用餐者一般均须站立，没有固定的席位和座次，但最好设置一些座位，供年长者及疲惫者稍作休息之用。

（5）自由交际。酒会具有较强的流动性，宾客之间可自由组合，随意交谈。

3. 用餐礼仪

参加酒会时要了解酒会的餐序、取食规则和各种禁忌，体现出自身的良好素质，才能达到社交成功的目的。应掌握餐序，排队取食，多次少取，避免外带，积极参与交际。酒会上交际时应注意以下几个方面：

（1）主动攀谈。酒会是交流信息的重要场合，要抓住时机，积极主动选择自己感兴趣的对象进行交谈。这样才能起到获得信息，联络感情，结交新知的目的。对旧友，主动打招呼有利于双方关系的深化。结识新朋友，介入陌生交际圈，则要具备自我介绍的信心，踊跃自荐，以使交际局面迅速打开。大体上有三种方法：其一，是请求主人或圈内之人引见；其二，是寻找机会，借机加入；其三，是毛遂自荐。

（2）善待他人。同他人攀谈，若话不投机，不要显出不耐烦的神色或急于脱身而造成他人不愉快。谈话时也不要心不在焉，掠过对方肩膀扫视别人或左顾右盼。那样很容易让人理解为敷衍了事，是对对方不重视的一种明显表现。最好的办法是，交谈时给对方留出随意离开的机会，或提议两人一起去见同一位都熟识的人，或是参加到附近的人群中。

（3）照顾女宾。这是男士体现自身修养的重要方式。如果女士形单影只，男士应主动上前与其谈话，免其尴尬，或邀请其加入别的人群。

（4）饮酒有度。参加酒会要饮酒有度，不要开怀畅饮，也不应猜拳行令，大呼小叫，或对别人劝酒。那样会给人以缺乏教养之感。还应适度取酒，切不可贪恋杯盏，引起醉酒，导致失态，以至于事后追悔莫及。

（5）适时告辞。酒会并不严格限定时间，但宾客也应体贴主人，适时离开。一般鸡尾酒会持续两个小时左右，在晚8时左右结束，而正餐之后的酒会则在晚

11 时或 12 时结束,周末可以更晚些。如果有事提前离开,告辞不应引人注目,以免破坏酒会气氛。离开前最好向女主人当面致谢。

(6)不忘致谢。尽管离开酒会时,宾客已向主人表示谢意,但如果能在酒会的第二天给女主人打个电话,再次表达自己的谢意,则是有教养和礼貌的表现,这样既可以表达对主人的感激,又可以消除主人对酒会效果的担忧。

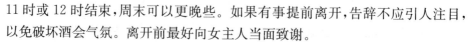

思考题:

1. 宴请的准备工作有哪些?
2. 宴请时要注意哪些礼节?
3. 赴宴时要注意哪些礼节?
4. 中餐礼仪有哪些要求?
5. 西餐礼仪有哪些要求?
6. 烟酒礼仪有哪些方面?
7. 喝咖啡有哪些礼仪要求?
8. 参加酒会有哪些礼仪要求?

案例分析题:

某公司的业务员张先生晚饭时走进一家西餐厅就餐。服务员很快把饭菜端上来了。张先生拿起刀叉,使劲切割牛排,刀盘磨擦发出阵阵刺耳的响声,他将牛排切成一块块后,接着用叉子叉起,一大块一大块地塞进嘴里,狼吞虎咽,并将鸡骨、鱼刺吐于洁白的台布上。中途,张先生随意将刀叉并排往餐盘上一放,将餐巾撂在桌上,起身去了趟洗手间。回来后却发现饭菜已经被端走,餐桌也已收拾干净,服务员站在门口等着他结账。张先生非常生气,在那儿与服务员争吵起来。

问题:请问到底谁做错了?为什么?请结合案例谈一下西餐的用餐礼仪。

第八章　通讯与文书礼仪

导学案例

> 　　某公司公关部经理发现某月自己办公室电话费骤增,是平时的四五倍之多,就问部门刚入职的秘书小张是否经常打长途,小张坚决否认。后经私下查证,方知小张经常利用下班时间用办公室电话跟外地的女友"煲电话粥"。在事实面前,小张不得不承认了错误。之后部门经理还发现,小张不懂得基本的电话礼仪,经常得罪客户。不久,经理将小张调离了公关部。

启　　示

> 　　办公室电话是用来工作时使用的,最好不要用于私人事务。接打工作电话时,要注意"电话形象",尽量使用礼貌用语,亲切、友好、真诚地礼待对方。只有这样,才能树立自己及公司的良好形象,获得他人的认可和尊重。

学习目标

> 　　1. 掌握接、打电话的礼仪要求;
>
> 　　2. 了解手机礼仪要求;
>
> 　　3. 掌握电子邮件礼仪;
>
> 　　4. 掌握一般文书礼仪要求;
>
> 　　5. 了解商务信函礼仪要求。

第一节 电话礼仪

在社会交往中,电话已经成为人们使用最频繁、最重要的通讯工具,成为人们工作、生活中必不可少的沟通桥梁。每个人都会用电话,但如何正确、规范地使用电话,并不是每个人都能做到位的。

一、电话形象

"电话形象"是指人们在使用电话时留给通话对象以及其他在场人们的总体印象。一般认为,一个人的"电话形象"主要由接打电话时的态度、表情、举止、语言、内容以及时间感等方面构成。"电话形象"体现了一个人的礼貌修养和为人处世的态度。接打电话时,许多人以为对方看不到自己,因此举止、表情放松些没有多大关系。殊不知,电话另一端的人透过你的声音、语气是可以想象出你打电话时的形象的。

人们在当面交谈时,即使声音不悦耳、言辞不够文雅,但可以通过表情或动作弥补,而电话则是只闻其声,不见其影,所有的印象都靠语言、声音来判断,因此在通话过程中,要始终能够保持微笑,使用各种礼貌用语,并且平心静气地与对方沟通、交流,要时刻让对方感觉到亲切友好。

二、接打礼仪

(一)打电话

打电话要做到既准确无误的传递信息,同时又能联络感情,实现有效沟通。

1. 时间适宜

打电话给别人,首先应注意选择好适当的时间。通常情况下,公务电话最好避开临近下班以及用餐时间,因为这些时间对方往往急于下班或急于用餐,打电话时极有可能得不到满意的答复。公务电话应尽量打到对方单位,如果确实有必要往家里打时,应注意避开吃饭或休息时间,尽量避开上午7点前、晚上22点以后。通话时间不宜过长,一般以3~5分钟为宜。

2. 事先准备

打电话前,最好做好充分的准备工作,如核对对方电话号码、单位名称、人名;写出通话要点或询问事项,斟酌一下用词;准备好可能用到的文件、资料以及记录用的笔和纸。通话时要简明扼要,干脆利落,不要东拉西扯,没有重点,以免浪费双方时间,给对方留下不良印象。

3. 注意礼节

(1)主动问好,自报家门。接通电话后,首先要问好,用"您好!"或其他礼貌问候语,不要用"喂!";接下来通报自己的姓名、身份。如,"您好,我是某某公司的王刚。请问刘经理在吗?"

(2)交谈文雅,举止文明。如果你找的人不在,可以请求接电话者帮忙转告或留口信。如果你要找的人在场,先询问一下对方现在接听电话是否方便,在对方方便的情况下再开始交谈。通话过程中要讲文明、懂礼貌。态度诚恳、热情,发音清晰,语气温和。通话时精力要集中,不可边吃边说,不可一边打电话一边同他人聊天或做其他工作。在公众场合和工作时间,要坐端正或站立好,不可坐在桌角上或椅背上,更不可趴着、仰着、斜靠或者双腿离地放于桌上。通话过程中如遇掉线,应主动打出,而不是等对方先打来。打错电话时,要主动向对方道歉,不可一言不发就挂断电话。还要注意,最好不要在工作时间打私人电话,或者公话私用。

(3)礼貌道别,轻放话筒。通话完毕时要说"再见"、"打扰您了"等话语,因为这些一般是通话结束的信号。告别后,再轻轻放下话筒。一般来讲,是打出电话者先放话筒,接听电话者后放。但假如是与上级、长辈、客户等通话,无论你是发话人还是受话人,最好是让对方先挂断。

(二)接电话

接听电话也很有讲究,目前许多大公司已将其视为培训员工职业化的一项重要内容。

1. 及时接听

电话铃声响起后,应尽快接听,"铃响不过三",最好不要让铃声响过三声。但也不要铃声一响,就马上接起,这样会令对方觉得很突然,而且很容易掉线,一般应在第二声铃响之后立即接听。如因工作繁忙等原因,电话铃声响过许久之后才接起,应先向对方表示歉意。如果确实很忙,不方便接电话,可表示歉意让对方过一段时间再来,或者自己给对方打回去。

2. 礼貌应答

接起后,应先问好并自报家门。交谈时要注意使用礼貌用语,态度诚恳谦和,语调平和,音量适中。接到打错的电话时要保持风度,礼貌告知,切勿发脾气、"要态度";对方如果道歉,不要忘了说"没关系"。如果方便查询对方要拨打的正确号码,可以问一下对方是否需要帮助查询。接到抱怨或投诉电话时,除了要注意礼貌用语、态度诚恳谦和外,还要有技巧地附和对方的抱怨,并不断地致歉,一定要耐心倾听,不可顶撞对方。

3. 积极反馈

接听电话时,要聚精会神,积极反馈。要仔细聆听对方的讲话,并准确、及时答复。如未听清或不明白对方的意思,可谦虚地询问清楚。接听时,应当注意反馈,如说"是"、"对"、"好"、"我明白了"等等,让对方感到你在认真聆听。

如遇对方有重要事项,要边听边记录要点。因此,提倡用左手拿话筒,腾出右手方便记录,不管是打出电话还是接听电话时,都应如此。

4. 礼貌代接

代接他人电话时,不要询问对方与所找之人之间的关系。如果对方要找的人离自己较远,不要大声召唤。别人通话时,不要旁听,不要插嘴。当对方希望转达某事时,不要随意扩散此事。

对方要找的人不在时,应向其说明,并询问对方是否需要代为转达。如果需要,应认真做好笔录,重要信息应重述验证一遍,以免误事。记录内容还要包括来电者单位、姓名、致电时间、联系方式、是否需要回电及回电时间等。之后及时转达相关内容,不可延误。

代接上级电话时,要应先弄清对方身份、来电意图并请示上级是否接听后,再转给上级。如上级不便或不愿接听,应代其挡驾,委婉回拒。如对方坚持说:"让你们老总接电话!","你们经理家的电话号码是多少?"这时既要坚持原则,又要有礼节,可以说:"对不起,我们经理正在开会,不方便接电话,我可以帮您转告,请经理打给您。"或"对不起,我不知道他家的电话,如果您有急事,我可以帮你找找看,看是不是可以找得到。"

5. 礼貌结束

电话交谈完毕时,应尽量让对方先结束对话。如果确实需要自己先行结束,要向对方做出解释,并真诚致歉,如"对不起,我现在手上有事情要处理,回头再详细谈。","我的领导来找我有事了,改天再谈。"通话完毕后,应等对方放下话筒,再轻轻放下电话,以示尊重。

三、手机礼仪

无论是在社交场所还是工作场合,放肆地使用手机已经成为礼仪的最大威胁之一。因此,手机礼仪越来越受到关注。

(一) 注意场合

使用手机时不要破坏公共秩序。具体讲,在公共场合,如剧场、影院、音乐厅、图书馆、会场、课堂、悼念场所等要求安静、严肃、集中注意力的场合,应关闭手机,或将手机调成震动、静音状态。如在开会、上课时,关闭手机既可以显示出对别人的尊重,又不会打断说话者的思路。在其他公共场合,如在楼梯、电梯、路口、公交车上使用手机时,不要大声喧哗,最好使用耳机轻声交谈。

(二) 注意安全

使用手机必须要牢记"安全至上",注意维护公共安全。如乘坐飞机时,在起飞前应关闭手机,以免干扰通讯、影响飞行安全。在医院、加油站应关闭手机,以免手机信号干扰治疗,或引发火灾、爆炸等。在开启手机时,还要注意周围有无禁止无线电发射的标志。不要在开车或骑车时使用手机,不要在穿行马路时接听手机,以免发生交通事故。

(三) 文明携带

手机在不使用时,要放在合乎礼仪的位置,不要挂在胸前、放在上衣口袋或别于皮带上。应放在随身携带的包内,或者方便掏取的裤兜里。开会时不要放在桌上,可交给会务人员代管,或放在不起眼的地方。

(四) 铃声合适

如果你经常用手机联系业务,要注意选择合适的铃声,最好不要用怪异或格调低下的铃声,以免影响你和单位的形象。

(五) 尊重隐私

手机是个人隐私的重要组成部分。为了尊重他人,体现自己的涵养,未经允许,不要翻看他人手机中的任何信息,包括通讯录、短信、通话记录等;不要借用他人手机,也不要代他人接听手机。

另外,用手机发送短信时,也要注意文明礼貌。发出短信时,要注意称呼和署名,表述清楚明了,不制作、传播无聊、不健康或涉及敏感政治问题的短信。回复短信时,要有针对性,不要答非所问。在开会或跟别人洽谈时,如使用手机接收短信,要设定成震动或静音状态,不要在别人注视到你的时候发送或查看短信。

第二节 电子邮件及传真礼仪

一、电子邮件礼仪

电子邮件,又叫电子信函或电子函件,其英文为 E-mail。它是利互联网向交往对象所发出的一种电子信件。其优点在于方便、快捷、省时、省力、容量大。随着互联网的发展,电子邮件日益普及。使用电子邮件时,需要注意一些必要的礼节规范。

(一)主题明确,内容简练

编写电子邮件时一定要主题明确、简明扼要。主要内容最好在邮件标题中有所体现,便于收件人权衡轻重缓急。邮件中的主要内容不要太长,语言描述要简练,主题要突出,行文要流畅。发送附加文件时,要考虑对方能否阅读该文件。

(二)用语文明,讲究礼节

根据与收信人的关系选择开头语和祝福语,既不过于客套,又要注意礼节。注意使用礼貌用语,可多用"谢谢"、"请"等字眼。主动终止邮件来往,可以在文末写上"全部办妥"、"无需回复"、"仅供参考"等。

(三)事先杀毒,注意保密

若以附件形式发送邮件,发邮件前应先进行杀毒,以防止将文件中的病毒也一并发给收信人。如果实在没有把握,也可将发送内容剪切至邮件正文中。对于来历不明的邮件一定要谨慎处理,最好先进行杀毒处理,以防万一。电子邮件保密性较差,易被窃密,因此在传达某些需要保密的信息时,一定要采取保密措施。

(四)回复及时,针对性强

收到他人邮件,一定要及时回复,告知对方信件已经收到,请对方放心。回复对方的邮件时,要根据回复的内容更改标题。回复内容要有针对性,针对来信所提问题及要求一一回答。要阐述清楚明白,避免反复交流。如果事情复杂,无法在短时间内处理完毕,应该及时回复对方正在处理过程中,一有结果马上告知。

另外,发送电子邮件时不要发送不道德的信息、垃圾信息、负面信息、谣言、商业机密、国家机密等。

二、传真礼仪

传真是利用光电效应,通过传真机快速地对外发送或接收文件、资料等的一种现代化通信联络方式。传真作为一种快速的沟通方式正在普及,传真机已经成为办公室里必不可少的设备之一。传真机的主要优点是:操作简便、发送迅速、不易失真,而且可以传递较为复杂的图文资料。

（一）传真礼节

1. 事前通报

发传真之前先跟对方联系一下，确认传真号码，并告诉对方你将传真的内容和页数。传真信息应当在 5 分钟之内发送出去。收到传真后应尽快作出回应，通知对方传真已经收到，请对方放心。

2. 保留首页

正式的传真必须有首页，上面应注明传送者与接收者双方所在单位及部门的名称、姓名、日期及总页数等信息，这样做可以使对方一目了然。如果是非正式传真件，也应在所发资料上标注页码总数及页数。如果其中某页不清楚或是没有收到，可立即相互告知，及时重发，以节省双方的时间，提高工作效率。

3. 注意礼节

传真信件时，应像写信一样真诚、礼貌、文明。必要的称呼、问候语、签字、敬语、致谢词等都不能缺少，特别是结尾处应签字署名。

（二）注意事项

1. 避免传真不适合的文件

当文件页数较多时，最好不要使用传真方式。如果有大叠文件要给对方，可选择其他方式，如快递传送，不要"霸"住传真机传个不停，影响对方办公。涉及私人或机密信息和负面信息时，不要使用传真方式。传递重要文件时，如递交简历、签署协议，最好也不要使用传真方式。

2. 做好已传标记

传真后及时在文件上写明"已发送"或发送时间，跟其他文件有所区别，避免文件较多时分辨不清，重复发送；或领导问起时，回答不清。

第三节　信函文书礼仪

书信是人们生活中最为普通、最为古老的一种沟通方式。在电话、手机、互联网未普及前，因为距离遥远等因素不能当面沟通时，一般会通过书信方式进行沟通。在过去，古人对书信非常看重，"烽火连三月，家书抵万金"。随着社会的不断进步和发展，书信其形式和文字内容发生了很大变化，但仍然是人们表达情意的桥梁，增强人们友谊的纽带。

书信礼仪即指书信写作中从格式到用词等方面所体现出的礼仪规范。学习和掌握基本的书信礼仪,不仅有助于提高个人文化礼仪素养,而且还有助于增进交流和友谊。

一、一般书信的格式与礼仪

书信具有既定的格式,指的是书信的写作法则和结构布局,这种格式是长期以来在使用过程中约定俗成的。一般书信由信封、信文两大部分组成。

(一) 信封礼仪

按照标准书写信封,既能保证书信准确无误地投递,又能体现写信人的文化素养以及对传递者的尊重。

1. 国内邮寄与国外邮寄

(1) 国内邮寄

国内邮寄使用的信封样式有横式和竖式两种。现在常用的大多为横式,少部分为竖式。

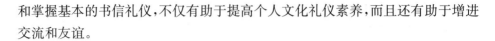

横式信封书写时,应先在左上角写清收信人所在地的邮编,然后另起一行书写收信者的详细地址,收信人姓名应以稍大字体书写于信封的正中央。信封的右下方,应写清寄信者的地址、姓名(有时可只写姓氏)以及邮编。

而竖式信封书写时,收信人地址邮编在右上方,收信人姓名称谓在正中央,寄信人地址、邮编在右下方。

(2) 国际邮寄。在寄往国外时使用的信封,其书写格式与国内不同。收信人的姓名、地址和邮编应写在信封正面的中央偏右下方;寄信人的姓名、地址和邮编则应写在信封正面的左上方或信封背面的上半部。书写的具体顺序应是姓名、地址、邮编、国名。书写地址时应自小而大,与国内写法相反。

```
100080  P.R.CHINA
中国 北京市
海淀区
中关村邮局081信箱
吴北
                  Mr. George Hsiao
                  118 South State Street
                  Chicago, Illinois 60603
                  U.S.A. 美国
```

2. 信封称呼书写

信封上的称呼是供邮递员或捎信人对收信人称呼之用,因此必须采用邮递员或捎信人所能接受的称呼。通常由三部分组成:(1) 收信人姓名;(2) 传递信件者对收信人所使用的称呼。可用"先生"、"同志"或职务、职称、职衔等,不要用表示亲友、辈分关系的称呼,如"爷爷"、"阿姨"等;(3) 专用的启封词,如"收"、"启"等。

3. 邮编书写与邮票粘贴

为便于邮局作业,寄信人务必要使用带有邮政编码的标准信封。书写要清晰工整,一字一格。横式信封的邮票应贴在右上角,竖式信封的邮票应贴于信封的左上角。邮票应贴得端端正正,给人以尊重、踏实之感。寄航空、挂号等信函时,需加贴标签,标签应粘贴端正。

另外,要注意信封文字的书写要端正、清晰,可用钢笔、圆珠笔、毛笔等,但切勿使用铅笔,颜色则以深蓝色或黑色为佳,忌用红色、绿色等彩色书写。

(二) 信文礼仪

信文是书信的主体,格式一般由称谓、问候语、正文、祝颂语、署名、日期等部分组成,和信封写作一样,每一部分都要符合礼仪要求和规范。

1. 称谓

信文中的称谓,是写信人写给收信人看的,表示双方的关系。称谓应遵循长幼有序、礼貌待人的原则,选择得体的称呼。称谓应在第一行顶格书写,以示对收信人的尊敬。后加冒号,以示领起下文,有话要说。

称谓词也系尊词,是表示发信人对收信人的尊敬之情而附加的称谓词语,主要表示对收信人尊敬的感情和态度。为表示尊敬,可以在称谓前加敬语,如"尊敬的×××"、"敬爱的×××"。

　　惯用的称呼主要有：姓氏加称谓词，如王先生、李小姐、张女士等；姓氏加职务或职称、学衔，如张经理、王校长、李教授、刘博士等；名字加称谓词，如聪聪爱女、广平兄等。在写称谓时，如果打听不到对方的姓名，可用职务等中性称呼代替，如称对方为经理、部长之类，并在前面加单位或部门的名称。如从姓名上辨识不出对方的性别，可称其全名，在姓名前加"尊敬的"。

　　2. 开头应酬语

　　开头应酬语在称谓下方另起一行，空两格，一般单独成段书写。是在述说正事之前，写几句问候、寒暄之类的话，以引导正文，如"您好！"、"近好"！、"非常想念！"等。问候对方是书信的一种礼节，体现了写信人对收信人的一种关切。

　　3. 正文

　　正文是信函的主体，即书信所要说的事，所要论的理，所要叙的情。正文的写作，除要求语言通顺、条理清晰之外，还须注意措辞得体。书信叙事论理与一般文章不一样，只要事真理直即可，要根据收信人的特点及发信人与收信人的关系来进行措辞。正文的书写无规定格式，凭写信人根据自己的理解、体会、经验去处理。

　　4. 祝颂语

　　如写信人说完正事就结束，收得太急，显得不太礼貌。正文写好后，一般要写上表示敬意、祝愿或勉励的话语作为新的结尾，习惯上把这些统称为"祝颂语"或"祝词"，这是对收信人表达良好愿望，强化情感联系的一种礼貌。

　　（1）现代常用祝颂语

　　常见的祝颂语有很多，现代常用的如"此致敬礼"、"祝身体健康"、"祝你学习进步"、"祝你事业成功"、"祝您阖家幸福"等。

　　"此致敬礼"正确的格式有以下几种：

　　格式一：可以紧连正文末尾写，如：

　　　　……此致敬礼！

　　格式二：祝词可以紧连正文末尾写，而颂词换行，顶格写。如：

　　　　……此致

敬礼！

　　格式三：可以另一行，空两格写：

　　　　……

　　　　此致敬礼！

格式四：可以另起一行,空两格,将祝颂词分两段写,注意"敬礼"要顶格书写：

　　……

　　　　此致

敬礼!

　　(2) 传统祝颂语

　　祝颂语不能千篇一律,应当根据写信人和收信人的关系,以及收信人的具体情况而定。传统祝颂语中,如果给长辈写信可用"敬请×安"或"敬颂崇祺";如果给平辈写信,一般则用"即请大安"、"顺颂时棋";假如给晚辈写信,只用"即颂"、"顺问"即可。

　　传统祝颂语示例：

　　用于长辈、尊者：敬叩金安、恭请福安、敬请康安、敬请崇禧、虔请崇安等。

　　用于平辈：顺颂时绥、即颂时祺、此颂时祉、即候日祉、顺候起居、并祝安健等。

　　用于晚辈：顺询近祉、此询近佳、即问近好、即问日佳等。

　　用于老师：敬请讲安、虔请诲安、肃请塵安、祗叩教安等。

　　用于文人：敬候撰安、敬祝著安、即颂著祺、敬请文安、即颂文祺、即颂文址等。

　　用于商人：即请财安、顺颂筹安、顺颂商祺等。

　　用于旅者：敬请旅安、顺请客安、顺颂旅祺、顺候旅祉等。

　　用于病人：恭祝痊安、敬祝愈安、敬请康安等。

　　用于夫妇、新婚：敬请俪安、即送俪祉、恭贺燕喜、顺贺大喜等。

　　用于贺年：敬贺年禧、敬贺年禧、顺贺新祺、顺贺新禧等。

　　用于季节：敬请春安、即颂春祺、并颂春禧、顺候夏址、此颂暑安、即候夏安、即请秋安、顺颂秋祺、并请秋安、敬颂冬绥、此请炉安、即请冬安等。

　　5. 署名与日期

　　正文结束后,要在信笺的右下方签署写信人的姓名和写信的日期。署名若是单位,则要写单位的名称。署名和日期写在祝颂语下方,署名、日期各占一行。

　　署名时要谦己敬人,一般由自称、署名和礼告敬辞组成,如"学生：某某敬上"。自称,是对收信人的自称,如给父母写信时自称"儿"(或"女"),给老师写信时自称"学生",给哥哥写信时自称"弟"(或"妹")等等。一封信中的自称与开头所书收信人的称谓是相呼应的,反映着写信人与收信人之间的关系,有时还反映特殊的感情或自谦。署名时可根据与收信人的关系署姓名、简称、昵称等。如收信人为长辈或尊者，则可以根据双方关系，在署名时加上合适的礼告敬辞，如"敬上"、"敬启"、"叩"等。

写信日期是书信写作必不可少的内容，按常规都把写信的时间写在最后。日期最好写全年、月、日。有时为了营造一种氛围或表达一种心境，可以在日期后注明地点或写点表达气氛、心境的话，如某年某月某日于燕园。

6. 附言

附言是信件写好后补充附加的内容，一般有附候语或补述语。

附候语是附带问候的辞令。给亲朋好友写信时，如果与收信人的家人或身边朋友也有交情，或者写信人的家人及身边朋友也认识收信人，往往在信中附带致以问候，表示思念及之情。如令尊前乞代请安（附带问候收信人的父母）、家父嘱笔问候（附带代父亲问候收信人）。写附候语时应特别注意三点：一是要注意称谓恰当，二是另行写起，三是力求简练。

补述语，即信写完之后又要补充说明的话语。补述语一般用"又及："、"又启："加以提示。补述语不宜过长。

（三）注意事项

1. 掌握"五项原则"

写信应尽可能地使书信礼貌、完整、清楚、正确、简洁，被称为"五项原则"。

（1）礼貌。写信应当如同面对收信人，以必要的礼貌，向对方表示恭敬之意。要根据不同对象选择恰当的语气、称呼、措辞。对他人多使用敬语，如称呼对方，在称谓前可以加上"尊敬的"、"敬爱的"、"贵"等提称语。对己多使用谦语，如"鄙人"、"不才"等谦称。

（2）完整。要注意格式和内容的完整。为了避免文字信息传输错误，必须做到叙事表意有头有尾，不残缺。书写信封时，双方的邮编都要写清。

（3）清楚。要注意书写时，字迹端正不潦草，清晰可辨，不乱涂乱改。信文内容层次分明、条理清楚。

（4）正确。写信时不论是称呼、表述，还是遣词造句，都必须做到正确无误。如信中不出现错字、别字、漏字、自造字，正确运用标点符号等。正式的书信力求运用书面语表达，忌用口语；字迹要规范，不要写潦草字、异体字等。

（5）简洁。在一般情况下，写信应当言简意赅，适可而止，要有事言事，言罢即止。

2. 妥善保管，注意保密

收到他人的来信后，切勿乱扔、乱塞。对需要长期保存的书信，可整理装订成册,然后妥为收藏。对于不需保留的书信,可集中用碎纸机进行处理,不宜当做垃圾或废纸卖掉。未经写信人本人允许,不可随意将其来信公开发表,或者到处宣传、传阅。如果这样做,是对对方极不尊重的行为。

3. 及时阅信,积极反馈

一般情况下,收到信后应该及时启阅,并根据来信内容决定是否回复、何时回复。回复时要有针对性,如有些来信是求教某个问题或托办某事,收信人应当明确答复。凡是力所能及,能够帮助的,应该伸出援助之手;如果爱莫能助,则要坦率说明,取得对方的谅解。有时,因为种种因素,如地址更换、出差在外、转信人耽搁等,导致收信人没能及时收到信,甚至因此延误了办事的时机,收信人应在得知情况后,立即向对方说明,并尽可能设法采取一些补救措施。

二、商务信函

商务信函简称商函,即处理商务业务的信件。就内容而言,常见的商函有销售信函、客户信函和账户信函等。

在书写商务信函时,首先要仔细考虑一下写信缘由及希望达到的目的;其次列出与此信相关的事实;还要尽可能地了解看信的人情况。

比起一般书信,商务信函更加注重外观设计、版面设计及书写格式等。

(一)外观

一封信的外观如何,如采用何种颜色的信封、使用何种规格的信纸、手写还是打印等,将给读信者留下对公司或是个人最直观的第一印象,将影响读信者收信和回应的方式。所以,许多大公司为了对外树立起统一的形象,采用统一的信封和信纸,对正文的编排可能也有公司内部的要求。如所在公司无此项要求,在撰写商务信函时,要认真挑选信封和信纸,考虑外观设计。

1. 信封

应选择质量最好的信封,给人一种职业的、精致的印象。

(1)信封颜色:最好是白色、米色、灰色以及其他保守的颜色。

(2)信封书写:按照惯例,在信封正面的中心写上或印上收信人的姓名、头衔、地址和邮编,本公司的名称、徽标或标语的印章,应盖在信封下部的左边或中心。

2. 信纸

书写商业长信最理想的选择是带有水印的 A4 信纸。短信和私人的致谢信、慰问函等则可选用一半大小的 A5 信纸。如果合适的话,也可以把 A4 的信纸折成 1/3 大小,而不是对折再对折,这样可以确保信纸从信封中取出时少些折痕,从而更易于阅读。

3. 正文

在正式的情况下,如代表公司订购商品或解决客户的投诉时,应采取打印的形式。而一封私人信件,或代表公司处理一些微妙的事件时,则应采取手写的形式,以便更好地表达写信人的感情。

4. 卡片

适时地使用卡片有时会比一封完整的信函更合适,更能表达写信人所要表达的情感。如向读信人表达谢意、祝贺或慰问等感情时,一张令人愉快的卡片配上亲笔书写的文字,通常会更有吸引力。

(二) 版面格式

一封完整的商务信函一般包含以下几个部分。

1. 信头

信头一般都是事先印好的,位于信纸上方的左边、中部或右边的任意一个位置上。它包含了公司的名称、地址、电话和传真号码、网络或电子邮件地址,恰当的话,还应有公司的徽标或标语等。信头下面还可印有编号(Reference No.),以便于对方查对。

2. 主办人

在处理大量的信函时,我们应把收信人的主办人代号包括进去,置于信头下的三至五行处,并隔行书写。通常情况下,主办人代号是基于写信人和打字员的姓名首字母,或收信人的账号。如果收信人在前一封同一主题的信中使用了"主办人",则回信时必须使用。

3. 日期

日期应在距信头或主办人两至三行处。缩行式的信,日期一般置于信头下的右上角;顶行式的信,则应位于左上角。日期书写要完整,避免使用缩写,以免引起不同国家读者的误解,因为中国书写日期的习惯是按年、月、日的次序,而英国书的习惯是按日、月、年的次序,而美国习惯则是月、日、年。

4. 封内姓名和地址

在距日期两至三行的左下角是封内姓名和地址,包括收信人的姓名、头衔和地址。而政府机构所发的信函则有可能在信末的左下端。注意拼写,以确保信函能迅速达到收信人。

5. 称呼

称呼位于封内姓名和地址下的两至三行处。如果你熟悉收信人,并与其有着良好、平等的关系,应称呼其名。如果你不熟悉他们,则称呼他们的姓。通常情况下应避免使用"亲爱的先生/女士"这样的称呼,以免使收信人觉得不够真诚。

6. 标题

一般来说,商务信函应一事一函。若一封信只涉及一件事,则应在称呼下面空两行的中央写标题,并加上底线以提醒读信者注意,这一标题叫主标题。若一封信涉及几件事,则应把每件事分段写,在每段的开始写分段标题。

7. 正文

正文是信函最重要的部分,表达了写信人的目的,所以,正文应整洁、易读,以激发读信者继续阅读的兴趣。每段注意讲一个要点,并尽可能让每个段落长短大致相同。首段应与标题留下一行间距,段与段之间也应有一空行。信纸两边边缘一般留 3 厘米左右空白,以避免拥挤。如果信函需要换页,应该使用一张没有信头的信纸作为第 2 页,尽量避免将一段内容拆开书写在两页信纸上。

8. 结束语

结束语表示信函的结束。结束语与主要正文应间隔一行。同时,结束语应同称呼匹配。私人信件也可以使用非正式的结束语。

9. 签名

在结束语下一行,应打上公司名称,以表示该信系公函,而非私人函件,然后再由负责人手写签名,避免使用图章。由于手写签名多数不清楚,所以还应在手写签名之下打上签字人的姓名及职务。

10. 其他条目

若该封信函有副本寄给他人或其他单位,则应在签名下的左边打上"C. C."字样,并注明抄送单位。若有随信附件,应在"副本抄送"项下两行处注明附件的份数及名称。

(三) 书写风格

书写商务信函时,要注意书写风格。

1. 语言要有针对性

写信的目的是让读信人明白写信人所要表达的意思,因此,写信之前应仔细研究一下读信人,使信函的语言尽量符合读信人的学识和理解力。当信函是面向大众时,应使用简单的词语,避免使用让他们感到生疏的专业术语。而对于合作伙伴则不能使用太简化的语言,以免让他们觉得受到了轻视。在任何情况下

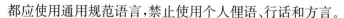

都应使用通用规范语言,禁止使用个人俚语、行话和方言。

2. 语气要礼貌、恰当

信函的语气应能反映出写信人的个性以及信件本身的性质。根据写信目的,是劝慰、致歉还是拒绝,使用恰当的语气。一定要尽量自然地运用恰当的语言,并适时地加上表示礼貌和尊敬的礼貌用语。

3. 内容要简洁、正确

简洁是商务信函的特点之一,写信时应控制长度。要时刻谨记写信的目的,只说必须说的,其他的则一律不提。读信人想看到的是你如何解决问题,而不是一封解释问题为何会出现的长信。成信后,还需要认真检查一下有没有拼写、标点或语法的错误,以及数字等是否准确无误。

(四) 信函示例

1. 销售信函

销售信函就是以信函为载体来达到销售目的,通过信函介绍公司产品、提供新产品、解释价格上涨原因、告知收到未处理订单,询问不再惠顾原因等。如以下为一封希望再次合作的销售信函。

亲爱的×××:

很长时间没有关于您的消息了,因此我们特写信给您,让您了解一下我公司的最新发展动态。从我们最近一次向您供货至今,我公司有了如下的发展:

1. ……

2. ……

3. ……

基于以上各点,希望您能再次与我们合作。随信附上最新的产品目录、价格表和订购单。如果您希望查看产品,请与我们××地区的代理联系,电话:×××—××××××××××。如有其他疑问,请与我联系,电话:×××—×××××××××。

献上最美好的祝愿。

您真诚的朋友,
×××
销售经理

2. 客户信函

客户信函就是与客户打交道的信函,如写信感谢客户订购产品,回复客户抱怨、投诉、向客户致歉等。

（1）致谢信函示例

亲爱的××先生：

感谢您订购我们的产品。相信您一定会对货物及我们提供的服务感到满意。如果您有疑问的话，请立即与我联系，联系电话×××—××××××××，我们将很高兴为您服务。

另外，随信附上我们的产品目录、价格表和订购单。希望我们能够继续合作。

献上最美好的祝愿。

您真诚的朋友，
×××
销售经理

（2）致歉信函示例

亲爱的××先生：

感谢您×月×日关于××一事的信函。我们已详细调查了事件的来龙去脉，并……（处理结果）。我们为所发生的一切向您表示歉意，并保证今后不再发生此类事件。

感谢您使我们了解此事，并给予我们处理此事的机会。

您真诚的朋友，
×××
客户服务部经理

思考题：

1. 接、打电话时应掌握哪些礼仪？
2. 使用手机时应注意哪些礼仪？
3. 使用电子邮件时要注意哪些礼仪？
4. 一般书信的礼仪有哪些？
5. 设计商务信函时应注意哪些方面？

案例分析题：

［情景一］

利达公司销售部文员张小姐刚工作一个星期。一天，张小姐正在打字，电话铃响了。

张小姐：喂！

来电者：是利达公司吗？

张小姐：是。

来电者：你们经理在吗？

张小姐：不在。

来电者：你们是生产塑胶手套的吗？

张小姐：是。

来电者：加长型塑胶手套多少钱一打？

张小姐：100 块。

来电者：90 块行不行。

张小姐：不行。

说完，"啪"挂上了电话。

过了一星期，经理提起他刚谈成一笔大生意，以 85 元一打，卖出了 100 万打加长型塑胶手套。张小姐脱口而出："啊呀，上星期有人问 90 元一打行不行，我知道定价是 100 元，就说不行的。"经理当即脸色一变说："你被解雇了！"

[情景二]

王小姐：您好，嘉华公司，请问有什么可以帮助您？

顾客：我想咨询一下你们的产品！

王小姐：请问怎样称呼您？

顾客：我姓王。

王小姐：王先生您好，请问您要咨询什么产品？

顾客：关于电话销售系统方面的产品。

王小姐：请问您是想了解单机版的，还是多机版的？

顾客：单机版。

王小姐：好的，单机版的现在正在搞促销，价格是 600 元。您需要马上装吗？

顾客：怎么装呢？

王小姐：王先生，请别着急，程序非常简单，我们会有专业人员给您指导的。要不然，我十分钟之后叫他给您回一个电话好吗？

顾客：好的。

王小姐：请问您还有其他需要吗？

顾客：没有了。

王小姐：非常感谢您的来电，同时也非常感谢您对我工作的支持。谢谢！再见！

不久，这位顾客订购了该公司 100 套单机版电话销售系统产品。

问题：请评价一下张小姐和王小姐在接听电话时的不同，并结合案例谈一下接听电话时的礼仪。

第九章 求 职 礼 仪

某软件公司想招聘1名软件工程师,招聘广告发出后,收到50多份简历。在进行筛选后,决定通知10个人来面试。人事经理按简历上留的号码,打电话通知他们。令人意外的是,10个人中竟然有5个因手机关机、不在服务区、号码过期、无人接听、电话号码少写一个数字等原因联系不上。最令人哭笑不得的是,在打给一名男性应聘者时,电话接通后首先是一片麻将洗牌声,然后一位女性的声音说:"他现在很忙,你最好待会再打过来。"人事经理只好严肃地说:"我这里是某某软件公司,现在通知他面试,希望他能尽快接电话!"这才跟应聘者联系上。

保持通讯畅通是求职礼仪的基本要求,体现了求职者的素质和诚意,也是求职成功的前提条件之一。求职期间最好定期检查通讯工具是否畅通,尤其是在用人单位的工作时间;给招聘单位留固定电话号码的,最好注明本人接听电话的时段;即使因故不能接听电话,最好转到"秘书台"或托人留口讯,方便时再给用人单位回复。

学习目标

> 1. 理解简历、求职信的礼仪要求；
> 2. 掌握简历、求职信的写法；
> 3. 掌握面试的礼仪要求；
> 4. 理解电话求职的礼仪要求。

第一节　求职文书礼仪

现在用人单位招聘，一般会先让求职者提供书面材料，供其筛选。贸然登门的应征者通常不受用人单位欢迎。因此，求职材料已成为获得面试机会的敲门砖。求职材料主要有简历、求职信、相关证明或证书等。

一、简历

简历是一种以文字或表格形式来传达求职意愿，并展现以往工作资历与经验的书面文书。通过简历可以让用人单位对求职者有个初步的认识，同时证明求职者是否胜任所求职位。因此，制作出一份具有竞争性的个性化简历显得尤其重要。

（一）基本内容

一般简历通常包括求职者的个人基本资料、求职意向、教育背景、工作经历等。

1. 个人基本资料

基本资料是个人的表征，没有这些资料即使拥有优异的条件与丰富的经历，也会像面貌模糊的人让人无法辨识。基本资料包括姓名、年龄、性别、籍贯、学历、专长、政治面貌、通讯住址及联络电话等基本情况的介绍。

2. 求职意向

要让用人单位明确知道你的求职意向或所求职位，撰写简历时须描述能胜任该工作的条件和能力。包括学历、工作经历乃至性格。这是非常重要的部分，写好了，用人单位才有兴趣继续看你的简历。

3. 教育背景

教育背景是指一个人的学习经历、培训经历、主要课程及学习成绩。说明所

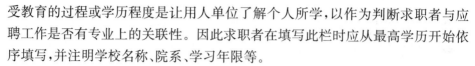

受教育的过程或学历程度是让用人单位了解个人所学,以作为判断求职者与应聘工作是否有专业上的关联性。因此求职者在填写此栏时应从最高学历开始依序填写,并注明学校名称、院系、学习年限等。

4. 工作经历

工作经历是简历的核心部分,可以让用人方了解求职者的志向、领导能力等等,这些经验深受单位重视。个人经历中,专业经历和工作经验是重点,最抢眼的部分,要简明扼要、层次清楚、一目了然。尽量提供能够证明自己工作业绩的量化数据,比如拓展了多少个新的市场客户,年销售业绩达到多少万元,每年完成了多少项目等。应届毕业生大多都没有正式的工作经验,可以提供在校时的社团经历、实习经验等,作为用人单位的参考。

5. 其他

个人爱好特长、其他技能、获奖情况等也可写进简历,作为参考。

(二)撰写注意事项

1. 真实性

简历非常注重内容的真实性。一些求职者为找到一份好工作,担心自身的优势不够突出,在简历中作假,如提供虚假学历、工作经历等,有些毕业生把自己包装成"优秀学生"、"班干部"。这些弄虚作假迟早会被揭穿或暴露,最终身败名裂。因此,求职者要树立诚信求职的理念,撰写诚信简历,给自己的求职增加诚信砝码。

2. 针对性

不同职位有不同的需要,撰写简历时应当注意与职位适应,撰写契合的内容。不要将相同的简历寄给所有用人单位。做简历时可以事先结合职业规划确定出自己的求职目标,做出有针对性的版本,这样做往往更容易得到用人单位的青睐。

3. 价值性

凸显出自己的价值和竞争力,也就是自我推销的能力,是一个求职者应该用心的部分。把最有价值的内容放在简历中,无关痛痒的不需要浪费篇幅,语言要客观、精练,太感性的描述不宜出现。通常,简历的篇幅为 A4 纸版面 1~2 页,不宜过长,也不宜有半页,出现一页半的情况时最好能压缩为一页。

4. 条理性

将你适合所求职位的信息有条理地表达出来,层次清晰,一目了然。其中最重有的内容有个人基本资料、以前的工作职责和业绩、教育与培训经历;次重要的信息有职业目标、专业技能、语言与计算机能力以及荣誉信息等;其他信息可不作展示。

二、求职信

求职信是由求职者提供具体材料，向用人单位推介自己，表达自己任职愿望，提出谋职要求，供用人单位挑选的专用书信。求职信可根据谋求职业有无确定的目标，又称为自荐信或应聘信。

求职信实际也是求职者形象的另一侧面的展现。一份行文流畅、布局工整、书写优美的求职信会给人一种享受，给人留下良好的第一印象，这样容易得到重视和关注。反之，字迹潦草，布局混乱，页面肮脏、语意含混不清，就会给人较差的印象，进而影响对求职者的整体评价。

（一）求职信格式

求职信是专用书信的一种，其格式仍然按照书信格式。

1. 标题

与一般私人书信不同的是，专用书信一般写有标题。求职信的标题通常只有文种名称，即在第一行中间写上"求职信"三个字。

2. 称谓

称谓是对收信人的称呼，要顶格写。求职信的称谓一般写用人单位的全称或规范性简称，也可以写给有关部门的工作人员，用泛称，一般不要写给个人。

3. 问候语

问候语是对收信人的礼节性问候，写在称谓下另起一行，空两格，单独成段书写。如求职信的称谓是用人单位，可以不写问候语；如写给工作人员，应用表示尊敬的问候语，如"您好"等。

4. 正文

正文主要包括：从何处获得招聘信息；介绍个人基本情况，如姓名、性别、年龄、身体状况、政治面貌等；着重介绍专业情况；个人有关特长、性格特征等；希望得到面试机会或对薪资、职位的要求；个人联系方式等。

正文表述语言要客观准确、实事求是、真诚得体，特别是对自己的学识和能力要如实表述，不夸大、也不过分谦虚。

5. 祝颂语

祝颂语是表示敬祝的话。如此致敬礼之类的词。

6. 署名与日期

写信人的姓名和成文日期写在求职信的右下方。姓名写在上面，成文日期

写在姓名下面。姓名前面不必加任何谦称的限定语。成文日期要年、月、日俱全。

7. 附件

求职信的附件是不可忽视的组成部分。有说服力的附件,如学历证、荣誉证明等,是对求职者能力的鉴定凭证。附件名称可在信的结尾处注明。

(二) 撰写礼仪要求

通常,在素昧平生的情况下,招聘方只能通过求职信了解求职者的性格。求职信的整洁优美,可使人认为你工作严肃认真、办事仔细,是个可造之材。如果信上涂涂抹抹,会使人认为你处世态度随便,对人不尊重、不讲礼貌,是一个不能任用或重要的人。因此,写求职信,一定掌握写作中的礼仪要求。

1. 书写规范标准

撰写求职信的第一要旨就是要合乎书写规范,严格遵守书信礼仪。具体讲,要求做到:字迹端正清晰;表述正确无误,包括标点符号的正确运用,格式的标准;保持页面整洁。一般来讲,最好用电脑打印,如果手写,应该使用黑色或蓝黑色的水笔。

2. 言辞谦恭有礼

写求职信应采用规范、文雅的书面语。写作时,字里行间要充分体现对用人单位的尊重和礼貌,传递善意的情感。具体表现在称谓上用尊称、敬辞,问候语关切有礼貌,介绍自我时说真话,表达求职意愿时言辞恳切。通过彬彬有礼、谦和的态度显示一个人良好的教养。

3. 内容言简意赅

求职信其实是一种自我介绍信,写作时,要把重点放在自我推介上,其他与此无关的内容,尽量少写或不写。比如有些求职信,大半篇幅谈对招聘单位的印象,涉及自身则一笔带过,这就本末倒置了。为方便用人单位阅读,要条理清晰,层次分明,控制字数,最好在一页内完成。

4. 装帧美观大方

求职信除了要用心撰写外,还需精心制作,注重视觉感受,做到美观大方,以期达到"先文夺人"的效果。

第二节　求职面试礼仪

面试是通过与求职者直接交谈或将求职者置于某种特定情境中进行观察,

了解求职者素质状况、能力与个性特征及求职动机等,测评求职者适应职位的可能性和发展潜力。面试是求职过程中相当重要的一个环节,直接关系着求职者能否顺利找到一份合适满意的工作。

面试礼仪是求职者的个人修养在面试过程中全方位的展现,体现在最细微的举手投足之间。招聘者总是于最细微处观察和认定求职者的层次,推断其是否适应职位要求等。因此,在面试过程中要严格要求自己,遵守一定的礼仪要求。

一、基本要求

除了精心准备业务知识外,面试时还要注意仪表端庄、举止优雅、言谈得体。

(一)仪表

面试时,求职者的仪容仪表必须经过认真修饰,仪容、化妆、服饰都必须规范、得体。具体要做到下整洁、庄重、正规。

1. 整洁

仪表必须干净、整齐。男士要理发、剃须;女士则需要整理好发型。面试所穿的衣物必须无污迹、无破损、无皱折。衬衫的领口与袖口,要保持洁白无瑕。肮脏、破损、皱折的装扮会让人感觉你缺乏诚意。

2. 庄重

修饰仪表必须围绕面试这一中心进行。作为求职者,仪表应与所应聘职业的身份符合,多以庄重为好。化妆不要过分浓烈、夸张。发型与服饰不要过分"前卫"。女士忌穿露肩、露胸、露背、露腰的"四露"服饰,同时忌穿露趾、露跟的"两露"鞋子。另外服饰不要过分花哨、可爱。最好穿中性色系、质料较好的服装。

3. 正规

凡应聘高职位或到大公司、外资企业求职时,宜按其常规穿正装,即套装、套裙、制式皮鞋,化淡妆,发型雅致,服装色彩越少越好,首饰佩戴以少为佳。

(二)举止

面试时行为举止也很重要,它从一个侧面反映了求职者的修养、品性和阅历等。具体要做到大方自然、文明优雅。

1. 大方自然

面试时举止应大方自然,有条不紊,不可东张西望、缩手缩脚,显出拿不定主意的样子。要沉得住气,表现出临阵不慌、见过世面的成样子,不可举止呆板、矫

揉造作或慌乱不堪、手足无措。

2. 文明优雅

面试中要坐有坐相,站有站相,不可指手划脚、挖鼻揉眼、抓耳挠腮等。文明优雅的举止有助于塑造求职者的高雅形象,增加求职者的好感。

(三) 谈吐

面试中很重要的是口头回答问题,因此要特别注意自己的语言、语调、语气等方面,做到礼貌、标准、连贯、简洁。

1. 礼貌

指在自我介绍和回答问题时,谈吐显得文明礼貌。如见面时问好,面试结束后致谢、道别等。对己多用谦语,对考官多用敬语。

2. 标准

指回答问题时完整、准确,不可答非所问、张冠李戴、东拉西扯;还指语言标准,如多用专业术语、规范词语;口音标准,尽量讲普通话。

3. 连贯

自己所提供的资料与面试时涉及的内容一致、连贯;回答时不可吞吞吐吐、前言不搭后语。

4. 简洁

谈吐简洁也是判断求职者能力的标准之一。交谈时应该做到言简意赅,简明扼要。

二、注意事项

(一) 提前到达

参加面试,应该准时。最好在面试前5~10分钟抵达现场,以表求职者的诚意,给对方信任感;同时还可以稍事休息,做一些简单的准备。如果去得较早,面谈尚未开始,可以耐心地等待。如果迟到,会给招聘者留下不好的印象,甚至可能丧失面试的机会。

(二) 从容进入

进入面试房间时不要紧张。不论门是开是关,都要先轻轻敲门,得到允许后才能进入。进入时不要探头探脑,应整个身体一同进去,然后将门轻轻关上,转身面对招聘者,面带微笑。

(三) 适当寒暄

向招聘者主动问好致意,称呼应当得体。并简短的自我介绍:"您好,我是×

××,很高兴见到您……"

（四）态度平和

招聘者提问时,要从容应对,态度平和。说话速度不快不慢,清晰流畅。要善于倾听,一般不要打断招聘者的问话或抢问、抢答,以免给人急躁、鲁莽的印象。当不能回答某一问题时,应如实告知,不可含糊其辞、胡吹乱侃。

（五）注意肢体语言

进入面谈室时,不要一看到椅子就立即坐下,应该等对方示意后再坐。坐下后,身体要稍微前倾,显示神情专注,也显得较为机敏与精神。交谈时要正视对方,但不可直直地瞪或直盯对方,切忌眼神不正、闪躲或乱瞟。

第三节　电话求职礼仪

电话求职是指通过电话自荐的一种求职方式。电话求职快捷方便,是目前求职者较为喜欢的一种求职方式。如何利用电话交谈中短暂的几分钟,以简洁的语言清楚地展示自身优势,给人留下良好的印象,除了需要做好精心准备外,还需有遵守相关礼仪要求。

一、基本要求

求职电话礼仪除了包括前面章节中所提及的"电话礼仪"中的一系列问题外,还要特别注意以下几个方面。

（一）充分了解招聘方

打出电话前应对招聘方充分了解,例如了解单位的名称全称、性质、主要业务、用人需求等,尽量做到心中有数,这样可以在通话中找到更多的沟通话题。有明确目的的对话才会得到期待的结果。

（二）选择恰当时间

根据招聘单位的工作时间,选择通话时间。一般在上午 9 点到 10 点之间比较合适。中午 12 点到下午 2 点之间不要打电话,以免打扰对方休息。还应避开刚上班或快下班两个时段。因为上午刚上班和下午准备下班这两个时间段,通常都是公司中最忙碌的时候。

（三）言辞谦和有礼

通话时要谦和有礼,语言称述简洁,口齿清晰,语调温和,富有表现力。电话接通后先礼貌问候,询问对方是否方便接听,以免干扰对方工作。通话完毕要礼貌道别,不可突然挂断电话。如果遇有不清楚的问题,可以向对方询问,但始终要保持彬彬有礼。

(四)控制通话长度

通话时间宜短不宜长,每次通话一般 3～5 分钟为好。

(五)注意倾听对方

打电话时,要认真倾听对方讲话,重要内容要边听边记。同时,还应礼貌地呼应对方,如适度附和、重复对方谈话中的重点,不能只是说"是"或"好",要让对方感到你在认真倾听,不要轻易打断对方的谈话。

(六)选择安静场所

打求职电话,要特别注意周围环境,在嘈杂的环境中,除了听不清楚之外,容易让人焦躁。所以一定要慎选场所,以免失礼。

二、自荐技巧

电话求职时,除了要树立良好的"电话形象"外,还要充分展示自己的优势,给对方留下深刻清晰的印象,须掌握一些具体技巧。

(一)准备通话内容

求职者如不清楚打电话时该说什么,可事先查询资料或请教有经验者,以免电话交谈时"卡壳"。一般求职者可以在自荐后询问如下问题:对方对所需人才的要求;所需要的工作位置。而用人单位多会询问如下问题:学历、年龄、籍贯、政治面貌;工作经验、特长、兴趣、爱好;对公司的看法,为何选择本公司等。求职者可提前准备好该如何回答。

(二)认真打好"腹稿"

电话中该说些什么,打多长时间,事先拟出要点和顺序,备齐资料。电话拨通后,先问一声"您好",接着说"您是某某单位吗"? 得到明确答复后,再说明自己的身份和意图。要用简短的话语描述自己的特长和技能,简要地介绍自己。

(三)注意礼貌称呼

电话接通后,求职者可先称对方为"老师"。"老师"不仅指学校里的老师,还被当做一个广泛的称谓。初次打电话,在不了解对方身份的情况下,称呼对方"老师"比较礼貌。但在得知对方的姓氏、身份、职位以后,则应该用职务称呼。

(四)拉近彼此关系

电话接通后,除了表示对对方的尊重外,还要注意适时拉近与对方的关系。

如用"咱们公司",将自己当做用人单位的一员,拉近双方的距离。在对方询问的过程中,求职者要注意捕捉对方问题以及兴趣所在;然后积极思考,快速反应,运用恰当的语言表达方式使回答达到理想的效果。

三、注意事项

(一)保证通讯信号正常

要使用通讯信号正常的电话,以免在通话过程中信号中断或接听不良。如不使用无线电话,不在打电话时来回走动等。

(二)避免提及敏感问题

通话时避免提及加班、休假、薪资待遇等敏感话题。初次通话就问有关加班、休假的问题,容易让人质疑求职者的敬业态度;至于薪资待遇,用人单位在不清楚求职者的能力前,是无法立即回答的。

思考题:

1. 简历的基本内容有哪些?
2. 撰写求职信时要注意哪些礼仪要求?
3. 求职面试的礼仪要求有哪些?
4. 电话求职时要注意哪些方面?

案例分析题:

某公司招聘文秘人员,由于待遇优厚,应者如云。中文系毕业的小张前往面试,她的背景材料是最棒的:大学四年中,在各类刊物上发表了近3万字的作品,有小说、诗歌、散文、评论、政论等;为六家公司策划过周年庆典;一口英语表达极为流利;书法也堪称佳作。小张五官端正,身材高挑、匀称。面试时,招聘者拿着她的材料等她进来。小张上穿露脐装,下着迷你裙,涂着鲜红的唇膏,轻盈地走到一位考官面前,不请自坐,随后跷起二郎腿,笑眯眯地等着问话,孰料,三位招聘者互相交换了一下眼神后,主考官说:"张小姐,请回去等通知吧。"她喜形于色:"好!"挎起小包飞跑出门。

问题:小张能等到录用通知吗?为什么?假如你是小张,你打算怎样准备这次面试?

第十章　办公与会议礼仪

导学案例

　　小王的公司应邀参加一个研讨会,该次研讨会邀请了很多商界知名人士及新闻界人士参加。老总特别安排小王和他一块去参加,同时也让小王见识见识大场面。小王早上睡过了头,等他赶到,会议已经进行了二十分钟。他急急忙忙推开了会议室的门,"吱"的一声脆响,他一下子成了会场上的焦点。刚坐下不到五分钟,肃静的会场上又响起了"洗刷刷,洗刷刷……",原来是小王的手机响了!这下子,小王可成了全会场的"明星"。

启　　示

　　不管是参加自己单位还是其他单位的会议,都必须遵守会议礼仪。因为在这种高度聚焦的场合,稍有不慎,便会严重有损自己和单位的形象。

学习目标

　　1. 理解办公室环境礼仪、语言礼仪;

　　2. 掌握办公室行为规范礼仪;

　　3. 掌握会议筹备组织礼仪;

4. 了解会议期间、会后的工作；

5. 掌握参加会议的礼仪；

6. 了解会见、会谈的含义；

7. 掌握会见、会谈的礼仪要求。

第一节　办 公 礼 仪

办公礼仪主要指人们在办公室工作时应遵循的礼仪。办公礼仪不仅是对同事的尊重和对单位文化的认同，更重要的是每个人为人处事，礼貌待人的最直接表现。办公礼仪涵盖的范围其实不小，但凡电话、接待、会议、网络、公务、公关、沟通等都有各式各样的礼仪。

一、办公室环境礼仪

（一）办公室的配置

办公室的配置，就是办公室的家具布置和空间设计，必须考虑到符合各种沟通、确保守密、心理调适、情绪转换以及休息等要求。办公桌椅、橱最好选择白色或淡紫色。坐椅最好用转椅，可以调节高低、方向，两边有扶手，以承担手背的重量，后有低靠背，办公累了，可以靠靠背挺挺腰。

（二）办公室的照明

一般来说，要尽可能采用自然光照明，注意光线不能太强，必要时可用百叶窗或窗帘来调节采光。在操作办公器械时，为了防止眼睛疲劳，避免光线过于刺眼或光度不够，可使用带有灯罩的照明灯具。

（三）办公室的空气

室内最适宜的办公温度应在摄氏 20～26 度之间；最适宜的湿度应保持在 40%～60%之间。要注意空调送风口吹出的冷（热）气，不能直接吹向人体，需要在室内放置温度计及湿度调节器，以保持合适的温湿度，有益健康。办公室也不能整天封闭使用空调，应有一定的时间打开窗户，换取自然新鲜空气。此外，还应做到不在公共办公区吸烟，不吃气味过于浓烈的食物等，以保护空气环境。

（四）办公室的美化

办公室室顶、墙壁、地板、家具色彩宜用自然柔和的搭配，暖色或冷色或中间色,基调应统一,反差不要太大。一般天花板用白色,墙壁用淡色,地板可以深些。这样可减少眼睛疲劳和心情紧张,提高工作效率。

办公室内放置一些花卉盆景,可消除疲劳及提高注意力,但要注意早晚通风。格调高雅的挂画,也会使人产生积极情绪,可以和花卉盆景、植物同时采用。

(五) 办公环境的安静

据研究,在有噪音环境下的工作效率与无噪音环境下的工作效率要相差25%左右。办公地点应尽量避免噪音污染严重的区域。室内天花板、墙壁应采用吸音、隔音的建筑材料,窗户采用双重玻璃隔绝,室外绿化也有助于减轻噪音。防止和减少室内噪音的主要措施是:

1. 应自觉地减少人为的噪音,如轻声走路,轻手关门,工作时间不闲聊,更不扎堆聊天、大声喧哗。看电视和听音乐在休息时间进行。

2. 努力降低办公设备的噪音,如在打印机上罩上隔音罩或四周用吸音屏风围起来,对噪音特别大的机器,四周的隔音壁一直要顶到天花板。

3. 办公室的其他设施均应考虑到噪音防护,如空调机要选用噪音小的型号,地上铺设地毯以减轻脚步声和桌椅的移动声。

(六) 办公环境的安全整洁

1. 个人办公区要保持办公桌位清洁,非办公用品不外露,桌面码放整齐。当有事离开自己的办公座位时,应将座椅推回办公桌内。

2. 饮水时,如不是接待来宾,应使用个人的水杯,减少一次性水杯的浪费。不得擅自带外来人员进入办公区,会谈和接待安排在洽谈区域。

3. 禁止在办公家具和公共设施上乱写、乱画、乱贴;保持卫生间清洁;在指定区域内停放车辆。

4. 节约水电。下班离开办公室前,使用人应该关闭所用机器的电源,将台面的物品归位,锁好贵重物品和重要文件。最后离开办公区的人员应关电灯、门窗、及室内总闸。

二、办公室仪表礼仪

与严格规范的职业环境相对应,办公室工作人员必须仪表端庄、整洁。穿着打扮有以下具体要求。

(一) 仪容修饰要求

1. 办公室人员的头发要经常清洗,保持整洁,做到无异味,无头皮屑;男士的头发前边不能过眉毛,两边不能过鬓角;女士在办公室的发式要大方,不宜梳怪异发型,尽量不要留披肩发,前边刘海不能过眉毛。

2. 女士要化淡妆上岗,不宜浓妆艳抹;男士不能留胡须,胡须要经常修剪,要干净清爽。

3. 办公室人员指甲不能太长,应经常注意修剪,保持干净整齐。女性员工涂指甲油要尽量用淡色。

4. 办公室人员应该做到身体清洁无异味,口气清新,上班前不喝酒或吃有异味的食品。

(二) 服饰打扮要求

办公室工作场所的服装应清洁、方便,装扮淡雅得体,不应过分华丽。许多组织要求员工穿着制服。制服反映了职业的特点,体现了职级和权威,并且整齐划一。如果是穿着制服,应遵守下列要求。

1. 制服要求洁净、平整,无污迹、无破损、无补丁,显得既庄重又亲切。

2. 制服纽扣应该扣好,工牌应佩戴在左前胸(衣袋上方),端正且干净。

3. 外出前或在众人面前出现时,应佩戴领带,并注意与西装制服、衬衫颜色相配。领带不得肮脏、破损或歪斜松弛。

4. 穿着与工作制服颜色相称的皮鞋;鞋子应保持清洁,如有破损应及时修补,不得穿带钉子的鞋;也不应赤脚或穿拖鞋。

5. 不可佩带夸张首饰、吊坠耳饰等。

6. 内衣不外穿;衬衫的领子与袖口不得污秽。

三、办公室行为规范礼仪

(一) 出入房间

进入房间,无论房门是否关着,都要先轻轻敲门,听到应答再进。进入后,回手关门,不能大力、粗暴。进入房间后,如对方正在讲话,要稍等静候,不要中途插话,如有急事要打断对方,也要看准机会并说:"对不起,打扰一下你们的谈话。"

(二) 走路和乘电梯

走通道、走廊时要放轻脚步。不要一边走一边大声说话,更不得唱歌或吹口哨等。与别人一起进出门,或在通道、走廊里遇到上司或客户时应谦让,不可以我为尊,旁若无人。进出电梯门,可先到者先行。如果是陪同不止 1 位客人,主人应先进后出,按着开关让客人先行;上下楼梯或乘自动电梯,位置应靠右。

（三）吃喝洗涮

吃饭喝水都要文明。吃饭时不能咂咂有声，碗筷碰得叮当响，喝水也不能边喝边"呸"掉茶叶。不宜在办公室内吃有浓烈气味的食品，更不应让食物残渣遗留在办公室里。喝水吃饭都要避免污染文件书报，不宜使用无密封盖的水杯或一次性杯子，以免翻倒影响文件的归档保管。

办公室里应该禁烟，如有条件可设立吸烟区，以免影响室内整体环境和气氛。在办公室和盥洗室要保持卫生整洁。便池用完要及时放水冲洗，茶叶果皮纸巾等垃圾不可倒在水池中，以免堵塞下水道影响正常使用。

（四）琐细小节

要维护好办公室的各种电器设备，不能滥开滥用，更不可违章以公物为私事服务；借用设备应办理借用手续。不能随意改动公用电脑中的程序，不该随便用别人的口令密码；当他人输入密码时自觉将视线移开，也不张望别人正在操作着的文件内容。收到邮件仔细看清收件人名称，以免误拆误看。

关门窗、橱柜、抽屉时，声音要轻，动作宜缓。公用物品用好必须放归原位，私人物品不要占用公用橱柜。不翻看不属自己负责范围内的材料及保密信息。对其他同事的客户也应积极热情。同事之间相互尊重，未征得许可不随便使用他人物品，及时归还所借物品并表示感谢。

打断会议不敲门，而是进入会议室将写好的字条交给有关人员；办公时间不大声笑谈，交流问题应起身走近，声音以不影响其他人员为宜；办公室人员之间递交物件（如递文件）时，要把正面、文字对着对方的方向递上去；如是钢笔，要把笔尖朝向自己，使对方容易接着；刀子或剪刀等利器，应把刀尖向着自己。

在食堂买饭是否排队，自己的自行车或汽车停放是否妥当，用完自来水龙头是否关紧……这些琐碎细节，点点滴滴，都反映出办公室人员的道德水准和礼仪风范。

四、办公室语言礼仪

在办公室里与同事交往离不开语言沟通。俗话说"一句话让人跳，一句话让人笑"，同样的目的，但表达方式不同，造成的后果也大不一样。办公室语言礼仪要做到以下几点。

首先，不要跟在别人身后人云亦云，要学会发出自己的声音。领导和上司赏识那些有自己头脑和主见的员工，一味地"抬轿子"、"吹喇叭"等，不仅有损自己的人格，还可能引起上级的反感和轻视。因而，要显示出尊重、慎重和自信，避免过分拘谨、谦恭、服从。只要是从工作出发,摆事实讲道理;并在了解他人性格、爱好、语言习惯等基础上,不必害怕表示自己的不同观点。在与上级沟通时,要选择有利的时机谈话,并注意说话的方式方法。

其次,不要在办公室里当众炫耀自己,不做骄傲的孔雀。如果自己的专业技术很过硬,如果得到老板的肯定和赏识,那也应该保持谦逊的态度,甚至应该更加小心谨慎。更加留心他人的感受和困难,做些工作维护团队的利益等等。这样,才能赢得更广泛的好感,争取更长远的利益。

再次,不宜把办公室当作诉说心事的地方,随便找人倾诉生活中出现的个人危机,如失恋、婚变之类;对上司、同事有意见有看法,更不应该向人袒露胸襟。虽然这样的交谈能很快拉近人与人之间的距离,让人们之间的关系变得友善、亲切起来,但喜欢向人倾吐苦水的习惯很可能带来职业和生活上的麻烦,因隐私泄露、形象受损而陷入尴尬境地。

五、办公室同事相处礼仪

(一) 办公室人员相处原则

1. 真诚合作。同事之间属于互帮互助的关系,俗话说一个好汉三个帮,只有真诚合作才能共同进步。

2. 同甘共苦。同事有困难,应主动问讯。对力所能及的事应尽力帮忙,这样,会增进双方之间的感情,使关系更加融洽。

3. 公平竞争。同事之间的竞争是正常的,有助于大家的共同成长,但切记要公平竞争,不能在背后耍阴谋使手段,做损人不利己的事情。

4. 宽以待人。同事之间相处,一时的失误在所难免。如果出现失误,应主动向对方道歉,征得对方的谅解;对双方的误会应主动向对方说明,不可小肚鸡肠,耿耿于怀。

(二) 办公室人员相处礼仪

1. 领导对下属的礼仪

领导对下属应该亲切平和、尊重体贴。接受下属服务时应说"谢谢";下属打招呼时应点头示意或给予回应;下属出现失礼时应宽容对待,对下属的失误要耐心批评指正;与下属谈话要善于倾听和引导,提问的语言和声调应亲切平和;对下属的建议和意见应虚心听取,合理之处及时给予肯定和赞扬。

2. 下属对领导的礼仪

尊重领导、维护领导威望是下属对领导的基本礼仪。遇到领导主动打招呼,进门时主动礼让。与领导说话要注意场合和分寸,不失礼不冒犯,不在背后议论领导是非;向领导汇报工作要遵守时间,进领导办公室应轻轻敲门,经允许后方可入内;汇报时要文雅大方、彬彬有礼、吐字清晰,语调声音自然恰当;汇报结束后,领导如果谈兴犹存,应等领导表示结束时才可告辞。

3. 同事之间的礼仪

同事之间要彼此尊重,见面时主动打招呼,说话时语气亲切热情。与同事交流和沟通,不可表现得过于随便或心不在焉。对非原则性问题,不过于坚持自己的观点,懂得礼节性理解和回应。不随便议论同事的短长,对同事遇到的困难热心相助。

第二节 会 议 礼 仪

一、会议礼仪

所谓会议,是指将人们组织起来,在一起研究、讨论有关问题的一种社会活动方式。不论是召集、组织会议,还是参加会议,为会议服务,公关人员都有一些基本守则、规矩必须遵守。此类与会议相关的守则、规矩,就包括会议礼仪。会议礼仪的关键性内容有会议筹备组织礼仪、与会者礼仪等。

(一) 会议筹备组织礼仪

要成功举行会议,均须进行缜密而细致的筹备和组织工作。会议在进行前、进行时与进行后又各有不同的要求。负责会议筹备和组织的会务人员,必须要遵守常规,细致严谨,讲究礼仪。

1. 会议的准备工作

举行任何会议,都应该先行确定其会议主题(包括会议名称),明确会议举行的时间、地点。负责筹备会议的工作人员,应围绕会议主题,将领导议定的会议的规模、时间、议程等组织落实。通常要组成专门班子或成立会议秘书处,明确分工,责任到人。

(1) 会场的选择。应考虑交通便利、设施齐备、环境安静的地点,便于与会者方便到会,安心地开会。在具体选择上,要把与会人数、与会者职位、是听报告还是讨论等不同内容都考虑进去。大型会议还应配有候会休息处、小组讨论处、秘密写票处、资料查询处等,使与会者能方便舒适地参加会议,并很好地行使自己的权利。

（2）通知的拟发。按常规，举行正式会议均应提前向与会者下发会议通知。它是由会议主办单位发给所有与会单位或全体与会者的书面文件，包括向有关单位或嘉宾发的邀请函。会议通知一般应由标题、主题、会期、出席对象、报到时间、报到地点以及与会要求等七项要点组成。拟写通知时，应保证其完整而规范。拟写完的会议通知应及时发出，并设法送达与会者手中，不得耽搁延误。

（3）文件的起草。会议上所用的各种文件材料，一般应在会前准备妥当。需要认真准备的会议文件，主要有会议的议程、开幕词、闭幕词、主题报告、大会决议、典型材料、背景介绍等。有的文件应在与会者报到时就要下发。

（4）会场布置。采办必需的会议用品，如纸张、本册、笔具、文件夹、姓名卡、座位签以及饮料、声像用具等，做好以下工作：

1）气氛、色调应与会议目的相称。根据不同形式的会议，以及不同会议的目的，会场布置应该在整体上呈现不同的气氛和色调。如代表大会、人大会议应庄严、肃穆；商贸洽谈、探讨合作应轻松、简洁；庆祝会、联谊会应喜庆、热烈等。重点要布置好会标（应该是会议名称的全称）、会徽（应能突出或象征会议精神）、画像、标语（应能体现会议精神，具有宣传性和号召力）、旗帜、花卉（以表现文化色彩，涉外会议应选取最有代表性的我国原产花卉）等。

2）面积、设施应满足会议需要。应根据会议规模选择会场，在此基础上再考虑会场的功能。现代会场除了有为会议服务的电影、幻灯、录音、录像、普通扩音设备外，还有会议专用的音响设备、同声传译设备、电子图形设备、电子表决设备、电子签到机和计算机计票系统等。有的会议桌前还有计算机终端，可以显示屏幕阅读文件，查询大会表决结果，调阅资料等。

大中型会议的用品除了以上这些之外，还应该包括桌椅、照明电器、卫生用具、安全通道、消防设施等会场基本设施，笔、纸等常用文具，茶水、茶杯、毛巾等生活卫生用品，打字机、复印机等印刷设备，传真机、电话机等通信设施，以及专门性会议所用的物品，如颁奖会的奖品与证书，选举会用的选票和投票箱等。

（5）会场座位的格局。桌椅摆放应符合会议要求。会场中的桌椅和摆放形式对与会者心理和会议的顺利进行非常重要。一般而言，会场形式依会场的大小、形状、会议的需要、与会人数的多少而定，通常呈圆形、方形或其他形状。

1）圆桌式与方桌式。在圆桌或者方桌的周围安放椅子，可以让与会者互相看得见。领导和会议成员可以无拘无束地自由交谈，适合于召开 15～20 人左右的小型会议。

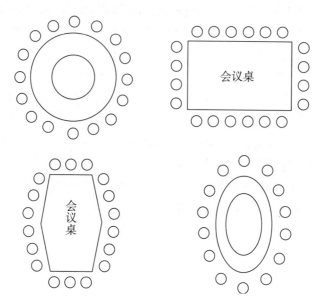

2）"口"字型。如果出席会议的人较多,用口字型的排列,外侧可以安排几层与会者。

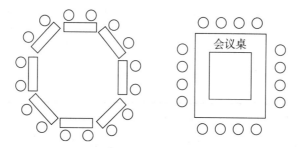

3）U 字型和 V 字型。U 字型多用于学习会议。在人数多,并且需要使用黑板的场合,这种排列大家都能看得很清楚。V 字型是用在有幻灯片或录像机时,参加的人不用移动,也能观看。

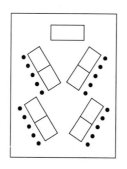

4）教室型。这是大中型会议所采用的会议配置。主要特征是主席台和代表席采取上下面对面的形式,突出了主席台的地位。还可以分为礼堂式、"而"字形等,适合召开代表大会、总结表彰会等。如说明会等以传达信息为目的的会议,也可采用这种形式。

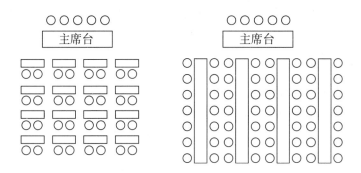

如果按照会议规模大小考虑座位的安排,应遵守以下规则:

1) 小型会议。小型会议的排座,主要有自由择座,即不排固定的具体座次,由与会者自由选择座位就座;面门设座,以面对会议室正门之位为会议主席之座,其他与会者在其两侧自左而右地依次就座;依景设座,会议主席的位置背依会议室内主要景致如字画、讲台等,其他与会者的排座,略同于前者。

2) 大型会议。会场分设主席台与群众席。主席台上应有双向的姓名牌,并可适当摆放鲜花。主席台背后悬挂会标或旗帜。

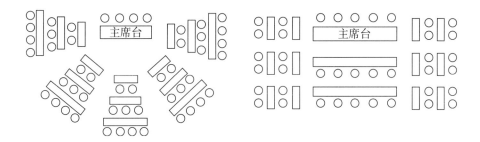

(6) 主席台席次安排

主席台席位视人数设一排或数排,席位的次序应以主席团成员的职务高低、对会议的重要程度而定。

1) 主席台排座。按照惯例:一是前排高于后排,二是中央高于两侧,三是右侧高于左侧。具体来讲,主席台的排座又有单数与双数的区分。如果人数是单数,则第一排的正中为首席,其次是左位,再次为右位,依次类推;如果主席台上的人数是双数,那么身份最高者两位位于中间,第一位居中间靠右,第二位居中间靠左,第三、四位分别在第一、二位的右、左边,依次类推。

领导人为单数的
主席台座次安排

领导人为双数的
主席台座次安排

双方共同主持的
主席台座次安排

在主席台前右侧还可设置讲台,用于发言人讲话。主席台上可适当摆放鲜花。主席台背后悬挂会标或旗帜。

2)主持人坐席。会议主持人,又称大会主席。其位置有三:一是居于前排正中央;二是居于前排的两侧;三是按其具体身份排座,但不宜坐后排。

3)发言者席位。正式会议,发言席的位置有二:一是主席台的正前方,二是主席台的右前方。

(7)观众席座次安排

大型会议对与会人员的座次应统一安排,可以采用以下方法排列:按姓氏汉字笔画多少排列、按地理位置排列、按行业系统排列。在同一楼层排座时,可以面对主席台为基准,自前往后进行横排,或自左而右进行竖排。

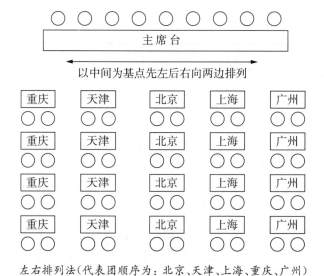

左右排列法(代表团顺序为:北京、天津、上海、重庆、广州)

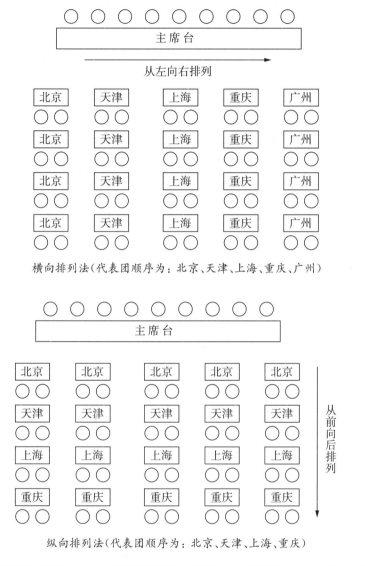

横向排列法(代表团顺序为:北京、天津、上海、重庆、广州)

纵向排列法(代表团顺序为:北京、天津、上海、重庆)

（8）根据会议规定,与外界搞好沟通。比如与新闻部门、公安保卫部门进行联系,或请其协助做好工作。

2. 会议期间的工作

（1）迎送服务。会议举行期间,一般应安排专人在会场内外负责迎送、引导、陪同与会者。对与会的贵宾以及老、弱、病、残、孕者,少数民族人士、宗教界人士、港澳台同胞、海外华人和外国人,还应重点照顾。对于与会者的正当要求,应有求必应。

（2）会议签到。为掌握到会人数，严肃会议纪律，凡大型会议或重要会议，通常要求与会者在入场时签名报到。会议签到的通行方式有三：一是签名报到，二是凭会议通知报到，三是刷电子签到卡报到。负责此项工作的人员，应及时向会议的负责人进行通报。

（3）餐饮安排。时间较长的会议，一般为与会者安排会间的工作餐。与此同时，还应为与会者提供卫生可口的饮料。会上所提供的饮料，最好便于与会者自助饮用，不提倡为其频频斟茶续水。如有必要，还应为外来的与会者在住宿、交通方面提供力所能及、符合规定的方便条件。

（4）会议记录。凡重要的会议，均应进行现场记录，其具体方式有笔记、打印、录入、录音、录像等。可单用某一种，也可交叉使用。负责手写笔记会议记录时，对会议名称、出席人数、时间地点、发言内容、讨论事项、临时动议、表决选举等基本内容要力求做到客观、完整、准确、清晰。

（5）编写简报。有些重要会议，在会议期间要编写会议简报。编写会议简报的基本要求是快、准、简。快，是要求其讲究时效；准，是要求其准确无误；简，则是要求文字精练。

3. 会议的善后工作

会议结束，应做好必要的后续性工作，以便使之有始有终。主要包括三项：

（1）形成文件。这些文件包括会议决议、会议纪要等。一般要求尽快形成，会议一结束就要下发或公布。

（2）处理材料。根据工作需要与有关保密制度的规定，在会议结束后应对与其有关的一切图文、声像材料进行细致的收集、整理工作。收集、整理会议的材料时，应遵守规定与惯例，应该汇总的材料，一定要认真汇总；应该存档的材料，要一律归档；应该回收的材料，一定要如数收回；应该销毁的材料，则一定要仔细销毁。

（3）协助返程。大型会议结束后，其主办单位一般应为外来的与会者提供一切返程的便利。若有必要，应主动为对方联络、提供交通工具，或是替对方订购、确认返程的机票、船票、车票。当团队与会者或与会的特殊人士离开本地时，还可安排专人为其送行，并帮助其托运行李。

（二）会议参与者的礼仪

1. 会议主持人的礼仪

会议主持人，往往是单位的领导人，其礼仪表现对会议的圆满成功有着重要影响。

（1）主持人应衣着整洁，大方庄重，精神饱满，切忌不修边幅，邋里邋遢。

（2）走上主席台时步伐应稳健有力，行走速度要根据会议的性质而定。

（3）如果是站立主持，应该双腿并拢，腰背挺直。单手持稿时，右手持稿的底中部，左手五指并拢自然下垂；双手持稿时，应与胸齐高。如果是坐姿主持，应该身体挺直，双臂前伸，两手轻按桌沿。主持过程中切忌出现搔头、揉眼、拦腿等不雅动作。

（4）语言表达应思维敏捷，口齿清晰，简明扼要。

（5）要根据会议性质调节会场的气氛，或庄重沉稳，或活泼幽默。

2. 会议发言人的礼仪

会议发言有正式发言和自由发言两种，前者是领导报告，后者是讨论发言。正式发言者，应衣冠整齐，走上主席台应步态稳健，刚劲有力，体现成竹在胸、自信自强的风度。发言时应表达流利，条理清晰。如果是书面发言，不能一味低头读稿，应时常抬头扫视会场。发言完毕，应对听众的倾听表示谢意。

自由发言则较随意，但也要注意讲究顺序和秩序，不能争抢发言；发言时应观点明确，简洁有理；与他人有分歧时，应态度平和，以理服人，并听从主持人的指挥。

如果与会者提出问题，发言人应态度诚恳，礼貌作答。对不能或不便回答的问题，可机智灵活地应对，对提问者的批评和意见应认真听取，即使批评是错误的，也不应失态。

3. 会议参加者的礼仪

会议参加者应衣着整洁，仪表大方，准时入场，进出有序，依会议安排落座。开会时应认真听讲，切忌与人交头接耳、哈欠连天。每当发言精彩或结束时，都应鼓掌致意。中途离场要轻手轻脚，不影响他人。会议进行时禁止吸烟，应将手机关闭或调整到振动状态。

（三）常见会议的礼仪须知

1. 工作会议礼仪

工作会议礼仪的对象主要是本单位、本行业或本系统的人员。

（1）遵守会议纪律。与会者的会议着装应该是工作装。应提前五分钟左右到会场，开会时认真听讲，并适时地鼓掌，以示对发言者的肯定和支持。不能出现趴着倚着、低头睡觉、交头接耳、接打电话、来回走动等行为。应该尊重发言者并表现出自身的礼仪修养。

（2）端正会风。工作会议容易陷入开会过多、过长，以致养成办事拖拉、工作效率低下等形式主义误区。我们应从控制会议、提高会议效率两方面入手。

1）控制会议，就是对会议数量、规模、经费、时间、地点等做出明确规定。严格履行会议审批、经费使用额度、管理权限的条例，并由专人严格监督执行。做到可开可不开的会议坚决不开，开会必须解决具体问题。

2）提高会议效率。可以通过改进会议方式，运用现代通讯设备如电视、广播、电话、互联网进行开会，以节约会议成本。做到集中主题，压缩内容，限定时间。

2. 洽谈会礼仪

洽谈会是重要的商务活动。成功的洽谈会既要讲谋略，更要讲礼仪。

（1）洽谈会的礼仪性准备。筹备洽谈会时，应当注重自己的仪表，预备好洽谈的场所、布置好洽谈的座次，并且以此来显示对于洽谈的郑重其事和对于洽谈对象的尊重。

洽谈会是单位和单位之间的交往，所以应该表现的是敬业、职业、干练、效率的形象。在仪表上有严格要求。男士应穿深色三件套西装和白衬衫、打素色或条纹式领带、配深色袜子和黑色系带皮鞋。不准蓬头垢面，不准留胡子或留大鬓角。女士要穿深色西装套裙和白衬衫，配肉色长筒或连裤式丝袜和黑色高跟、半高跟皮鞋。应选择端庄、素雅的发型，化淡妆。不宜留摩登或超前的发型、染彩色头发、化艳妆或使用香气浓烈的化妆品。

（2）洽谈会的座次安排

公关人员如果能够用好礼仪这张"王牌"，在洽谈会的台前幕后，恰如其分地运用礼仪，迎送、款待、照顾对手，可以赢得信赖，获得尊重和理解。

举行双边洽谈时，应使用长桌或椭圆形桌子，宾主应分坐在桌子两侧。桌子横放的话，应面对正门的一方为上，属于客方。桌子竖放的话，以进门的方向为准，右侧为上，属于客方。

在进行洽谈时，各方的主谈人员在自己一方居中而坐。其余人员则应遵循右高左低的原则，依照职位的高低自近而远地分别在主谈人员的两侧就座。如果有翻译，可以安排就座在主谈人员的右边。

举行多边洽谈时，为了避免失礼，按照国际惯例，一般要以圆桌为洽谈桌来举行"圆桌会议"。这样一来，尊卑的界限就被淡化了。即便如此，在具体就座时，仍然讲究各方与会人员尽量同时入场，同时就座。

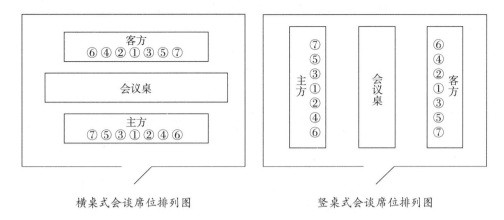

横桌式会谈席位排列图　　　　　竖桌式会谈席位排列图

（3）洽谈的三大方针

洽谈过程中，双方人员的态度、心理、方式、手法等，都对洽谈构成重大的影响。

1）要依法办事。洽谈者所进行的一切活动，都必须依照国家的法律办事，才能确保既得利益。

2）要礼敬于人。要求洽谈者在洽谈会整个进程中，时时、处处、事事表现出对对方的敬意。在今后的进一步商务交往中，就能发挥潜移默化"你敬我一尺，我敬你一丈"的功效。

3）要互利互惠、平等协调。洽谈是一种合作或为合作而进行的准备。圆满的结局，应当是洽谈各方都取得一定的成功，获得更大的利益。如果把商务洽谈视为"一次性买卖"，主张赢得越多越好，以自己的全胜和对手的彻底失败为最终结果，必将危及进一步合作。因而，要强调互利互惠、在平等基础上的各方协调。

3. 茶话会礼仪

茶话会是为了联络老朋友、结交新朋友，具有对外联络和招待性质的社交性集会。茶话会一般备有茶点，不排座次，与会者也不用签到，参加者可以不拘形式地自由发言。

茶话会礼仪，具体内容主要涉及会议的主题、来宾邀请、时间地点的选择、茶点的准备、座次的安排、会议的议程、发言七个方面。

（1）茶话会的主题，可以分为三类，即联谊、娱乐、专题。

以联谊为主题的茶话会最常见；以娱乐为主题的茶话会，为了活跃气氛，而安排一些文娱节目，并以此作为茶话会的主要内容，以现场的自由参加与即兴表演为主；专题茶话会，是在某个特定的时刻，或为某些专门问题而召开的

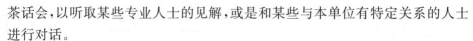

茶话会,以听取某些专业人士的见解,或是和某些与本单位有特定关系的人士进行对话。

(2)邀请来宾。主办单位在筹办茶话会时,必须围绕主题来邀请来宾,尤其是确定好主要的与会者。来宾可以是本单位的顾问、社会知名人士、合作伙伴等各方面人士。

茶话会的来宾名单一经确定,应立即以请柬的形式向对方提出正式邀请。按惯例,茶话会的请柬应在半个月之前被送达或寄达被邀请者,被邀请者可以不必答复。

(3)确定时间和地点。辞旧迎新、周年庆典、重大决策前后、遭遇危难挫折的时候,都是召开茶话会的良机。

举行茶话会的最佳时间是下午四点钟左右。有时也可安排在上午十点钟左右。具体操作时,应以与会者特别是主要与会者及当地人的生活习惯为准。茶话会时间可长可短的,关键要看现场有多少人发言,发言是否踊跃。如果把时间限制在一到两小时,效果往往会更好一些。

适合举行茶话会的场地主要有:一是主办单位的会议厅;二是宾馆的多功能厅;三是主办单位负责人的私家客厅;四是主办单位负责人的私家庭院或露天花园;五是高档的茶楼或茶室。餐厅、歌厅、酒吧等不合适举办茶话会。

(4)茶点的准备。茶话会重"说"不重"吃",因此,不上主食,不安排品酒,只提供茶点。但也应精心准备待客的茶叶、茶具。尽量挑选上品茶叶,并注意与会者的不同口味,如绿茶、花茶还是红茶。要选用陶瓷茶具,讲究茶杯、茶碗、茶壶的成套。

还可以为与会者略备一些点心、水果或是地方风味小吃。这些食品品种要适合、数量要充足,并要方便拿取,还要配上擦手巾。

(5)座次的安排。安排茶话会与会者座次可采取以下办法:

1)环绕式。不设主席台,把座椅、沙发、茶几摆放在会场的四周,不明确座次的尊卑,与会者入场后自由就座。这一安排方式最常见。

2)散座式。常见于在室外举行的茶话会。座椅、沙发、茶几可四处自由组合,甚至可由与会者根据个人要求而随意安置。这样容易创造出宽松、惬意的社交环境。

3)圆桌式。会场上摆放圆桌,与会者在周围自由就座。人数较少,仅在会场中央安放一张大型椭圆形会议桌即可;人数比较多可安放数张圆桌,让与会者自由组合。

（6）茶话会的基本议程

1）主持人宣布茶话会开始，并对主要与会者略加介绍。

2）主办单位负责人讲话。应以阐明茶话会主题为中心，还可代表主办单位对全体与会者表示欢迎和感谢。

3）与会者发言。与会者的发言是茶话会的重点。为使与会者直言不讳，畅所欲言，事先不应指定发言者，也不限制发言时间，而是提倡与会者自由即兴发言，并可多次发言，以补充、完善其见解和主张。

4）主持人总结。主持人略作总结后，就可宣布茶话会结束。

（7）茶话会的发言。茶话会假如没有人发言，或与会者的发言严重脱题，都将导致会议的失败。因此，主持人的作用就很重要，在现场上要审时度势，因势利导，并控制会议全局。大家踊跃争相发言时，主持人要决定先后次序；没人发言时，主持人要引出新的话题或请某位人士发言；会上有争执时，主持人要有效劝阻。在每位与会者发言前，主持人应对发言者略作介绍；发言前后，主持人要带头鼓掌致意。

与会者在茶话会上的发言及表现等必须礼貌得体。要求发言时可以举手示意，也要注意谦让；不管自己有什么高见，都不能随意打断别人的发言。肯定成绩时，力戒阿谀奉承；提出批评时，不能讽刺挖苦；切忌语言粗暴，甚至进行人身攻击。

二、会谈礼仪

（一）会见的含义和种类

会见是指双方见面会晤，交换意见，因此也称会晤。由于双方身份高低的不同，会见有不同的称呼，身份高的人会见身份低的人称之为接见和召见；反之，则称为拜见和谒见。

会见可分为礼节性会见、政治性会见和事务性会见，或者兼而有之。礼节性会见时间较短，话题较为广泛，一般不涉及实质性问题。政治性会见是国家或国际组织的领导人或特使之间就双边关系、国际局势等重大问题交换意见。事务性会见则涉及比较具体的业务或技术性问题。

（二）会谈的含义和种类

会谈是两个（或两个以上）国家、民族、政党或企事业单位之间，就共同关心的问题进行的磋商和交谈。会谈的目的是会谈各方能在求同存异的前提下取得谅解和共识，或达成某些协议，做出某项决定。会谈形成的条件是：会谈诸方有共同关心的问题；会谈诸方既有共同利益，又有各自的独立意志；参与会谈的人员,都应是某一国家、单位或个人利益的代表。

会谈从内容分,可分为政治会谈、边界会谈、经济会谈、军事会谈、科技会谈和文化会谈等;从参加会谈代表的多少分,可分为双边会谈和多边会谈;从会谈的开放程度分,可分为公开会谈和秘密会谈。

三、会见与会谈工作的要点

(一) 会见与会谈的前期准备工作

1. 确定议题和明确目标

公关人员应协助领导确定会见和会谈的中心议题和准备达到的目标。会见的目标一般为互通情况、沟通立场、消除分歧、确定原则。会谈的目标比较具体,往往是为了达成某个协议,应当根据双方的实际情况确定会谈的具体目标,包括最高目标和最低目标。在商务会谈中,最低目标就是价格底线。

2. 收集信息和分析双方材料

公关人员在会见和会谈之前,通过各种渠道了解并分析对方的各种信息,包括现实资料、历史资料,对方的意图和背景、人员组成、谈判底线和可能提出的条件等。依据这些帮助领导制定策略。

公关人员还应收集和会谈议题及目标有关的信息,如商务会谈中应了解货物的品名、规格、保险、检验、价格、付款方式及市场、技术、金融等方面的信息。掌握了这些资料,就掌握了主动权。

3. 确定参加人员

会见一般由领导人出面,领导人的人选应当根据对方求见的要求、双方的关系以及会见的内容性质来确定。会谈人员的组成,应该包括主谈人、专业人员、翻译和公关人员(兼记录员)。主谈人的级别应当与对方大致相等,并有权代表一级政府或组织。

4. 双方协商时间、地点

礼节性会见的时间一般安排在客人到达的当天或第二天宴请之前;其他会见,则根据需要确定具体时间。接见和召见一般安排在主人的办公室、会客室;回拜则安排在客人的住所进行。会谈的时间通常由双方共同协商后确定,地点可选择在客人所住的宾馆会议室。任何一方在时间、地点上有变化,必须征得另一方的同意。

5. 布置座位

国内会见,宾主双方按身份高低排列座位,各坐一边。涉外会见,应当按主左客右的国际惯例安排座位,即客人坐在主人的右边。

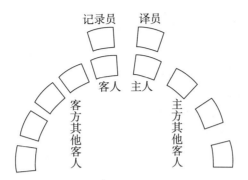

双边会谈通常将谈判桌排成长方形,双方各坐一边,主方位于背门一侧,客人面向正门。如会谈长桌一端向正门,则以入门的方向为准,右为客方,左为主方。双方主谈人位于中央,其他人员按照右高左低的规则排列;译员的位置在主谈人的右边,记录员的位置在两端或后排。多边会谈的座位可设置成圆形、多边形等。

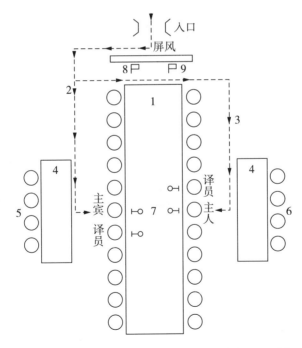

说明:1. 会谈桌　2. 客方行进路线　3. 主方行进路线　4. 双方记录桌
5. 客方记录员　6. 主方记录员　7. 扩音器　8. 客方国旗　9. 主方国旗

会谈现场示意图

（二）会见和会谈时的管理及服务

1. 迎送及合影

会见和会谈时,主方应提前到达,并在门口迎接宾客。接待人员和工作人员应在大门口迎候客人,并引入接见厅、会谈室。活动结束后,主人应视情况将客人送至门口或车前,并握手道别,目送客人离去。

合影前应安排好合影图,人数较多时,要准备合影架,使后排高于前排。涉外合影,主人居中,主宾在主人的右边,其余人员按身份高低先右后左排列,主宾双方交叉排列,两端应由主方人员把边。

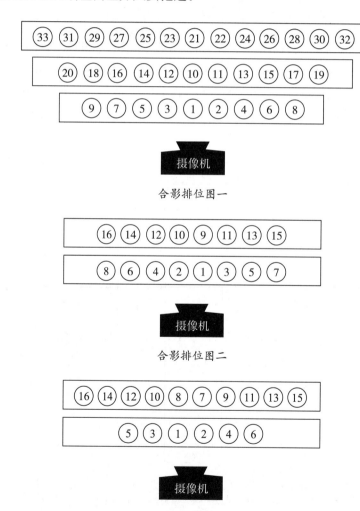

合影排位图一

合影排位图二

涉外合影图

2. 翻译、记录及服务

翻译和记录是会见和会谈时的两项重要任务,应力求做到全面、准确、清楚和快速。会见时招待的饮料,各国不一。我国一般只备茶水,夏天加冷饮,如会见时间过长,可适当加上咖啡(红茶)和点心。

3. 记者采访管理

会见、会谈是否允许记者采访,何时安排,以何种方式接受采访或发布消息,应该在准备阶段就订出计划,并报领导批准。在会见和会谈前,可安排几分钟的采访和摄影,在活动开始后,除特别安排的电视采访外,一般不安排采访。

(三) 会见和会谈结束后的工作

1. 整理文件并归档

会见时的记录必须归档。会谈结束后可能产生合同、协议书、议定书、条约、意向书、备忘录、会谈纪要、宣言等文件。这些文件是办公室人员在会谈记录的基础上起草的,应提交双方讨论和磋商,直至达成一致。最后,双方在履行签字程序后,文件才能生效。签字后的文件以及原始记录应当一起整理后归档。

2. 安排签字仪式

会谈在达成协议后往往订立条约或协议书,以作为正式确定的依据。签约有一定的仪式。

签约必须在双方或多方充分讨论、平等协商、达成共识并形成表达清晰、周密的文本的基础上进行。签字仪式的准备及程序可参看本书第十一章第三节签字仪式礼仪相关内容。

思考题:

1. 办公室环境礼仪主要有哪些方面?

2. 办公室行为规范礼仪主要有哪些方面?

3. 办公室与同事相处的礼仪有哪些?

4. 筹备组织会议时的礼仪有哪些?

5. 举办茶话会、座谈会时要注意哪些礼仪?

6. 会见、会谈的工作要点有哪些?

案例分析题:

某公司准备在某大厦召开大型新产品订货会,参加的有来自全国各地的人员。会议中有一项内容需要放映影像资料,进行产品操作演示。公司没有放映机,租借任务就交给了秘书小刘。会议召开时间是 8 月 9 日上午 10 点整,资料放映时间是 10:15。小刘打电话给租赁公司要求在 9 日上午 9:45 准时把放映机送到会议厅。9 日上午,会议开幕前,大家正紧张地作最后的准备工作。小刘一看手表,呀!已经 9:50 了,放映机还没有送到。小刘立即打电话去问,对方回答机器已送出。眼看各地来宾已陆续进场,小刘心急如焚……

  问题:请问小刘在这次会务准备上有无不妥?结合案例谈一下会议的组织准备工作。

第十一章　推销与谈判礼仪

导学案例

　　美国推销汽车大王乔·吉拉德,因推销出 13 000 多辆汽车,创造了汽车销售最高纪录被载入吉尼斯世界大全。但乔·吉拉德也曾因失礼于顾客有过一次失败。一天,乔·吉拉德向一位客户推销汽车,他推荐了一款最好的车给他,顾客非常满意。但当顾客正要掏钱付款时却突然变卦,转身离去。乔·吉拉德对此事懊恼不已,但却百思不得其解。随后他给客户打电话询问缘由,才得知是因为忽略了客户的感受,而让客户失去了对自己的信任。对方告诉他:"今天下午,你根本没心思听我说话,就在签单前,我提到儿子吉米即将进入密歇根大学念医科,我还提到他的学习成绩、运动能力以及将来的抱负,我以他为荣,但你却毫无反应。这就是原因。"原来当时乔·吉拉德以为生意已经谈妥,大功告成,只顾着兴高采烈地跟同事讨论篮球赛,根本没有注意听客户说什么。

启　示

　　推销固然需要说服的技巧,但倾听也同样不可忽视。心理学研究表明,人在内心深处,都有一种渴望得到别人尊重的愿望。而认真倾听对方说话正是一种尊重的表现。倾听是一项技巧,是一种修养,甚至是一门艺术。只有让对方看到你倾听的诚意,他才会对你产生好感,进而认同你。

学习目标

---

1. 理解推销员的修养；

2. 掌握推销的礼节和技巧；

3. 掌握谈判的礼节和技巧；

4. 掌握签字仪式的准备；

5. 了解签字仪式的程序。

第一节　推　销　礼　仪

在市场经济时代，推销已经变成商品流通一个不可缺少的重要手段。推销礼仪指的是推销人员在产品推销活动中应遵循的行为规范和准则。

一、推销员的修养

作为一名推销员，要讲究仪表礼仪，重视业务知识学习，增强服务意识，掌握口才艺术。

（一）仪表形象

推销员从事的工作，主要是与客户打交道。因此，推销员应注意自己的仪表，给客户良好的第一印象，赢得客户的好感和信任感。

容貌是天生的，可塑性较小，但仪表却是后天可以修饰的。推销员应该常修边幅，勤洗澡，常刷牙，梳理头发，修剪指甲，做到仪表整洁，容光焕发。

推销员着装要庄重，给人以稳健、可靠的感觉。不必戴太多的饰物，但应佩戴一块外形美观的优质手表。

推销员走路、说话、做事应稳重，切忌毛手毛脚；面部表情应自然，常带笑容，给人一种亲切感，从而才能受到顾客的欢迎。

（二）业务知识

推销员应努力掌握丰富的业务知识。知识主要包括所在企业情况、所推销商品、营销学、心理学等相关知识。

1. **本企业知识**：了解本企业的历史、规模、经营方针、方法、特点、市场行情、竞争焦点。

2. 推销商品知识：熟悉本企业商品的性能、价格、规格、品种等，并能区别同类竞争产品的异同及特色。

3. 营销学知识：掌握营销学的基本策略和手段，学会市场调查和销售预测的基本方法。

4. 心理学知识：注意观察顾客的心理变化，对不同类型的顾客，采取不同的服务方式。

二、推销礼节

1. 预约

推销员上门推销应事先约好时间，不要贸然上门，以免打扰客户，或者自己"吃闭门羹"。可先打电话，约好上门时间、地点等。

2. 语言得体

见到客户打招呼时，应尽量使用尊称、敬称。向客户介绍产品时，不要讲大话、空话、套话，应当实事求是，简明扼要地介绍产品的性能、品质等。推销过程中，要善于倾听，合理应答。

3. 举止得当

上门推销，应先敲门或按门铃，征得客户同意后方可进门，见到客户应热情问好，但不要主动与客户握手。得到客户示意后入座，身体前倾，表现出谦恭的姿态。交谈时与客户保持适当的距离，注意肢体语言。

当推销工作一帆风顺时，不必喜形于色，手舞足蹈；当推销工作遇到挫折时，也不要垂头丧气，闷闷不乐，而要沉着冷静，保持应有的风度。"生意不成人情在。"当推销员赢得客户的好感和信任后，生意才有可能做成。

三、推销技巧

推销技巧是指各种促进推销的方法、手段。推销人员应掌握和运用推销技巧，以便推销成功。

（一）赢得信任

推销员上门推销产品，首先要赢得客户对推销员的信任和对产品的好感。作为一名销售人员，赢得客户的信任越充分、越坚定，客户的忠诚就越持久、越稳固，而由此节约的销售成本就越多，如开发新客户的成本、产品宣传的成本等。为此，推销员最好掌握以下赢得客户信任的技巧。

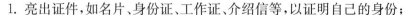

1. 亮出证件,如名片、身份证、工作证、介绍信等,以证明自己的身份;

2. 试用样品,给顾客演示或试用,以吸引顾客;

3. 提供商品价目表,以利顾客选择;

4. 携带订购单,方便顾客当场订货;

5. 利用公众舆论,如权威机构的评价,以便顾客放心;

6. 赠送小礼品,答谢顾客。

客户看了推销员的工作证、介绍信,听了推销员的有关介绍和演示,才会有信任感;试用了样品和了解了有关反馈,才会对产品产生兴趣,才有可能选购。

(二) 说服顾客

推销人员介绍产品或进行演示后,客户有时会产生疑问或不同意见。这时,推销员必须认真分析客户所提异议的根据和缘由,然后进行答疑,可酌情使用下列两种方法。

1. 婉转否定法

推销员听到客户持不同看法,不要立刻反驳,即使是由于客户对推销的商品知识缺乏了解而有所误会,推销员也不要据理力争,而应该婉转表明自己的观点,从而纠正客户的看法。

2. 弥补推销法

如推销的产品确实存在着客户所异议的缺陷,此时推销员不应弄虚作假欺骗客户,更不能强词夺理愚弄客户,可以用商品的其他优点来补偿或抵消有异议的缺陷,以便让客户心理平衡。

(三) 实物推销

俗话说:"口说无凭,眼见为实。"对于日趋成熟的广大消费者来说,人们的消费越来越趋于理性。推销员与其把产品说得天花乱坠,不如把产品摆放在消费者面前,让消费者看得见,摸得着。因此实物推销更具有直观性和说服力。

(四) 媒介促销

通过广播、电视、电影、报刊等传播媒介对产品进行宣传,是促销产品的另一种有效方法。

(五) 对路推销

某些产品具有较强的针对性,推销时要选择特定的人群。如专门为信奉伊斯兰教的阿拉伯人设计的闹钟,推销时应该锁定阿拉伯人为特定推销对象。

除了上述推销技巧外,还可以利用节日进行节日促销,或通过赞助文化、教育、体育、公益事业等引起大众关注,从而提高企业知名度,进而扩大产品的销路。

第二节　谈判礼仪

谈判是双方或多方为了协商彼此之间的关系,满足各自的需要,通过协商而争取达到意见一致的行为和过程。从实践上看,谈判并非人与人之间的一般性交谈,而是有备而来,方针既定,目标明确,志在必得,技巧性与策略性极强。不仅如此,端庄的仪容仪表,礼貌的言谈举止,彬彬有礼的态度,周到、得体的礼节,也是使谈判能够顺利进行的重要因素。

一、谈判礼节

举行正式谈判时,谈判者尤其是主谈者的临场表现,往往直接影响到谈判的现场气氛。一般认为,谈判者的临场表现中,最为关键的是讲究仪表、保持风度、礼待对手等方面。

(一) 讲究仪表

参加谈判时,一定要讲究仪表形象,以表示自己对于谈判的高度重视,同时也是对对方的尊重。

1. 修饰仪容

参加谈判前,应认真修饰个人仪表,尤其是要选择端庄、雅致的发型。一般不宜染彩色头发,男士通常还应当剃须。

2. 精心化妆

出席正式谈判时,女士通常应当认真进行化妆。但是,谈判时的化妆应当淡雅清新,自然大方,不可浓妆艳抹。

3. 规范着装

谈判人员在参加正式谈判时的着装,一定要简约、庄重,不可标新立异。一般而言,选择深色套装、套裙、白色衬衫,并配以黑色皮鞋。

(二) 保持风度

在整个谈判进行期间,每一位谈判者都应当自觉地保持风度。

1. 心平气和

在谈判中始终保持心平气和,是高明的谈判者所应保持的风度。在谈判桌上,每一位成功的谈判者均应态度平和,处变不惊,不急不躁,冷静处事。

2. 争取共赢

谈判不应当以"你死我活"为目标,而是应当使有关各方互利互惠、互有所得,实现共赢。在谈判中,只注意争利而不懂得适当地让利于人,只顾己方目标的实现,而指望对方一无所得,这样不仅有失风度,而且谈判一般不会成功。

(三) 礼待对手

在谈判期间,谈判者一定要礼待谈判对手。具体来讲,主要需要注意以下两点。

1. 人事分开

在谈判中,必须明白双方各自代表不同的企业、公司、国家或其他组织,而不仅仅代表谈判者个人。因此,要正确地处理自己与谈判对手之间的关系,做到人与事分开。在谈判之外,双方可以是朋友,而在谈判之中,双方则是对手。不要因为两人是私人朋友,指望对方会手下留情,或者自己对对方手下留情。

2. 讲究礼貌

在谈判过程中,不论身处顺境还是逆境,谈判者都应该谦和有礼,友善待人,切不可意气用事、举止粗鲁、表情冷漠、语言放肆,即使双方存在严重的分歧,也不要出口伤人,更不要侮辱对方的人格。谈判达成协议,应握手言欢;即使谈判破裂,也应当以礼待人,与对方握手话别,以显示风度,争取将来的合作机会。

二、谈判技巧

谈判人员还要掌握一些谈判技巧,以便顺利取得谈判成功。开始谈判前要善于营造气氛,在谈判过程中则应把握分寸、据理力争,力求双赢。

(一) 适当寒暄,营造气氛

当谈判双方按照约定时间到达谈判地点,互致问候落座后,不一定立刻进入正题,可以先寒暄几句,谈一些非业务性的话题,营造和谐的气氛。要注意所谈的话题、范围等。一般应选择容易引起双方共鸣,又和整体无关的中性话题来谈。比如近期较流行的文艺节目或体育活动,个人的爱好与兴趣,或者以前相互合作的情形等等。这一类的谈话往往可以起到沟通情感、创造有利谈判气氛的作用。

(二) 把握分寸,据理力争

在举行谈判时,谈判者既要把握好分寸,也要对己方的利益据理力争,努力与对方谋求一致,尽量避免"以战取胜",以便实现"皆大欢喜"的谈判结局。在相互让步磋商中,既不可执意追求自身的"顶线"目标,也要尽量避免接受"底线"目标,取得中间目标,达成双赢。要做到把握分寸,据理力争,还应注意谈判语言的客观性、规范性和针对性。

1. 客观性

谈判语言的客观性是指语言表述要尊重事实,反映事实,实事求是。以便让双方产生彼此"以诚相待"的印象,从而促使双方立场、观点相互接近,为谈判成功奠定良好的基础。

2. 规范性

谈判语言的规范性是指谈判中语言表述要文明、准确。谈判者发言时要使用文明、规范的语言,不讲黑话、粗话、脏话。谈判者用语要严谨、精确、标准,以便准确无误地表述自己的观点、意见,从而明确各自的权利、责任和义务等,避免产生分歧和后患。

3. 针对性

谈判语言的针对性首先指应围绕主题,有的放矢。在谈判过程中,针对不同的谈判内容,有选择地、有针对地使用与谈判内容相关的语言、行话和术语,尽量做到言简意赅,恰到好处。谈判中还要针对不同的谈判对象,使用不同的谈判语言。

此外,谈判者可以根据谈判的需要,随机应变,灵活地使用富有弹性的外交辞令、丰富多彩的文学词汇、幽默诙谐的语言以及寓意深刻的成语与格言。

三、注意事项

除了要掌握必要的礼节和技巧外,还要注意以下几点。

(一)注意肢体语言

谈判者的肢体动作,对谈判氛围也起着很大的作用。一般而言,在谈判开始后,谈判人员目光应该一直注视着对方双眼与前额之间的三角部位,这会使对方感到你是认真严肃、充满诚意。如果能在谈判中始终如一保持这种凝视,就能够把握谈话的主动权和控制权。

谈判人员的手势动作,也往往会传达出无声的信息,影响谈话氛围。比如在握手时,如果你的手心朝下,就会使对方感到你是想支配他,并对你心生戒备;如果你手心朝上,对方则会感到你可以被他支配。再如在谈判的过程中,假如能够在讲话时夹带一些适当的手势,往往会增加你谈话的感染力;但如果手势过多,尤其是在谈得浮躁时,双手乱动,甚至手舞足蹈,则常常会使对方心生反感,认为

你太过轻浮无礼。

谈判人员的脚部动作,往往能反映其心理状态。如,人在平静时脚尖是静止的、着地的,而紧张时则会自然抬高。

(二)灵活处理冷场

谈判中有时会出现冷场,出现谁也不开口,或者出现双方感到无话可说的局面。遇到这种情况,需要主持人或东道主灵活处理。如果是双方的确已无话可说,可以中止谈判或者休会一段时间再进行;如果是双方只是就某个话题的商谈告一段落,还有需要洽谈的话题,则应该灵活转换话题。注意冷场时间必须尽量缩短,最好不要超过 3 分钟。

(三)掌握洽谈时间

谈判人员要掌握好洽谈时间,安排好洽谈步骤。双方谈判应安排多少时间,要视具体情况而定,但一般不应超过 40 分钟。要在这有限的时间内达到某个目的,就必须在谈判之前先对所谈内容作妥当准备,安排好谈话步骤,突出重点,以在最短的时间内取得最大的效果。

(四)尊重国外风俗

在与外国人谈判时,要注意尊重其风俗习惯,对其一些礼节,如拥抱、亲吻,应采取理解和宽容的态度。同时,要注意保持自己的尊严,做到不卑不亢。

第三节　签字仪式礼仪

签字仪式,通常是指订立合同、协议的各方在合同、协议正式签署时所正式举行的仪式。举行签字仪式,不仅是对谈判成果的一种公开化、固定化,而且也是有关各方对自己履行合同、协议所做出的一种正式承诺。

一、签字仪式的准备

签字仪式是具有"里程碑"意义的大事,应予以充分准备,做到万无一失。

(一)准备待签文本

谈判结束后,双方应指定专人按谈判达成的协议做好待签文本的定稿、翻译、校对、印刷、装订等工作,文本一旦签字就具有法律效力,因此,对待文本的准备应当郑重严肃。

在准备文本的过程中,除了要核对谈判协议条件与文本的一致以外,还要核对各种批件,如项目批件、许可证等是否完备,合同内容与批件内容是否相符等。

审核文本必须对照原稿件,做到一字不漏,如审核中发现问题,要及时互相通报,通过再谈判,达到谅解一致,并相应调整签约时间。在协议或合同上签字的有几个单位,就要为签字仪式提供几份样本。如有必要,还应为各方提供一份副本,与外商签订有关协议、合同时,按照国际惯例,待签文本应同时使用宾主双方的母语。

待签文本通常应装订成册,并以仿皮或其他高档资料作为封面,以示郑重。其规格一般为大八开,所用的纸张务必高档,印刷务必精美。作为主方应为文本的准备提供准确、周到、快速、精美的条件和服务。

(二)布置签字场地

签字场地有常设专用的,也有临时以会议厅、会客室来代替的。布置的总原则是庄重、整洁、清静。一间标准的签字厅,应当室内铺满地毯,除了必要的签字用桌椅外,其他一切陈设都不需要,正规的签字应为长桌,其上最好铺设深绿色的台布。

按照仪式礼仪的规范,签字桌应当横放,其后放置适量座椅。在签字桌上,应事先安放好待签文本,以及签字笔、吸墨器等签字时所有的文具。如签署涉外合同,签字桌上,必须插放有关各方的国旗。插放国旗时,在其位置与顺序上,必须依照礼宾序列而行。如,签署双边性文本时,有关各方的国旗插放在该方签字人座椅的正前方。如签署多边性协议时,各方的国旗应依一定的礼宾顺序插在各方签字人的身后。

举行签字仪式时,一定要郑重其事、认认真真。其中最为重要的事宜当属举行签字仪式时座次的排列方式问题。

签字者按照主居左、客居右的位置入座。双方助签人分别站在己方签字者的外侧,协助翻揭文本,指明签字处,并为已经签署的文件吸墨防洇。一般而言,座次排列的具体方式有并列式、相对式、主席式三种基本形式。

1. 并列式

并列式排座,是举行双边签字仪式时最常见的形式。它的基本做法是:签字桌在室内面门横放。双方出席仪式的全体人员在签字桌之后并排排列,双方签字人员居中面门而坐,客方居右,主方居左;陪同人员分主客两方依各自职位、身份高低为序,客方自左向右,主方自右向左排列。

2. 相对式

相对式签字仪式的排坐,与并列式基本相同,其主要差别是相对式排坐将双边参加签字仪式的随员迁至签字人的对面。

并列式签字仪式排座

说明：上图数字次序代表主客
双方职位、身份高低的次序

相对式签字仪式排座

主席式签字仪式排座

3. 主席式

主席式排座主要适用于多边签字仪式。其操作特点是：签字桌仍需在室内横放，签字席仍需设在桌后面对正门，但只设一个，并且不固定其就坐者。举行仪式时，所有各方人员，包括签字人在内，皆应背对正门、面向签字席就座。签字时，各方签字人应以规定的先后顺序依次走上签字席就座签字，签完字后应退回原处就坐。

（三）安排签字人员

在举行签字仪式之前，有关各方应预先确定好参加签字仪式的人员，并向其有关方面通报。客方尤其要将己方出席签字仪式的人数提前通报主方，以便主方安排。签字人要视文件的性质来确定，可由最高负责人签，但双方签字人的身份应该对等，参加签字的有关各方事先还要安排一名熟悉签字仪式详细程序的助签人，并商定好签字的有关细节。其他出席签字仪式的陪同人员，基本上是双方参加谈判的全体人员，按一般礼貌做法，人数最好大体相等。为了表示重视，双方也可对等邀请更高一层的领导人出席签字仪式。

由于签字仪式的礼仪性极强,签字人员的穿着也有具体要求。按照规定,签字人、助签人以及随员,在出席签字仪式时,应当穿着具有礼服性质的深色西装套装、中山装套装或西装套裙,并且配以白色衬衫与深色皮鞋。在签字仪式上露面的礼仪、接待人员,可以穿自己的工作制服或是旗袍一类的礼仪性服装。签字人员应注意仪态举止,要落落大方,得体自然,不要过分严肃,也不要过于喜形于色。

二、签字仪式的程序

虽然签字仪式的时间不长,但它是合同、协议签署的高潮,庄重而热烈,其程序规范,主要有以下几项。

(一)签字仪式开始

有关各方人员进入签字厅,在各自既定的位次上坐好。

(二)签字人签署文本

通常的做法是,先签署己方保存的合同文本,再签署他方保存的合同文本。依照礼仪规范,每一位签字人在己方所保留的文本上签字时,应当名列首位。因此,每一位签字人均须首先签署将由己方所保存的文本,然后再交由他方签字人签署。此种做法,通常称为"轮换制"。它的含义是在文本签名的具体排列顺序上,应使有关各方均有机会居于首位一次,以示各方完全平等。

(三)交换正式文本

双方签字人,正式交换已经由有关各方正式签订的文本。交换后,各方签字人应热烈握手,互致祝贺,并互换签字笔,以示纪念。全场人员应热烈鼓掌,以表示祝贺之意。

(四)共同举杯庆贺

交换已签订的合同文本后,礼宾小姐会用托盘端上香槟酒。有关人员,尤其是签字人,当场干上一杯香槟酒。这是国际上所通行的增加签字仪式喜庆色彩的一种常规性做法。

(五)有秩序退场

接着请双方最高领导者及客方先退场,然后东道主再退场。

整个签字仪式以半小时为宜。

思考题:

1. 推销员需要具备哪些修养和推销技巧?

2. 谈判时需要掌握哪些技巧和注意事项？

3. 签字仪式的准备工作有哪些？

4. 签字仪式的程序是怎样的？

案例分析题：

某照明器材厂的业务员王先生按照预约跟某公司业务部张经理推销新设计的照明器材。他兴冲冲地登上楼，脸上的汗珠未及擦一下，便直接走进了业务部张经理的办公室，正在处理业务的张经理被吓了一跳。

"对不起，这是我们厂的新产品，请您过目。"王先生说。张经理停下手中的工作，接过王先生递过的照明器，随口赞道："好漂亮啊！"并请王先生坐下，倒上一杯茶递给他，然后拿起照明器仔细研究起来。王先生看到张经理对新产品如此感兴趣，便如释重负，往沙发上一靠，跷起二郎腿，一边吸烟一边悠闲地环视着张经理的办公室。当张经理问他电源开关为什么装在这个位置时，王先生习惯性地用手搔了搔头皮。虽然王先生作了详尽的解释，张经理还是有点半信半疑。谈到价格时，张经理强调："这个价格比我们预算高出较多，能否再降低一些？"王先生回答："我们经理说了，这是最低价格，一分也不能再降了。"张经理沉默了半天没有开口。王先生却有点沉不住气，不由自主地拉松领带，眼睛盯着张经理。张经理皱了皱眉，"这种照明器的性能先进在什么地方？"王先生又搔了搔头皮，反反复复地说："造型新、寿命长、节电。"张经理托辞离开了办公室，只剩下王先生一个人。王先生感到无聊，便拿起办公桌上的电话，同一个朋友闲谈起来。过了一会，门被推开，进来的却不是张经理，而是办公室秘书。

问题：请问办公室秘书来做什么？王先生在这次推销中有哪些失礼之处，正确的做法是什么？

第十二章　中外国家和地区的习俗与礼仪

 导学案例

　　一个中国代表团去美国采购价值约 3 000 万美元的化工设备和技术。美方自然想方设法令中方代表团满意,其中一项是在第一轮谈判后送给中方代表每人一份纪念品。纪念品的包装很讲究,是一个漂亮的红色盒子。可当中方代表团高兴地按照美国人的习惯当面打开盒子时,每个人的脸色都变得很难看——里面是一顶高尔夫球帽,但颜色却是绿色的。第二天,中方代表团找了个借口,离开了这家公司。

 启　　示

　　美国公司的这次送礼,可以说是经过精心策划的:一是礼品盒的颜色是红色,红色在中国是一个吉利的颜色;二是礼品本身是时尚的高尔夫球帽,意思是签好合同后一起去打高尔夫球,打高尔夫是一项很有品位的运动。但美国公司的工作并没有做细,以致犯了中国男人最大的忌讳——戴绿帽子。

 学习目标

　　1. 了解中国传统节庆礼仪;

　　2. 掌握我国民间婚丧寿庆习俗;

3. 了解外国传统节庆礼仪、婚庆习俗；

4. 掌握部分国家和地区的习俗。

第一节　中国习俗礼仪

一、中国传统节庆礼仪

(一) 春节

春节，即农历新年，俗称"过年"，是我国汉族和少数民族最盛大、最热闹的传统节日。时间一般指除夕和正月初一。但在民间，传统意义上的春节是指从腊月初八的腊祭或腊月二十三、二十四的祭灶，一直到正月十五，其中以除夕和正月初一为高潮。春节历史悠久，起源于殷商时期年头岁尾的祭神祭祖活动。在春节期间，人们亲人团聚、辞旧迎新、走亲访友、郊游娱乐、欢庆丰收、祝福来年，形成了许多有趣的风俗习惯。

1. 贴春联和"福"字

腊月二十三以后，家家户户都要写春联。民间讲究有神必贴，每门必贴，每物必贴，所以春节的对联数量很多。神灵前的对联特别讲究，多为敬仰和祈福之言。常见的神联有天地神联"天恩深似海，地德重如山"；土地神联"土中生白玉，地内出黄金"；财神联"天上财源主，人间福禄神"等。大门上的对联，是一家的门面，特别重视，或抒情，或写景，内容丰富，妙语连珠。例如，百世岁月当代好，千古江山今朝新，横批：万象更新。

在我国很多家庭，春节时喜欢在门上贴上一个红纸剪成的"福"字，有时还要把"福"字倒过来贴，取其谐音"福到"的意思，表达祈福来年的美好愿望。

2. 守岁

自汉代以来，除夕守岁成为最重要的年俗活动之一。新旧年交替的时刻一般为夜半时分，除夕之夜全家团聚在一起，吃过年夜饭，围坐炉旁或桌旁闲聊，等着辞旧迎新的时刻。通宵守夜，象征着把一切邪瘟病疫驱走，期待着新的一年吉祥如意。古时守岁还有两种含义：年长者守岁为"辞旧岁"，有珍爱光阴的意思；年轻人守岁，是为延长父母寿命。

3. 放爆竹

爆竹声响是辞旧迎新的标志。除夕之夜，当午夜交正子时，新年钟声敲响，整个中华大地上空,爆竹声震响天宇。这时,屋内是通明的灯火,屋外是震天的响声,把除夕的热闹气氛推向了最高潮。

4. 拜年

新年初一,人们都早早起来,穿上最漂亮的衣服,打扮得整整齐齐,出门去走亲访友,相互拜年,恭祝来年大吉大利。拜年的方式多种多样,有的是家中长者带领若干人挨家挨户地拜年;有的是同事相邀几个人去拜年;也有大家聚在一起相互祝贺,称为"团拜"。由于登门拜年费时费力,后来一些上层人物和士大夫便使用名帖相互祝贺,由此发展出后来的"贺年片"。现代人们更多的是通过各种通信工具,如手机短信、电子邮件或网络视频进行拜年。

春节拜年时,晚辈要先给长辈拜年,祝长辈长寿安康,长辈可将事先准备好的压岁钱分给晚辈,据说压岁钱可以压住邪祟,因为"岁"与"祟"谐音,晚辈得到压岁钱就可以平平安安度过一岁。压岁钱可在晚辈拜年后当众赏给,亦可在除夕夜孩子睡着时,由家长偷偷地放在孩子的枕头底下。现在长辈为晚辈分送压岁钱的习俗仍然盛行。

5. 祭财神

我国南方在正月初五祭财神。民间传说,财神即五路神。所谓五路,指东西南北中,意为出门五路,皆可得财。每到过年,人们都在正月初五零时零分,打开大门和窗户,燃香放爆竹,点烟花,向财神表示欢迎。接过财神,大家还要吃路头酒,往往吃到天亮。大家满怀发财的希望,但愿财神爷能把金银财宝带来家里,在新的一年里大发大富。

6. 看春节联欢晚会

看春节联欢晚会虽然不是一个古有的习俗,但 20 世纪 80 年代后,由于电视的普及,春节联欢晚会成为中国人除夕之夜必不可少的一道文化"盛宴",每年全球都有超过十亿的人通过电视或者互联网收看春晚。

(二) 元宵节

每年农历的正月十五日,春节刚过,迎来的就是中国的传统节日——元宵节,又称为"上元节"。正月是农历的元月,古人称夜为"宵",称正月十五为元宵节。正月十五日是一年中第一个月圆之夜,也是一元复始、大地回春的夜晚,人们对此加以庆祝,也是庆贺新春的延续。民间传统,在这天皓月高悬的夜晚,人们要点起彩灯万盏,以示庆贺。人们还会出门赏月、燃放焰火、猜灯谜、吃元宵,全家团聚在一起同庆佳节,其乐融融。

（三）清明节

每年公历四月五日前后，是我国传统节日"清明节"，清明节的得名源于我国农历 24 节气中的清明节气。作为节气的清明，时间在春分之后。这时冬天已去，春意盎然，天气清明，四野明净，大自然处处显示出勃勃生机。清明节的习俗主要是祭祖、扫墓和踏青。扫墓时，人们带着各种食品和酒到坟前墓地祭奠，供奉先辈，并点香、跪拜、磕头，整理坟墓周围等。现今清明扫墓已从祭扫祖先发展为祭扫烈士陵园、缅怀革命先烈的革命传统教育活动。

清明节的活动还有荡秋千、蹴鞠、打马球、插柳等一系列风俗体育活动。相传这是因为清明节要寒食禁火，为了防止寒食冷餐伤身，所以大家来参加一些体育活动，以锻炼身体。现在清明节已被列为国家法定的节假日。

（四）端午节

端午节是我国传统节日，为每年农历五月初五，又称端阳节、午日节、五月节、五日节、艾节、端午、重午、午日、夏节，本来是夏季的一个驱除瘟疫的节日，后来被赋予了纪念春秋时期楚国著名大臣屈原的含义。我国民间为纪念端午节而举行各种活动，如悬钟馗像、挂艾叶、菖蒲和榕枝、赛龙舟、吃粽子、饮雄黄酒等。现在端午节已被列为国家法定的节假日。

悬钟馗像，是用以镇宅驱邪；挂艾叶、菖蒲、榕枝也是避邪驱瘴、驱魔祛鬼之意。艾草代表招百福，是可治病的药草，插在门口，可使身体健康；小孩佩香囊，不但有避邪驱瘟之意，而且有襟头点缀之风。香囊内有朱砂、雄黄、香药，外包以丝布，再以五色丝线弦扣成索，清香四溢，玲珑夺目。

当时楚国人因舍不得屈原死去，许多人划龙舟驱散江中之鱼，或煮糯米饭或蒸粽糕投入江中，以免鱼吃掉屈原的尸体，以后演变为每年农历五月初五划龙舟、吃粽子以纪念之。

（五）七夕节

每年农历七月初七是我国汉族的传统节日七夕节。相传，每年这一天的夜晚是天上织女与牛郎在鹊桥相会之时。织女是一个美丽聪明、心灵手巧的仙女，凡间的妇女便在这一天晚上向她乞求智慧和巧艺，也向她求赐美满姻缘，所以这天也被称为"乞巧节"或"少女节"、"女儿节"。七夕节是我国传统节日中最具浪漫色彩的一个节日，也是过去姑娘们最为重视的日子。在这一天晚上，妇女们穿针乞巧，祈祷福禄寿活动，礼拜七姐，仪式虔诚而隆重，陈列花果、女红，各式家具、用具都精美小巧、惹人喜爱。现七夕节又被认为是"中国情人节"。

（六）中秋节

农历八月十五日,是我国传统的中秋节,也是我国仅次于春节的第二大传统节日。八月十五恰在秋季的中间,所以称中秋节。我国古历法把处在秋季中间的八月,称谓"仲秋",所以中秋节又叫"仲秋节"。古人把圆月视为团圆的象征,因此,又称八月十五为"团圆节"。目前中秋节也被列为我国的法定节假日。

每当中秋月亮升起,人们于露天设案,将月饼、石榴、枣子等瓜果供于桌案上,拜月后,全家人围桌而坐,边吃月饼边交谈,共赏明月。现在,祭月拜月活动已被各种各样、多彩多姿的群众赏月游乐活动所代替。

（七）重阳节

农历九月初九是传统的"重阳节",也称"茱萸节"、"菊花节",又是我国的"敬老节"。农历九月天高云淡,五谷飘香,人们在这一天要远足踏青,爬山登高,喝菊花酒,佩茱萸,吃重阳糕。"高"和"糕"谐音,作为节日食品,最早是庆祝秋粮丰收、喜尝新粮的用意,之后民间才有了登高吃糕,取步步登高的吉祥之意。由于九月初九中"九九"谐音是"久久",有长久之意,所以常在此日祭祖与推行敬老活动。

（八）腊八节

农历十二月初八(农历十二月被称为腊月),是我国汉族传统的腊八节。从先秦起,腊八节都是用来祭祀祖先和神灵,祈求丰收和吉祥。据说,佛教创始人释迦牟尼的成道之日也在十二月初八,因此腊八也是佛教徒的节日,又称"佛成道节"。

这天我国大多数地区都有吃腊八粥的习俗。腊八粥是用八种当年收获的新鲜粮食和瓜果煮成,一般都为甜味粥。中国各地腊八粥的品种繁多。讲究的腊八粥掺在白米中的品种较多,如红枣、莲子、核桃、栗子、杏仁、松仁、桂圆、榛子、葡萄、白果、菱角、青丝、玫瑰、红豆、花生等等,总计不下二十种。

（九）开斋节

开斋节,我国甘肃、青海、云南等地的回民称为"大尔德",宁夏南部山区八县穆斯林则称为"小尔德",维吾尔族称"肉孜节"。它与古尔邦节、圣纪节并称为伊斯兰教的三大节日,流行在中国回、维吾尔、哈萨克、乌孜别克等十个信仰伊斯兰教的民族中。

相传,在伊斯兰教的创始人穆罕默德40岁那年(伊斯兰教历九月),真主把《古兰经》的内容传授给了他。因此,回族视斋月为最尊贵、最吉庆、最快乐的月份。为了表示纪念,就在每年伊斯兰教九月封斋一个月。入了斋月,男满十二周岁、女满九周岁以上的穆斯林都要封斋。理智不清的、小孩、老弱有病的以及妇女产期等都不封斋。封斋的人,在东方发白前要吃饱喝足。东方破晓后,至太阳落山前,要禁止行房事,断绝一切饮食,要做到清心寡欲,表里一致,对耳、目、身、心都要有所节制。

斋戒期满的次日,就是开斋节,穆斯林们要举行三天的节日庆贺。这天,全家人欢聚一堂,共进开斋饭。人们还要沐浴盛装,举行礼拜,走亲访友,互相祝贺,交换礼物,施舍穷人。

二、我国民间婚丧及寿庆习俗

(一) 婚庆习俗

1. 婚礼习俗

常言道,"男大当婚,女大当嫁",缔结婚姻是一个人的终身大事,因而,婚礼也被看做人生礼仪中最隆重最热烈的仪式。我国古代的婚姻仪式非常复杂严格,从议婚、迎娶、贺婚到婚娶的礼物用品,都要循规蹈矩。随着社会的发展,很多传统习俗发生了巨大的变化,西方的婚俗也越来越多地影响了现代年轻人。现代婚礼呈现出了中西合璧的色彩,逐渐趋向于文明、简朴、活泼、自由的形式。目前的婚礼形式主要有传统式婚礼、酒宴式婚礼、家宴式婚礼、茶话会式婚礼、集体婚礼。此外,新人们还可以采取其他形式作为婚礼纪念,如旅行结婚,共同植树作为结婚典礼,举办舞会、包租电影晚会招待亲朋好友等。家庭婚礼的程序包括:

(1) 请证婚人、介绍人、主婚人入席;

(2) 全体起立;

(3) 鸣放鞭炮,奏喜乐;

(4) 童男童女撒喜花,迎接新郎新娘入席;

(5) 新郎新娘向长辈、亲友行鞠躬礼;

(6) 新郎新娘互行鞠躬礼;

(7) 新郎新娘向来宾行鞠躬礼;

(8) 主婚人讲话;

(9) 双方家长讲话;

(10) 介绍人、尊长、来宾代表讲话或致祝辞;

(11) 新郎新娘致答谢辞;

(12) 鸣放鞭炮,奏喜乐,礼毕;

(13) 宴会开始。

2. 贺新婚礼俗

收到结婚请柬后应马上回复。请柬上书有邀请"全家"出席婚礼的,已结婚子女不在其列;如已有恋人而主人未邀请,可向主人提出是否能够带上自己的恋人。

(1)礼金要巧送。应该赠送礼金、参加新人的婚礼来表示祝贺。包红包送钱是最好的祝福方式。要注意的是,礼金的数目必须是双数(但 4 是忌讳数字),礼金的数量应不少于当地普遍的送礼标准,到底该送多少要看和新人的交情关系如何。在递上贺礼时,要真诚地说几句恭喜祝愿的话,如祝新人百年好合、早生贵子等。

(2)服饰要得当。参加婚礼的服装也有讲究,服饰应干净整洁庄重,避免黑色。男士西服,女士礼服或民族服装是最佳的选择,显得端庄大方。不宜穿得过于艳丽奇特,也不宜佩戴太昂贵夺目的首饰,以免喧宾夺主,破坏了婚礼的气氛。

(3)举止要得体。当新人来敬酒时,即使不会喝酒,干杯时至少也应该拿酒杯碰一下嘴唇。吃饭时应与周围人保持一致的速度,不要吃得太快或太慢。在婚宴上的话题应围绕新人和婚礼,不宜谈论自己。如和新人的关系不太熟,应向新郎新娘介绍自己,不计较新人与你相处、交谈时间的长短。如有事想告退,一般不必面辞,可以随时离席。

(二)丧葬习俗

我国传统上把丧事和婚事同等看待,都是大事,习惯称为"婚丧大事"、"白喜事"。

我国古代的丧葬仪式分丧礼、葬礼、服丧三个部分,比较繁琐。传统的丧葬形式汉族主要为土葬,现代则是火葬。西南、台湾等地过去曾流行的"悬棺葬",即把死者遗体放入棺内再置于悬崖上使之风化的葬法,而南方有与之相类似的"崖葬";西藏地区则有"天葬"、"水葬"等。

1. 举办丧礼的礼节

得体、庄严、隆重而又文明节俭的丧礼,是对死者的怀念和追忆。一般说来,对待丧事是很郑重的。现代丧葬习俗的程序包括:

(1)报丧。亲人去世后,及时向家族、亲友、朋友和同事报丧,说清逝者的姓名、身份、病因(如不便公开可不说)、逝世日期及开追悼会的时间、地点。

(2)准备花圈。亲朋好友和逝者生前单位都应敬献花圈。花圈上题词的上联应写称谓,对家人亲戚可写"某某千古",同事同学则写"某某同志安息";下联应写清与逝者的关系,对父母写"某某泣血"或"泣挽",对夫妻写"泣泪",对同事同学写"敬挽"。

（3）举行追悼仪式。在殡仪馆以追悼会的形式来追悼逝者,由治丧委员会或家属宣读悼词,来宾致哀辞或发言,众人绕遗体一周向遗体告别,众人向逝者亲属表示慰问,在哀乐声中将遗体送走火葬。

我国民间传统有在参加亲友丧仪时送奠敬（钱、物）的习俗。办完丧事后,丧家也有请亲友们"吃豆腐饭"的习俗,以此来酬谢亲朋好友,亲友们也可借此机会宽慰逝者家属。

2. 参加丧礼的礼节

失去亲人的人,此时最要抚慰。所以,参加丧礼时应认真对待,注意礼节。

（1）仪表庄重。参加丧礼时,仪表应庄重肃穆。应穿着素净,不宜穿色彩艳丽、花哨的服装,样式简单整齐就好,不要穿奇装异服。不要过于打扮,也不要戴珠宝。化妆不宜太浓,施点淡妆即可。浓妆艳抹会令死者家属心生不快,也是失礼的表现。

（2）举止肃穆。参加丧礼,态度应庄重,举止应得体。应准时到达,并在签到簿上签名,领取应佩戴的物品,安静地进入丧礼会场,关闭手机。无论参加公祭或自行治丧,都包含上香和鞠躬两个动作,向逝者致敬的这些行为称作"吊"。丧礼完毕应向家属表示哀伤之意,希望对方能节哀顺变,称为"唁"。丧礼过程中,态度要恭敬,保持缅怀与感伤的心情,不要大声喧哗,更不能谈笑风生。

（3）赠送奠仪

赠送奠仪不像贺仪那样可以任选礼品。一般采用的是挽幛、挽联、花圈、花篮等。当然,也可以直接送白包,一般在白色信封的最右边写上"悼某某人"或"某某人仙逝",中间写"香仪"即可,最左边写自己的名字加"敬悼"或"敬挽",注意位置稍低些。至于奠仪多寡看心意,只要记得金额包单数就行,如 101 元、201元等,切忌双数。假如因事外出而延后收到讣告,可以在 49 天之内,也就是所谓的"满七"之内再补送奠金。接到讣闻后,如无法到现场奔丧的话,可以托人带慰问信或致电表示关心与慰问,要注意的是唁电的署名之后不能用敬挽,而要用"敬唁",切忌在收到讣闻后不予回应。

（三）寿庆习俗

我国古代的寿庆活动通常从 40 岁开始每年举行,现代则一般要从 60 岁开始时才"祝寿"。60 岁以下的叫"过生日"。做寿多在逢九的那年举行,因"九"为"久"的谐音,寓意延年益寿。做寿时,由子女或最亲近的亲友出面,先发请柬,通知寿期,邀请亲朋好友届时赴宴祝寿。旧时做寿设寿堂,张灯结彩,老寿星身穿新衣服,接受晚辈、亲友的礼物和祝贺。

现在的寿庆礼仪具有中西合璧色彩,人们在家中或饭店里举办宴席庆贺寿辰。亲友们或送生日蛋糕,或赠礼、生日贺卡等,宴席上大家齐唱"祝你生日快乐"歌,共同为寿者的健康长寿干杯。寿者吹灭蛋糕上的蜡烛,分切蛋糕给大家吃。

接到请帖的亲朋好友要准备好寿礼,如营养保健品、工艺品、衣服、现金等。出席寿辰宴请时穿着的服饰应色调明快,含有吉庆之意的红、黄色;语言以祝贺、颂扬为主;对老寿星的行礼要庄重。

三、中国港澳台地区习俗礼仪

(一) 礼仪习俗

港澳台通行的见面礼是握手礼,有时也用拱手、抱拳、鞠躬等中国传统礼节。有些同胞信佛,见面行"合十礼"并口颂"阿弥陀佛"。港澳台地区还盛行叩指礼,即当人们接受别人给其上茶、敬烟、斟酒、端饭时,要用弯曲的拇指、食指、中指三个手指撮合在一起,指尖轻轻叩打桌面,以示感谢。

港澳台同胞一般都较勤勉,守时有礼。

(二) 饮食习惯

港澳同胞的饮食习惯与广东人相似,喜口味清淡、香脆的菜肴,特别喜欢吃海鲜、野味、新鲜蔬菜,烤炸类的乳猪、鸡、鸭、鹅等。饮茶是香港人富有特色的早餐方式。上班之前,不少人先到酒楼、茶楼饮茶,边喝茶边吃点心边交流。午餐较随意,晚餐较讲究,以粤菜为主。香港人还喜欢用各种食材、中药煲汤,以滋补身体。

台湾同胞的饮食习惯与福建相似,口味清淡,重酸甜,喜吃各类蔬菜、水果等。他们平时以大米为主食。日常饮食简单,而在节日时,多用鸡、鸭等丰盛的酒菜宴请客人。秋冬之际,多以中药炖煮动物性食品提神补身。

(三) 主要禁忌

港澳台同胞喜欢讨口彩,忌说不吉利的话。香港人喜欢"8",讨厌"4",因为广东话里"4"与"死"同音。送礼不送4种,也不用"4"做标志。逢年过节,香港人喜欢说"恭喜发财"而不说"新年快乐"。在香港,忌送茉莉花和梅花给商人,因"茉莉"与"没利"谐音,"梅"与"霉"同音。在香港宴请,客人要等主人"起筷"后才开始进食。上鱼时鱼头朝向客人,吃鱼时不要翻转鱼身(有"翻船"之意)。香港人也同样忌讳"13"、"星期五"等。大部分澳门人原籍为广东,故其习俗禁忌基本上与广东居民相似。

在台湾,忌用扇子赠人,因有"送扇不相见"的说法。忌用雨伞赠人,台湾话"伞"与"散"同音。忌用手巾(手帕)赠人,手巾在台湾是给吊丧者的留念,意为让吊丧者与死者断绝来往,故有"送巾断根"之俗语。忌用刀剪赠人,因为刀剪是伤人的利器,含有"一刀两断"、"一剪两断"之意。忌用甜果、糕点赠人,因为甜果、糕点是民间逢年过节祭祖拜神之物,以甜果送人会使对方有不祥之感。忌用粽子送人,因为台湾居丧之家习惯包粽子,赠粽子会被误解为视对方为丧家。忌用镜子送人,因为镜子易打碎,破镜难圆。忌用钟送人,因"钟"与"终"同音,会使人想到"送终"。

第二节 外国习俗礼仪

一、外国传统节庆礼仪

(一)圣诞节

每年的 12 月 25 日,是基督教徒纪念耶稣诞生的日子,称为圣诞节。从 12 月 24 日至翌年 1 月 6 日为圣诞节节期。圣诞节本来是基督教徒的节日,由于人们格外重视,它便成为欧美许多国家全民性的、盛大的节日。

届时,千千万万的欧美人风尘仆仆地赶回家中团聚。圣诞之夜必不可少的庆祝活动就是聚会。大多数欧美家庭成员团聚在家中,共进丰盛的晚餐,然后围坐在熊熊燃烧的火炉旁,弹琴唱歌,共叙天伦之乐;或者举办一个别开生面的化妆舞会,通宵达旦地庆祝圣诞夜是一个幸福、祥和、狂欢的平安夜、团圆夜。圣诞之夜,父母们会悄悄地给孩子们准备礼物,放在长筒袜里。

西方人以红、绿、白三色为圣诞色,圣诞节来临时家家户户都要用圣诞色来装饰。红色的有圣诞花和圣诞蜡烛。绿色的是圣诞树,它是圣诞节的主要装饰品,用砍伐来的杉、柏一类呈塔形的常青树装饰而成,上面悬挂着五颜六色的彩灯、礼物和纸花,还点燃着圣诞蜡烛。红色与白色相映成趣的是圣诞老人,他是圣诞节活动中最受欢迎的人物。西方儿童在圣诞夜临睡之前,要在壁炉前或枕头旁放上一只袜子,等候圣诞老人在他们入睡后把礼物放在袜子内。在西方,扮演圣诞老人也是一种习俗。圣诞卡在美国和欧洲很流行,也是维持远方亲朋好友关系的方式之一。许多家庭随贺卡带上年度家庭合照或家庭新闻,新闻一般包括家庭成员在过去一年的优点特长等内容。

（二）复活节

复活节（主复活日）是西方的一个重要节日,在每年春分月圆之后第一个星期日,如果月圆那天刚好是星期天,复活节则推迟一周。因而复活节时间可能是在3月22日至4月25日之间的任何一天。基督徒认为,复活节象征着重生与希望,为纪念耶稣基督于公元30到33年之间被钉死在十字架之后第三天复活的日子。

典型的复活节礼物跟春天和再生有关系：鸡蛋、小鸡、小兔子、鲜花,特别是百合花是这一季节的象征。复活节前夕,孩子们为朋友和家人给鸡蛋着色打扮一番。这些蛋有的煮得很老,有的只是空空的蛋壳。复活节那天早上,孩子们会发现床前的复活节篮子里装满了巧克力彩蛋、复活节小兔子、有绒毛的小鸡及娃娃玩具等。据说复活节兔子会将彩蛋藏在室内或是草地里让孩子们去寻找。一年一度的美国白宫滚彩蛋活动经常被电视台实况转播。

（三）情人节

每年的2月14日是西方传统的情人节。"情人节"又称"圣瓦伦丁节",以圣徒瓦伦丁的名字命名。传说中瓦伦丁是最早的基督徒之一,那个时代做一名基督徒意味着危险和死亡。为掩护其他殉教者,瓦伦丁被抓住,投入了监牢。在那里他治愈了典狱长女儿失明的双眼。当暴君听到这一奇迹时,感到非常害怕,于是将瓦沦丁斩首示众。据传说,在行刑的那天早晨,瓦伦丁给典狱长的女儿写了一封情意绵绵的告别信,落款是：From your Valentine（寄自你的瓦伦丁）。当天,盲女在他墓前种了一棵开红花的杏树,以寄托自己的情思,这一天就是2月14日。自此以后,基督教便把2月14日定为情人节。

情侣们在这一天互赠巧克力、贺卡和鲜花,用以表达爱意或友好,共享情人节烛光晚餐。许多俱乐部和大学举行各种别有情趣的情人舞会,这一天也是年轻人选择佳偶的日子。异性熟人之间也在这一天互相赠送小礼物,并附上写有祝词的小卡片等。

（四）愚人节

在西方国家里,每年4月1日的"愚人节"意味着一个人可以玩弄各种小把戏而不必承担后果,叫一声"愚人节玩笑",恶作剧就会被原谅。愚人节时,人们常常组织家庭聚会,用水仙花和雏菊把房间装饰一新。典型的传统做法是布置假环境,可以把房间布置得像过圣诞节一样,也可以布置得像过新年一样,待客人来时,则祝贺他们"圣诞快乐"或"新年快乐",令人感到别致有趣。

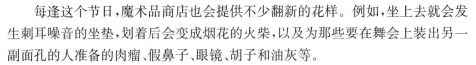

每逢这个节日,魔术品商店也会提供不少翻新的花样。例如,坐上去就会发生刺耳噪音的坐垫,划着后会变成烟花的火柴,以及为那些要在舞会上装出另一副面孔的人准备的肉瘤、假鼻子、眼镜、胡子和油灰等。

(五)万圣节

两千多年前,欧洲天主教会把 11 月 1 日定为天下圣徒之日。传说自公元前 500 年,居住在当今中欧爱尔兰、苏格兰等地的凯尔特人把这节日往前移了一天,即 10 月 31 日。他们认为该日是夏天正式结束的日子,也就是新年伊始,严酷的冬季开始的一天。那时人们相信,故人的亡魂会在这一天回到故居在活人身上找寻生灵,借此再生,而且这是人在死后能获得再生的唯一希望。而活着的人则惧怕死魂来夺生,于是就在这一天熄掉炉火、烛光,让死魂无法找寻活人,又把自己打扮成妖魔鬼怪把死人之魂灵吓走。之后,他们又会把火种烛光重新燃起,开始新的一年的生活。

每当万圣节到来,孩子们都会迫不及待地穿上五颜六色的化装服,戴上千奇百怪的面具,提着一盏"杰克灯"走家串户,向大人们索要节日的礼物。万圣节最广为人知的象征也正是这两样——奇异的"杰克灯"和"不给糖就闹"的恶作剧。

(六)美国感恩节

11 月的第四个星期四是感恩节。感恩节是美国人民独创的一个古老节日,也是美国人合家欢聚的节日,因此美国人提起感恩节总是备感亲切。1620 年,一些朝拜者乘坐"五月花"号船去美国寻求宗教自由。他们在海上颠簸了两个月之后,终于在酷寒的十一月里,在现在的马莎塞州的普里茅斯登陆。

在第一个冬天,半数以上移民都死于饥饿和传染病,活下来的人们在第一个春季即 1621 年开始播种。整个夏天他们都热切盼望着丰收的到来,他们深知自己的生存以及殖民地的存在都将取决于即将到来的收成。最后,庄稼获得了意外的丰收。为了感谢上帝赐予的丰收,人们举行了 3 天的狂欢活动。从此,这一习俗就延续下来,并逐渐风行各地。届时,家家团聚,举国同庆,其盛大、热烈的情形,不亚于中国人过春节。人们在这一天吃苹果、胡桃、葡萄干布丁、碎肉馅饼、各种鲜果汁,其中最吸引人的大菜是烤火鸡和南瓜馅饼。

二、外国婚礼习俗礼仪

西方信仰基督教的青年男女成亲时,一般去教堂举行结婚典礼。这时,新娘身穿白色婚纱,新郎身穿黑色礼服,伴随着婚礼音乐走入教堂,由教堂神父或牧师主持,履行一套仪式。

(一)西方婚礼程序

1. 新郎新娘分别前往教堂,会合后开始举行婚礼;

2. 来宾入席,奏乐、点蜡烛,神父或牧师、领唱进场;

3. 牧师或神父宣布婚礼开始;

4. 伴郎、伴娘、新郎陆续进场;

5. 女方家长执新娘进场,女方家长入席;

6. 吟唱圣歌,祷告、献诗;

7. 神父或牧师证婚,问新郎新娘是否愿意接受对方;

8. 互相说完"我愿意"后,新郎、新娘签字,双方互为对方戴结婚戒指,宣誓,接吻,签字后婚礼便具法律效力;

9. 婚礼完成后,新人及伴郎、伴娘、花童等前往外景地,公园、海边等特别景点拍摄自然风格的婚礼照片,除传统惯例要拍的合影镜头外,其余镜头常常是即兴发挥;

10. 晚上,一对新人、双方父母、亲朋好友聚于酒店、餐厅或海边举行舞会,程序为:入场——就坐——伴郎致辞——宴会——切蛋糕——新人跳第一支舞——舞会加自助餐——新娘抛花球(新郎抛袜圈)——吻别;

11. 新郎、新娘赴酒店或度假地欢度新婚夜。

(二)西式婚礼习俗

1. 戒指戴在左手无名指

古时认为左手无名指的血管直接通往心脏。中古世纪的新郎把婚戒轮流套在新娘的三手指上,以象征圣父、圣子和圣灵三位一体,最后就把戒指套在无名指上,于是左手的无名指就作为所有英语系国家传统戴婚戒的手指。

2. 蜜月

蜜月一词起源自古欧洲的习俗。新婚夫妇在婚后三十天内,每天都要喝由蜂蜜发酵制成的饮料,以增进性生活的和谐。古时候,蜂蜜是生命、健康和生育能力的象征。"蜜月"是新婚夫妇在恢复日常生活前,单独相处的甜蜜时光。

3. 婚纱

以前新娘的婚纱并不是单一的白色,女孩们凭借个人喜好选择婚纱的颜色。1840年维多利亚女王在自己的婚礼上身穿一袭豪华的雪白婚纱,众人追捧效仿。从此,白色婚纱便成为一种正式的结婚礼服。

4. 蛋糕

从前,小麦粉被用来洒在新娘的头上,以此来象征幸运和繁荣。依照中古时代的传统习俗,新娘和新郎要隔着蛋糕接吻。此后,新婚夫妇一起切蛋糕就成为夫妇共同生活的象征。

(三)各国不同的婚礼习俗

结婚是人生的一件大事,在这个特殊的日子,各国有不同的婚礼习俗,见证幸福的开始。

1. 印度婚礼——为了祭奠

在印度教徒看来,结婚的首要目的是完成种种宗教职责,其中祭奠最为重要。但是,男子必须结婚生儿子才有资格向祖宗供奉祭品。因此,在结婚仪式上,夫妇双方为此念咒、祈祷、发誓,并且丈夫对妻子明确说道:我为了得到儿子才同你结婚。祭司等人也为此而祝愿他们。

2. 丹麦婚礼——秘密进行

筹办婚姻会花费好几天,可却是秘密进行的,因为公开筹办会触怒鬼怪或引起他们的嫉妒。在婚庆快要结束的时候,人们把一大坛啤酒抬到园子里。新郎新娘的手握在酒坛上方,然后酒坛被打得粉碎。在场的适婚女子会把碎片捡起来,捡到最大的碎片的女子注定会第一个结婚,而捡到最小的注定会终生不嫁。

3. 德国婚礼——砸碗盆图吉利

应邀前来参加婚礼的客人们,每人都带着几样破碗、破碟、破盘、破瓶之类的物品。然后玩命地猛砸猛摔一通,他们认为这样可以帮助新婚夫妇除去昔日的烦恼、迎来甜蜜的开端,在漫长的生活道路上,夫妻俩能够始终保持火热的爱情、终生形影相伴、白头偕老。

4. 俄罗斯婚礼——叫苦不迭

婚宴上会有人大喊"苦啊!苦啊!"每当有人带头喊时,在场的所有人便会齐声附和,这时新人便会站起来,当众深情地一吻。没过几分钟,又会有人大声叫"苦",新郎新娘便又站起来,再次用甜蜜的吻来平息亲友们的叫"苦"声……这样的"程序"在婚宴上至少要重复十几次亲友们才会罢休。原来,按照俄罗斯人的说法,酒是苦的,不好喝,应该用新人的吻把它变甜。

5. 法国婚礼——浪漫简单

结婚前先订婚,仪式简单,一般由女方的家长宴请男方的家长及兄弟姐妹,也可同时邀请其他亲戚甚至一两名好友出席。婚礼也已逐渐简化,但仍不失为最隆重的家庭节日,带有庄重神圣的色彩。婚礼由市长或他的一名副手主持,习惯上是在周二、四、五、六早9时至下午5时之间。婚后大宴宾客。

6. 犹太婚礼——不忘圣战

祝福完毕后，新郎以右脚打破酒杯，象征对当年（公元 70 年）圣殿的毁灭的怀念以及提醒人们永远不要忘了当年耶路撒冷圣殿毁灭时的悲伤时刻。但在现代婚礼中，人们则以此风俗来表示人类关系的脆弱，新生活的开始以及摈弃一切偏见和无知。

7. 日本婚礼——传统的道教

在传统的日本道教仪式上人们供奉 kami——存在于自然界的神灵。在举行婚礼时，神职人员祈求神灵保佑新婚夫妻。仪式的最后一项是"共饮青酒"，即参加婚礼的人共同分享盛在三只扁平杯子中的米酒。这三个杯子从下往上依次摆放，新郎拿起第一个杯子，啜三口酒，然后传给新娘，新娘也连续啜饮三口酒，再将酒杯依次传给其他亲友。然后再开始喝第二杯和第三杯酒。

8. 菲律宾婚礼——恪守古老传统

通常在婚礼上，新娘要身穿传统的白色婚纱，而新郎则身着菲律宾传统男式礼服。这种礼服是一种透明的系扣男式衬衣，通常用来参加一些非凡聚会或重大场合。婚礼的主办人将会参加婚礼，见证新人结拜为夫妻。而这些主办人同时意味着指导和帮助，即新婚夫妇在需要时可以得到他们慷慨的帮助。

9. 芬兰婚礼——传统与创新相结合

现代芬兰人举行婚礼不但要创新、有特色而且更要反映他们的传统风俗，像抛洒大米，切婚礼蛋糕。现代婚礼可谓是古典与浪漫的结合。豪华婚礼轿车上装饰着叮当做响的锡罐，新郎要抱着新娘跨过门槛。对于现代芬兰人来说，这些都是真正的传统。

三、部分国家和地区的习俗礼仪

（一）日本习俗礼仪

1. 礼仪习俗

日本以礼仪之邦著称，讲究礼节是日本人的习俗。平时人们见面总要互施鞠躬礼，并说"您好"、"再见"、"请多关照"等。根据礼节轻重程度的不同，行鞠躬礼的角度也不同。

日本人初次见面对互换名片极为重视。初次相会不带名片，不仅失礼，而且对方会认为你不好交往。互赠名片时，要行鞠躬礼并双手递接名片。

日本人注重衣着打扮，在正式场合通常穿西式服装，在民间交往时，日本人会穿自己的民族服饰"和服"。与日本人见面要讲究穿着，尤其不能光穿背心或赤脚。日本人重视清洁卫生,每天洗澡,在交际中有请人一起洗澡的习惯。

2. 饮食习惯

日本人的饮食习惯主要以鱼、虾、贝等海鲜品为烹饪主料,并有冷、热、生、熟各种食用方法。讲究食品营养学,讲究菜点的色泽和形状,口味多为咸鲜,清淡少油,稍带甜酸和辣味。爱吃鱼以及各种海味、瘦猪肉、牛肉、鸡、鸭、鸡蛋和各种野生禽类及蔬菜、豆腐、紫菜,但不吃羊肉、猪内脏及肥猪肉。日本人讲究茶道,餐前餐后都喜欢喝茶,特别喜欢喝清茶。

3. 主要禁忌

日本人送礼一般不用偶数,这是因为偶数中的"4"在日语中与"死"同音,为了避开晦气,诸多场合都不用"4",久而久之,干脆不送 2、4、6 等偶数礼物了。他们爱送单数,尤其是 3、5、7 这三个单数。但"9"也要避免,因为"9"与"苦"在日语中发音相同。原本日本人并不忌讳"13",但因欧美忌讳"13"这个数字,受欧美文化影响,日本有许多人也开始觉得"13"是不吉利的数字。现在日本许多旅馆房间号和停车位没有 4、9、13 这几个数字。

在人前嚼口香糖在日本是一种失礼的行为。在日本不能穿着鞋子进屋,进入日本人的住宅必须脱鞋。在日本,访问别人家庭时,窥视厨房是不礼貌的行为。

日本人忌讳用菊花和有菊花图案的东西作为礼物赠送别人,忌讳有狐狸和獾图案的饰物及荷花。日本人大都喜欢黄色、白色,认为吉事应用白色、黄色或红色。忌讳绿色、紫色。认为绿色是不祥之兆,紫色意味着悲伤。

(二)英国习俗礼仪

1. 礼仪习俗

英国人的特点是较为谨慎和保守。在待人接物方面讲究含蓄和距离,崇尚宽容和容忍,在正式场合注重礼节和风度。在上层社会,尤其讲究绅士、淑女风度,不轻易动感情或表态,握手礼是使用的最多的见面礼。

英国人在人际交往中,十分注重穿着,常常以衣帽取人。英国人在正式场合的穿着较为庄重而保守。男士一般穿三件套的深色西服,女士则穿深色的套裙或素雅的连衣裙。

2. 饮食习惯

英国人口味清淡,不喜吃辣。早餐喜欢吃麦片、三明治、奶油点心、煮鸡蛋、果汁或牛奶;午餐、晚餐以牛肉和鸡肉为主,也吃猪、羊、鱼肉。英国最流行的饮料是红茶与威士忌。绝大多数英国人嗜(红)茶如命。英国苏格兰生产的威士忌为世界三大名酒之一。英国酒吧很多,因为酒吧是英国人进行社交的主要场所之一,他们习惯到酒吧饮酒。

3. 主要禁忌

正式场合着装有四忌:忌打条纹花式领带,忌不系长袖衬衫袖口的扣子或挽卷袖管,忌穿凉鞋,忌以浅色皮鞋配深色套装。

英国民俗禁忌还有下列五条:忌当众打喷嚏,忌用同一根火柴连续点燃3支香烟,忌将鞋放在桌子上,忌在屋子里撑伞,忌从梯子下面走过。

英国人忌墨绿色,偏爱蓝色、红色与白色,它们是英国国旗的主要色彩。图案禁忌较多。人像以及黑猫、大象、孔雀、猫头鹰等图案都令英国人反感。忌数字"13"与"星期五"。当两者碰在一起时,不少英国人会有大难临头的感觉。

(三)俄罗斯习俗礼仪

1. 礼仪习俗

俄罗斯人热情、豪放、勇敢、耿直。在交际场合,他们习惯于和初次见面的人行握手礼。男性好友见面通常先有力地紧紧握手,接着就是紧紧拥抱,这一见面礼方式被称作俄罗斯式的"拥抱"。在迎接贵宾时,俄罗斯人通常会向对方献上面包和盐。他们崇拜盐和马,认为盐具有驱邪避灾的力量,马则会给人带来好运。在俄罗斯,人们非常看重人的社会地位。因此,对有职务、学衔、军衔的人,最好以职务、学衔、职衔相称。

2. 饮食习惯

在饮食习惯上,俄罗斯人讲究量大实惠、油大味浓。他们喜欢酸、辣、咸味,偏爱炸、炒、煎、烤的食物,爱吃冷菜。主食以面食为主,爱吃用黑麦烤制的黑面包。有名的特色食品还有鱼子酱、酸黄瓜、酸牛奶等。饮料方面,俄罗斯人爱喝冷饮,爱吃冰激凌,还喜欢喝酒,酒量太,尤其喜欢喝烈酒伏特加。

3. 主要禁忌

俄罗斯人主张"左主凶,右主吉"。因此,他们不允许以左手接触别人,或用左手递送物品。俄罗斯人偏爱"7",认为它是成功、美满的预兆。忌讳"13"与"星期五"。俄罗斯人讨厌黑色,因为它仅能用于丧葬。喜爱红色,视其为美丽的化身。

(四)美国习俗礼仪

1. 礼仪习俗

美国人在待人接物方面有以下几个基本特点:一是随和大方、好交朋友。他们喜欢主动跟别人打招呼。乐于找人攀谈,笑谈人生,喜欢幽默。二是热情开朗,不拘小节。他们凡事讲求实效,不搞形式主义。见面礼十分简单,往往以点头、微笑为礼,或者仅对对方说一声"嗨"或"哈罗"。只有在特别正式的场合,才使用国际上通行的握手礼。在交往中他们更喜欢对方直呼自己的名字,以示关系密切。对于能反映其成就与地位的学衔、职称,如"博士"、"教授"、"律师"、"法官"、"医生"等,都乐意接受用作称呼。三是性格比较朴实、直率,说话直截了当。四是自尊心、好胜心强。在交往中,大多显得乐观、自信,雄心勃勃。五是平等观念强。他们尊重妇女,尊重个人,崇尚自我。

美国人平时的穿着打扮不太讲究,崇尚自然,偏爱宽松,注重体现个性是美国人穿着打扮的基本特征。

2. 饮食习惯

美国人的饮食比较简单,喜食"生"、"冷"、"淡"的食物,不刻意讲究形式和排场,强调营养搭配。饮食以食用肉类为主,牛肉是他们的最爱,鸡肉、鱼肉、火鸡肉亦受欢迎,通常不食猪肉,不爱吃羊肉。美国人不吃狗肉、猫肉、蛇肉、鸽肉和动物的头、爪及其内脏,还不吃生蒜、韭菜、松花蛋等。

美国人因为生活节奏快,喜欢吃快餐,如三明治、比萨、汉堡包、炸土豆片、炸鸡等。他们还喜欢喝各种饮料,如可乐、冰水、果汁、咖啡、红茶、葡萄酒等。

3. 主要禁忌

美国人忌讳黑色,黑色常用于丧葬活动,黑猫被视为不祥之物。美国人喜欢白色、蓝色和黄色。美国人爱狗,厌恶吃狗肉的人。美国人不喜欢"星期五",讨厌"13"和"3";还讨厌蝙蝠,蝙蝠被视为吸血鬼和凶神。美国人认为驴代表坚强,象代表稳重,所以驴和象分别是共和党和民主党的标志。

在美国送礼不宜送香烟、香水、内衣、药品等。

(五)沙特阿拉伯习俗礼仪

1. 礼仪习俗

在人际交往中,沙特阿拉伯人大都表现得热情友好、落落大方。由于伊斯兰教教规的限制,沙特阿拉伯的妇女极少在外抛头露面,且不被允许与异性接触。

与沙特阿拉伯人相见,通常互问对方:"您好!"随后互相握手,接着问候对方:"身体好!"拜访沙特阿拉伯人需预约,但他们赴约时,往往要晚到一会儿,在他们看来这不是时间观念不强,而是做人的一种风度。

沙特阿拉伯男子的传统服装是一种宽松肥大的白色长袍,只有在参加丧葬活动时,他们才会穿黑色的袍子。按照伊斯兰教教规,妇女全身须被黑色长袍和面纱严严实实遮盖起来,仅仅允许露出双眼。

沙特阿拉伯人对于绿色和蓝色十分喜爱。他们认为绿色代表生命,蓝色象征希望,两者都为吉祥之色。他们最宠爱的动物是猎鹰。

　　沙特阿拉伯的麦加是伊斯兰教的圣域,即"宗教之都",也是全世界穆斯林的精神中心。虔诚的穆斯林都渴望自己一生中能有一次朝觐麦加的机会,只有亲自到麦加朝觐过的人才能取得"哈吉(朝觐者)"的尊称,死而无憾。

　　2. 饮食习惯

　　沙特阿拉伯人的主食有面饼、面包、面条等,肉类喜欢吃牛肉、羊肉、鸡肉;禁食猪肉、狗肉及一切外形丑陋和不洁之物,如甲鱼、螃蟹等。沙特阿拉伯人喜欢吃甜一些、辣一些的东西。他们认为羊眼乃席中之珍、美味之最。饮料方面,他们爱喝驼奶、红茶、咖啡。在拜访沙特阿拉伯人时,主人劝饮的咖啡不可不喝,否则失礼。

　　3. 主要禁忌

　　沙特阿拉伯人认为娱乐令人堕落。所以,与之交际应酬时,切莫谈论休闲娱乐,或邀其参加舞会、去夜总会玩乐等。沙特阿拉伯人遵循伊斯兰教教规,禁止偶像崇拜。向沙特阿拉伯人赠送礼品时,忌送酒类、猪皮与猪毛制品、洋娃娃、带有熊猫图案的东西。他们对男女间的接触很忌讳,因此不要送给他们的妻子礼品,也不要在交谈时提及他们的妻子,否则会被认为存心不良。

思考题:

　　1. 我国参加婚礼的礼节有哪些?

　　2. 我国民间丧葬礼仪有哪些?

　　3. 港澳台地区有哪些习俗和禁忌?

　　4. 日本有哪些习俗和禁忌?

　　5. 英国、美国、俄罗斯有哪些习俗和禁忌?

　　6. 沙特阿拉伯有哪些习俗和禁忌?

案例分析题:

　　上海某公司陈总经理要设宴招待来访的沙特阿拉伯某公司总经理穆罕默德一行,秘书小王在一家以吃大闸蟹闻名的饭店订了包间,并按照总经理的意思选购了礼品。分别是:送给穆罕默德的国画熊猫图,送给其夫人的真丝长袍,送给其孩子的"洋娃娃"。小王还特地选了红色的包装纸包装起来。宴请当天,陈总发现预定的饭店有问题,赶紧派人另找了一家清真饭店,并且马上把地点通知了客人。为此,陈总严厉批评了小王。当客人应邀前来赴宴时,陈总经理拿出礼物说:"这是鄙公司送给总经理、夫人及孩子的一点小礼物,实在拿不出手,望笑纳。"说完就发现对方的神情不对,是什么地方又出了问题?

　　问题:请问在这次涉外接待中,上海这家公司有何不妥?结合案例谈一下,在跟沙特阿拉伯人打交道时,应注意哪些习俗和禁忌?

参考文献

［1］ 金正昆.礼仪金说[M].西安：陕西师范大学出版社,2011.

［2］ 金正昆.服务礼仪[M].西安：陕西师范大学出版社,2011.

［3］ 金正昆.公关礼仪[M].西安：陕西师范大学出版社,2011.

［4］ 金正昆.商务礼仪[M].西安：陕西师范大学出版社,2011.

［5］ 金正昆.社交礼仪[M].西安：陕西师范大学出版社,2011.

［6］ 谭一平,叶坤妮.职场工作礼仪[M].北京：清华大学出版社,2011.

［7］ 邓惠云,李珍妮.漫话礼仪常识：你的礼仪价值百万[M].北京：中国铁道出版社,2011.

［8］ ［美]杰奎琳·惠特摩尔著,姜岩译.商务礼仪[M].北京：中央编译出版社,2011.

［9］ 李嘉珊,高凌云.国际商务礼仪(第2版)[M].北京：电子工业出版社,2011.

［10］ 朱五红.从零开始学礼仪[M].北京：时事出版社,2011.

［11］ ［美]郭士顿著,苏西译.只需倾听[M].重庆：重庆出版社,2010.

［12］ ［澳]霍德斯夫著,王贤平译.礼貌的力量[M].北京：中信出版社,2010.

［13］ ［美]谢乐尔·艾伯利著,彭晓忆译.我的第一本礼仪书[M].海口：南海出版公司,2010.

［14］ ［英]莫里斯等著,陈今夫译.手势[M].上海：文汇出版社,2010.

［15］ 编委会.中国礼仪文化[M].北京：外文出版社,2010.

［16］ 夏志强,翟文明.礼仪常识全知道[M].北京：华文出版社,2010.

［17］ 刘青,邓代玉.世界礼仪文化[M].北京：时事出版社,2010.

［18］ 陈乾文.别说你懂职场礼仪[M].北京：龙门书局,2010.

［19］ 孙海芳.社交礼仪中的心理学[M].北京：机械工业出版社,2010.

［20］ 王国元.人际沟通[M].北京：中央广播电视大学出版社,2010.

［21］ 梅子.献给女孩的第一本礼仪书[M].哈尔滨：黑龙江科技学术出版社,2010.

［22］ 周思敏.你的礼仪价值百万3：商务社交篇[M].北京：中国纺织出版社,2010.

［23］ 周思敏.你的礼仪价值百万2：职场修炼篇[M].北京：中国纺织出版社,2010.

［24］ 周思敏.你的礼仪价值百万[M].北京：中国纺织出版社,2009.

［25］ ［美]刘墉.说话的魅力[M].南宁：接力出版社,2009.

［26］ 张晓梅.晓梅说礼仪[M].北京：中国青年出版社,2008.

［27］ 陆纯梅,范莉莎.现代礼仪实训教程[M].北京：清华大学出版社,2008.

[28] 杨友苏,石达平.品礼:中外礼仪故事选评[M].上海:学林出版社,2008.

[29] 徐白,高晓梅.公关礼仪教程[M].上海:同济大学出版社,2007.

[30] [英]皮斯等著,王甜甜、黄佼译.身体语言密码[M].北京:中国城市出版社,2007.

[31] 云牧心.社交与礼仪知识全集[M].北京:北京工业大学出版社,2006.

[32] [英]朱迪·詹姆斯著,常守荣、李翔羽译.工作中的身体语言[M].北京:机械工业出版社,2006.

[33] 张岩松.现代交际礼仪[M].北京:中国社会科学出版社,2006.

[34] 朱匡宇,孟燕堃.礼仪大学堂[M].上海:文汇出版社,2006.

[35] 陆瑜芳.秘书实务[M].上海:上海社会科学院出版社,2006.

[36] 吴墉.纵横天下的说话功夫[M].北京:北京邮电大学出版社,2006.

[37] 陆明.会说话得天下[M].北京:群言出版社,2006.

[38] [美]卢尼昂著,罗汉等译.沟通的力量:强力词汇激活社交潜能[M].上海:上海人民出版社,2006.

[39] [美]卡耐基著,翟文明编译.人性的优点全集[M].北京:光明日报出版社,2005.

[40] [美]卡耐基著,翟文明编译.人性的弱点全集[M].北京:光明日报出版社,2005.

[41] 陆瑜芳.办公室实务[M].上海:复旦大学出版社,2005.

[42] 彭林.中国古代礼仪文明[M].北京:中华书局,2004

[43] [日]氏家康二著,云水、林强译.办公室礼仪规范[M].北京:中国人民大学出版社,2004.

[44] 柳青,蓝天.有效沟通技巧[M].北京:中国社会科学出版社,2003.